U0307186

女真

鞑　靼

瓦　剌

辽东镇
开原
广宁

宣府镇
蓟州镇
北京
山海关
宁远
遵化
三屯营

大同镇

山西镇
宁武
真保镇
保定
太原
易州

甘肃镇

延绥镇
榆林
延安

固原镇
平凉

明

机械工业出版社
CHINA MACHINE PRESS

本书基于作者收集的大量有关长城的第一手资料，通过轻松易读的语言和图文并茂的形式，以对长城的了解和讲述为主线，配合所绘制的手绘作品与图示，复原和剖析曾经的及现存的长城的知识及构造，并展示及解读大量碑刻类文物实例。本书包括长城的定义、长城的履历、巨龙的身躯、个性的敌楼、迅捷的警报、强大的武备、不凡的关隘、失去的记忆、毁灭与伤痛九章内容，以常人不熟悉和不了解的角度，解读一个与众不同的长城。本书适合爱好历史文化与建筑的广大读者阅读。

图书在版编目（CIP）数据

不一样的长城 / 连达著. —北京：机械工业出版社，2020.10（2021.8重印）
ISBN 978-7-111-66322-5

Ⅰ.①不⋯　Ⅱ.①连⋯　Ⅲ.①长城—研究—中国　Ⅳ.①K928.77

中国版本图书馆CIP数据核字（2020）第148019号

机械工业出版社（北京市百万庄大街22号　邮政编码100037）
策划编辑：赵　荣　责任编辑：赵　荣　张维欣
责任校对：孙丽萍　封面设计：鞠　杨
责任印制：孙　炜　版式设计：鞠　杨
北京联兴盛业印刷股份有限公司印刷
2021年8月第1版第2次印刷
169mm×239mm・20.5印张・2插页・324千字
标准书号：ISBN 978-7-111-66322-5
定价：79.00元

电话服务　　　　　　　　网络服务
客服电话：010-88361066　机 工 官 网：www.cmpbook.com
　　　　　010-88379833　机 工 官 博：weibo.com/cmp1952
　　　　　010-68326294　金 书 网：www.golden-book.com
封底无防伪标均为盗版　机工教育服务网：www.cmpedu.com

前言

　　说起长城，每个中国人都不会陌生，这组伟大的建筑不仅是中国深厚历史文化的象征，也是中华民族不屈不挠精神的化身。长城作为一种图腾深刻地烙印在我们祖国的方方面面，大到科考站，小到商标插图，几乎在各种各样的领域中都能找到长城名称或图像。长城所诠释的精神更是深入到我们民族的血脉之中，连国歌里都写着"把我们的血肉筑成我们新的长城"。所以长城实在堪称中国最具影响力和象征意义的古代建筑的代表，也可以说是古老中国在世界上的一种形象。在我们中国人心目中，蜿蜒曲折不见尽头的万里长城自然而然又和另一个图腾——龙联系在一起，把长城比作巨龙也是人们概念中约定俗成的事情，长城身上韵律化的雉堞更好像是巨龙脊上的背鳍，几乎完全没有隔阂。中国人至少从小学的课本上便已经开始知道长城了，那里面大多会展示诸如八达岭或者慕田峪旅游区长城完整且宏大的景象，于是绝大部分无法真正接触和透彻了解长城的人一生中对长城的直观概念也就是八达岭一般整齐的模样，甚至于长城等于八达岭，也就仅此而已。但作为创造了万里长城的民族，今天的绝大多数中国人似乎除了这种符号化的认知，其实对长城的了解仍然少得可怜，就好像诸如八达岭这样有点样板化的长城在真正绵延万里的长城全程里同样所占比例极少一样。

　　长城最初的功能是军事防御，可以说是一项国防工程，从诸侯国之间的拼杀，到游牧和农耕两大族群的生存空间博弈，再到对丝绸之路这样经济文化通道的保护以及后来的沿长城物资与贸易流通和民族融合等衍生作用，长城早已不仅仅是一条单纯的防线了，两千多年的沧桑积淀和无数金戈铁马与文化交融的过往云烟注定了长城不寻常的含义和对于整个中华民族历史的深远影响。

我从二十多年前刚刚走上社会，在一次偶然的游历中被古长城的魅力所打动时起，多年间曾数次实地探访深藏在崇山峻岭和山乡僻壤中的明代长城遗存，对许多不为人知的长城真实面貌有了较为直观具体的了解与认知，也深感于这绵延数省体量浩繁的古建筑想要得以保全之艰难，因此一直想能够为万里长城的生存与延续做些力所能及的事情，虽然一直在进行着这方面的努力，却总感觉个人力量的微弱和无奈。恰逢一次与机械工业出版社赵荣老师谈及，她支持我把对长城的认知和实地探访所集资料总结整理成书，既可以给更多人讲解不为人知的长城真实而濒危的一面，也能够令我所收集的许多业已散失的长城文物资料得以用书籍的形式存续于世，传播于众，不使其消逝在历史长河之中，略尽一代中华儿女传承文化之责任。在此对机械工业出版社和赵荣老师表示由衷的敬谢之情。

此书以我对长城的了解和讲述为主线，配合我所绘制的大量手绘作品与图示，给大家复原和剖析曾经的及现存的长城知识及构造，并且收录大量的碑刻类文物实例，是一本与众不同的书，将给您讲述一个不一样的长城。

目录

春秋战国长城

齐长城　楚长城　魏长城　中山长城　赵长城　燕长城　秦长城

秦朝万里长城

明长城　　金长城　宋长城　　　　　　　　汉长城

北魏长城

唐长城　　　　北齐长城

清长城　　　　　　隋长城

军镇划分

辽　蓟　宣　大　山　延　宁　固　甘
东　州　府　同　西　绥　夏　原　肃
镇　镇　镇　镇　镇　镇　镇　镇　镇

散轶文物　石刻

碑刻　　　　　记事碑

文字碑　　　　分界碑

匾额

施工碑

鼎建碑

阅视碑

防御层级

镇城

路城　　　武器装备

卫城　　　战　盔　火　冷　　　建造构成

所城　　　车　甲　器　兵

堡城　　　　　　　　器

关城

敌楼　　　　　城墙　　烽火台

来　分　构　剖　　　包　石　夯　　预与区

历　类　成　析　　　砖　砌　土　　警敌别

城　城　城　　方楼

墙　墙　墙　　式的

雄关要塞

构　石　砖　匾
件　雕　雕　额

嘉　镇　新　紫　居　古　黄　喜　青　冷　刘　界　九　山　　　垛　垛　墁　排　水　垛　射　悬　障　暗
峪　北　广　荆　庸　北　崖　峰　山　口　家　岭　门　海　　　顶　尖　地　水　口　　　孔　　　　　
关　台　武　关　关　口　关　口　关　关　口　口　口　关　　　砖　砖　方　槽　石　砖　眼　墙　门
长　长　长　长　长　长　长　长　长　长　长　长　长　长　　　　　　　砖　嘴
城　城　城　城　城　城　城　城　城　城　城　城　城　城

第1章
长城的定义

也许看到这个题目会令人有啼笑皆非之感，但如果拿这个问题来问大多数人，大约也就会得到如八达岭即是长城的结论而已，抑或长城是一道很长很长的墙，一条横亘在中国北方的老墙，也许还会加上一句是古代中国闭关锁国、不思进取导致腐朽没落的一种具体表现和罪证，我在现实生活里也曾听形形色色的人说起过，人们对长城的概念也就大体如此。

其实长城是一个极其复杂的概念，时间上纵贯了两千多年的历史时空，地域上囊括了几乎整个中国北部，堪称是一部史诗级的百科全书，一门博大精深的学科，也许该称作长城学了。不过我的一位多年资深长城研究者朋友曾经意味深长地说过："我们对长城的总结和研究还远远不够，现在说长城学还为时尚早。"的确，对于长城的定义和归纳研究，实在是一项浩如烟海般难以着手的大学问，但有一点可以明确，长城绝对不仅仅是一道简单的墙。

长城最早出现在两千多年前的春秋战国时期，经过历朝历代的演化、总结和完善，逐渐形成了一套完备的国防军事预警和战斗体系，可谓是中国古代战争文化的集大成者，一套经得起时间和空间锤炼锻造的钢铁壁垒和屏障。长城的主体当然是一种比城市的城墙更绵长和浩大的防御性战略工程，以扼守交通要道和咽喉要塞为主，在此前提下通常选在可凭借和依托的有利地形处建造，如爬上山崖临渊而建或濒河构筑，都可借自然的地貌增强防御效果。长城的修筑也本着就地取材的原则，使用所在地区易于取得的建筑材料以降低成本和方便施工，力图修筑成各要塞之间连贯封闭的墙体，以彻底隔绝敌人可能的渗透和偷袭。在一些地方会巧妙地把雄险的山峦沟壑也纳入长城线，协助人工设施成为长城防线强有力的段落和补充。并且通常在长城之外或建有前哨城堡对关口防御产生呼应配合，或在尽可能高且远的地方筑有烽火台之类的预警设施，以便在敌人进犯的第一时间就将警报传递回长城之内，使得守御一方早做准备。在长城上沟通内外的通衢要道自然要设置关城隘口，战时能够阻挡或迟滞敌人进军，平时也能掌控人口、物资的流动状况和内外贸易与税收，起到类似于海关的作用，而守卫长城的关键其实也就是以争夺重要的关隘为主。在关隘内侧则通常还会修建有各种级别不同、面积不等、功能各异的城池作为纵深防线，用以屯驻人马物资，随时对长城守军进行补给和支援。如果长城第一线被突破，这些城池则成为继续阻挡和牵制敌军深入的屏障，并且肩负有集结有生力量对敌进行反击乃至将其歼灭的功能。在长城内的纵深地带里，还有四通八达的交通网，以便在需要的时候援兵能够以最快的速度向前方推进和对入侵之敌进行迎击与追杀，历史上著名的秦直道就是其中不朽的代表之作。

密集相望的烽火台散布在崇山峻岭之间，能够及时地把第一线的敌情以燃烽举火的形式迅速向内地传递，甚至几百公里之外的警报当天就能汇集到中枢之地，然后根据敌军入寇的规模，做出相应的部署。如调动长城沿线各城池的守军或集结作战，坚决迎击追歼，或坚壁清野，据城死守，等待内地调集大军前来增援。烽火报警的方式和传烽系统的完备是长城防线必不可少的重要组成部分，守护长城外烽火墩台专司瞭望的士卒最寂寞最危险，职责也是最为重大的。

一些地理位置太过重要且不易防守的地区，往往会修筑多道长城。以留存至今最完整的明代长城为例，从全局的角度来看，在华北地区靠近北京的地方修建有外长城和内长城两条主要防线，但在局部地区甚至会修建多达四至五道长城和障城以强化防御。更有甚者会在要冲之处的特定地形内连续设置哨卡关城，几乎达到了步步设防的程度。比如北京城西北部军都山的四十里关沟就是这样连续设置有岔道城、八达岭口、上关、居庸关城、南口城等五座关卡，因为一旦敌军突破军都山这座天然屏障，前方直到北京城下便是一马平川，再也无险可守了。

在可通大军的要道上设置关隘城池之余，在仅可通行少量人马的山间小路也多设有小型闸门或者以墩台、敌楼监视守备，力求使万里之遥的防线上每一处可能有敌人侵入或有哨探渗透的地方都有所职守和戒备。

仅就辅助长城关隘和墙体进行防御的设施也是多种多样，如拦马墙、堑壕、天田、品字窖等，不胜枚举，因此长城绝不是一道简单的墙，而是一张体量庞大、规划严密、设施完备的超级国家防御网。

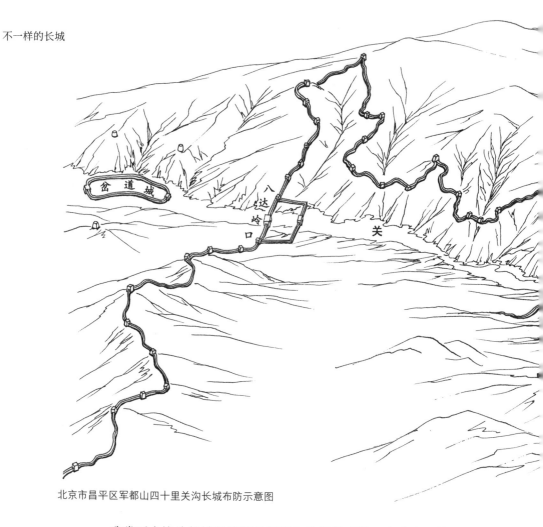

北京市昌平区军都山四十里关沟长城布防示意图

　　我常听人议论长城的修筑是错误和失败的事情，也有人义愤填膺地表示长城才是使得中国保守、封闭和落后的根源。两千年来的各个大小王朝大多好似中了魔咒一般，前赴后继地修筑长城，似乎除了长城之外难以找到更好的应对游牧民族南下侵扰的方法了，甚至原来的游牧民族，如鲜卑建立的北魏、北齐和女真建立的金朝，在成功定鼎中原后也都选择了修筑长城来防御北方后来崛起的其他游牧民族的威胁。也就是说，延续了两千多年的长城修建史不是一国一朝的某一批人的头脑发热之举，相反是众多王朝和无数君臣将相在漫长的历史长河中形成的一种惊人的默契，这就不能不令人深思其中的原因，绝不是一句草率的保守和封闭能解释通的。

　　其实从战国时燕、赵、秦三国在北部边境建起防御匈奴等诸胡的

长城时起，长城就已经被赋予了游牧民族和农耕民族分界线的作用。
至秦朝统一天下后建起了东西绵亘万里的长城时，这道庞大得不见首
尾的防线便进一步明确了牧场和农田间藩篱的使命，并随着不同时代
内外实力的强弱而波动，最北可推进到现在的蒙古国境内，最南则已
经退守至山西省中北部。当然长城既是游牧与农耕两种不同生存方式
的分野，受环境气候干旱或丰沛、寒冷或暖湿变化的影响也体现出宜
耕和宜牧地区的微妙变化。归根结底是物产丰富的中原农耕民族一直
过着自给自足的生活，不需要也没必要去夺占长城外那些相对干旱的
苦寒之地，既然不适宜耕种，又何必去耗费心力经营呢。反之，草原
上的游牧民族因为生存环境恶劣，甚至许多生存所必需的物资都要靠
从中原输入，所以对中原的依赖性相对更大。在双方实力相当的和平

时期可以进行贸易交换，草原用牛、羊、马匹换来中原的茶、盐、铁等物资。当然如果中原衰弱的时候，也会通过和亲或岁币等方式以财物换和平。但更多的时候则是逐水草而居的彪悍游牧骑士迅疾如风地席卷而来，对中原边境上的城镇村落进行无情的洗劫和杀掳，那种万骑奔突的暴虐是以步兵为主的中原军队难以有效应对的，所以修筑城墙以迟滞和阻挡机动性强的游牧骑兵便成了不同时代人们极其默契的选择。

虽然历史上中原王朝在力量强大的时候也曾有过一些主动对草原的出击，如秦始皇派大将蒙恬"却匈奴七百余里"，但还是要"北筑长城而守藩篱"。两汉也曾多次对匈奴用兵，封狼居胥山也好，勒石燕然山也罢，看似辉煌的胜利却并不能根除来自草原上的威胁，只是仅仅得到了一段时期的和平而已。两汉在军事胜利的背景下还是修筑了历史上最长的长城防线，而且不同时期修筑了多道长城，虽然从被动挨打到对敌人犁庭扫穴，却还是要回到修长城的这条老路上来。西晋的八王之乱后，中原陷入了"五胡乱华"的混战时代，游牧民族出身的北魏王朝在最终统一了北方之后，也转身修筑长城来防御身后新崛起的柔然。之后的北齐继续修长城以抵挡柔然和突厥的南侵，隋朝虽然两度打败突厥，甚至隋炀帝还曾带领50万大军到突厥可汗的营帐里耀武扬威，但同时仍然没有停止对长城的修筑。唐朝虽对突厥等游牧民族具有军事上的优势，但在史书中仍能找到唐朝修建长城的明确记载。因后晋石敬瑭把燕云十六州割让给辽国，使得后来的北宋王朝失去了燕山和蒙古高原险峻的天然屏障，只好退守雁门一线，但至今山西岢岚县仍然保存有宋代修筑的长城。女真人建立的金朝为了防范治下越来越不驯服的蒙古诸部，也修筑了多道被称为金界壕的长城。只有蒙古人建立的元朝跨越长城内外，不再有来自草原的威胁，所以元朝时长城才归于沉寂。

明朝建立后一直遭受退回草原的元朝残余势力的威胁，明太祖朱元璋多次派军北征，互有胜负。明成祖朱棣想出兵进行决战，以图一劳永逸地消灭敌人，开始时倒也还有所斩获，后来蒙元军避其锋芒远遁无踪，使得朱棣五次劳师远征，战果十分有限，并没有达到决战的目的。因为蒙元军队以骑兵为主，移动速度极快，明军以步兵为主，要依托大量粮草辎重补给，在漫无边际的旷野上根本无法追上和围歼敌人，反倒有被迂回包抄、切断粮道的危险，因此即使在以百战之师为骨干的明朝初创时期，太祖和成祖也无法彻底解除来自北方的边患。到了土木堡之变英宗被俘后，明朝更没有勇气和实力大规模出击了，只得采取守势，开始全面修筑长城。以城墙和堡垒的防御战术来削减蒙军骑兵速度和机动性方面的优势，令移动迅速、飘忽不定、难以捕捉的敌人聚集于城前，既可以与之一战，也可以最大限度地迟滞其对北境若水银泻地般的袭扰掳掠。因而长城虽并非能绝对挡住敌军入寇，但却可以使敌军不再能任意出入边境，无所阻挡亦无所顾忌地纵横驰骋，待敌军围攻一点时，明军可迅速调集各路人马前往堵截或追击。其实这也是历代王朝最终都会回到修长城这一条路上来的根本原因，也就是用城防来弥补中原步兵对于游牧骑兵天然的劣势。毕竟游牧民族是马背上的民族，几乎每个人从小就精于骑射，相当于全民皆兵，个个都是优秀的战士。而中原的兵士大多来自于服兵役的农民和市民，这样的军队战斗力很有限，即使明朝实行了兵户和屯田，士兵也有一多半时间是在务农，所以中原为数不多的骑兵也常常是技艺生疏，更像是骑在马上的步兵，与草原骑兵对抗的结果可想而知。通常长年处在战争环境里的士兵的战斗力和作战经验会远胜于和平时期安逸的士兵，所以前面说到的明初多次北伐，还基本能对蒙元形成一定的优势。但随着国家相对稳定的时间越久，王朝初创时期的百战之师逐渐凋零老去，几代之后缺乏真正战阵锤炼的中原士卒的军事素质必定大为降低，再来对抗生来就是骑射健儿的游牧骑兵的冲击，简直就是噩梦，土木堡的惨败就是这种情况的最好证明。所以中原大军面对游牧骑兵这种追不上、打不赢、跑不过的被动情况，也就唯有筑城以御之了。

而从修筑长城和派兵出击的成本来考虑，明朝人的经济核算也给出了更合理的结论。比如西北某地区常受袭扰，如果集结数万大军出击还要涉及大量军费开支和物资转运的成本，常常要耗费数月经年的时间，却收效甚微，甚至还有可能打不赢，即使一时驱逐了敌人，却也无法长期固守那些夺取来的荒芜之地，还是要撤军回来。然后敌人又会迅速回到这一地区继续袭扰劫掠，官军会陷入往复征剿却劳而无功的困境，与此同时军费的支出则如流水般是个无底洞。而同一地区修筑长城的费用仅相当于征讨所耗费钱粮的六分之一左右，况且长城筑就便可使用多年，仅需局部维护修补即可，所用的守军数量也能大为减少，又能阻挡草原骑兵的任意出入，可以说是很划算的做法了。

　　明朝嘉靖年间的宣大总督翁万达在《请修北东二路边垣疏》中对长城的作用给出了十分准确的定义"驰击者彼所长，守险者我所长""山川之险，险与彼共，垣堑之险，险为我专""百人之堡，非千人不能攻者，以有垣堑可凭也""盖虏之为患，犹泛滥之水；中国设守，犹障水之堤。诸堤悉成，则渐寻隙漏；诸堤未备，则先注空虚"，把敌军比作洪水，把长城比作堤防，再形象不过了。长城的修筑和维护如能常备不懈，就可以使中原王朝获得相对更长时期的安宁和稳定。

　　长城也是内外经济和文化交流的口岸，如汉代的长城一直伴随着丝绸之路延伸进了西域，东西方的文明由此逐渐交汇融合，也给古老的东方大国注入了新鲜的血液。明代自隆庆议和之后在长城沿线广泛展开了明蒙间的互市，昔日的搏杀之地变成了内外人民和平贸易的重要通道，长城这时起到了征缴税款、调控贸易规模和打击偷渡、走私的作用。

　　长城的定义实在太过宽泛，究竟是军事防线、国家疆界、和平的保障还是经济文化交往的窗口？虽然其最主要展现出的还是军事功能，但即使如此，从时间到空间也都难以进行具体和准确的定义，这一切其实源于长城所涵盖的信息与文化实在太过庞大复杂，难以一言以蔽之，同时，也是因为我们对长城的了解和认识仍然太少了。

春秋战国长城

齐长城　楚长城　魏长城　中山长城　赵长城　燕长城　秦长城

秦朝万里长城

明长城　金长城　宋长城　北魏长城　汉长城

青长城　唐长城　隋长城　北齐长城

被毁因素

挖掘取石
人为拆毁
盗窃碑刻
开矿炸山
野蛮修缮
植物生长

军镇划分

辽蓟宣大山延宁固甘
东州府同西绥夏原肃
镇镇镇镇镇镇镇镇镇

散轶文物

石刻
薄刻
文字碑

记事碑
分界碑
匾额
施工碑
鼎建碑
阅视碑

第2章
长城的履历

防御层级

镇城
路城
卫城
所城
堡城
关城

武器装备

战盔火冷
车甲器兵
　　　器

建造构成

敌楼

来分构剖
历类成析

城墙

包石夯
砖砌土
城城城
墙墙墙

烽火台

预与敌
警楼
方的
式区
别

构石砖匾
件雕雕额

雄关要塞

嘉镇新紫居古黄喜青冷刘界九山
峪北广荆庸北崖峰山口家岭门海
关台武关关口关口关口口口口关
　长长长　　长　长长长长长长
　城城城　　城　城城城城城城

垛垛堰排水垛射悬障暗
墙台坝水沟口孔眼墙门
顶尖方槽嘴石砖眼
砖砖砖

2.1　春秋战国长城

当人类还是以原始的部落状态生存的时候，为了防范野兽的袭扰或者别的部落的攻击，就已经懂得了在居住地外围挖掘壕沟或者以木栅栏及修筑简单的墙垣进行环护，这就是最早的城池的雏形。从部落发展到城市，人们所建造的护墙越来越高大坚固和厚重，城墙也就诞生了。当一座座有着城墙保护的城市逐渐发展壮大，开始形成城邦进而凝聚成国家的时候，其所面临的威胁也就随之变成了来自另外城邦或国家以及相应于这个层面所产生出的更大的武装力量试图消灭或吞并的困扰。于是，城墙从保护一座城市进而肩负起了保护一个国家的重任。在国家的边界线上开始出现了绵延数十里乃至数百里的连续城垣，它们的规模和距离远远超出了城池的范畴，在形式上也创造性地不再是一圈闭合的环，而是从平地到高山，跨河流越深涧，利用边界地区一切能够利用的有利地形来增强自身的防御能力，这种超长的城墙也就被人们俗称为了长城，其实就是一道很长的城墙之意。

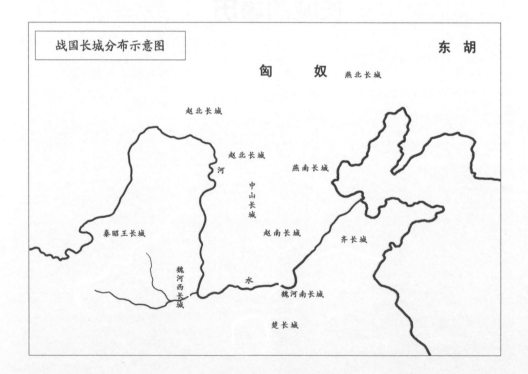

战国长城分布示意图

最早的长城出现在春秋时期，那时候周王室的中央统治已经开始崩塌，东周天子成了一个象征性的存在，原来遮蔽于这个庞大王朝羽翼下的众多诸侯国开始蠢蠢欲动，进而互相攻伐兼并，甚至如郑庄公之流已经敢于主动向周天子开战了。虽然周朝的统治名义上还在延续，但天下大乱的形势已经初见端倪，这就是孔子所说的"礼崩乐坏"的时代。

2.2 齐长城

在这个时代里，弱小的国家只能面临着被大国欺压或直接消灭的命运，而即使打着"尊王攘夷"旗号成为诸侯霸主的强者如齐国，也同样面临着来自于外部的压力。齐国率先选择在边境上筑起绵延的城墙来巩固既得领土和提防南边鲁国的觊觎，守住了自家的藩篱，才敢放心大胆地出去干预国际上的事务。也就是说，春秋时代陡然变得险恶的社会环境，催生了长城这种防御形式第一次登上历史的舞台。

洛阳的太仓一带曾出土过一套十三件的编钟，其中五件上铸有铭文"征齐，入长城，先会于平阴"。这次征齐指的是周灵王十七年（前555年）晋国联合诸侯伐齐之战，是役齐灵公战败，都城临淄被围。但从铭文上可知，此时齐国已经筑有长城，至少可以作为一处被广泛认可的地标存在了，因此也就可以得出齐长城至少在公元前555年之前即已经建成的结论。依《管子》"长城之阳鲁也，长城之阴齐也"的说法，管仲时代也就是齐桓公在位期间，齐长城就已经存在了。齐桓公于公元前685年～公元前643年在位，也可以理解为齐长城的修建上限至少可以上溯到这个时期。但《管子》的作者是否真的是管仲，一直都存在争议，一种说法认为是托名之作，是由战国后期至汉代的众多文章合集而成，因而此书中关于齐长城的叙述仅能作为参考。

《水经注·汶水》引《竹书纪年》"晋烈公十二年（前404年），王命韩景子、赵烈子、翟员伐齐，入长城。"这是关于齐长城在史书上确切出现的最早时间记录。也就是说在春秋时期齐国已经修筑起了广为列国所熟悉的真正的长城，但这仅仅是第一阶段，大致是现今齐长城遗址的西段。

公元前379年，田氏代齐，修筑长城的工程仍然在继续。

《水经注·汶水》引《竹书纪年》："梁惠王二十年（前351年），齐威王筑防以为长城。""汶水，出朱虚县泰山，山上有长城，西接岱山，东连琅玡巨海，千有余里，盖田氏之所造也。"

《史记·楚世家》张守杰《正义》引《齐记》："齐宣王乘山岭之上筑长城，东至海，西至济州，千余里，以备楚。"

随着战国时代惨烈的兼并战争不断进行，鲁国已经奄奄一息，南方庞大的楚国势力逐渐北上，齐国则将长城向东延伸至海边，对楚国的威胁采取了全面防御的策略。

现存的齐长城遗址西起黄河岸边的平阴县，中部穿越了山岭起伏绵延的泰沂山区，最东端直抵青岛市黄岛区的黄海之滨，跨过平阴、肥城、济南、莱芜、淄博、临朐、沂水、安丘、莒县、五莲等市县，全长约618.9公里。沿线还有许多关隘、烽火台、堡寨和其他建筑遗址。

今天的齐长城遗址是战国列国长城遗址中保存得相对最多最好的，从西向东脉络清晰，遗迹遗存也相对连贯，其中多段甚至仍然有高大雄伟的墙体尚存，比如莱芜与章丘交界处的锦阳关段长城，就是其中极具代表性的部分。这里的长城多是用山中出产的灰白色岩石砌筑，存高约在6～7米，上部还有一些垛口残存，这对于经历了两千多年风雨洗礼的建筑物来说，确实显得不可思议。其实这一段长城是清咸丰十一年（1861年）在齐长城遗址上加以整修而成的，目的是防御捻军北上。现在完整的地段约一公里，遗址清晰的地段超过两公里，是齐长城中相对保存最好的部分。

曾经在这一段长城上发现过一块当时的修城碑记，有"咸丰辛酉年（1861年）五月二十九日"的明确日期。章丘即今济南市章丘区，也有一块当时由"候补知府署济南府知府大兴吴载勋撰文，同知衔济南府章丘县知县中牟仓景长书丹"的碑刻。其中载"章丘之南有长城岭焉，即古所称长城钜防足以为塞者也，其城之在章境者，右界天罗顶，左趋劈林尖，绵亘周折随岭起伏。""辛酉春，皖寇入东境，扰及于莱芜，章之人相与守此岭以御之，贼不得入。然古墙已坏，基址仅存，寇既退，遂请于邑宰而修之。垒石筑土，高高下下，凡山连之，可以出入非常者皆墙而堵之。""萦带各邑千有余里，各邑之民皆弃其险而不守，因而皖寇遂得狼奔豕突，肆掠而去。而章之士民独有志于设防扼险力保身家。"这说明两千多年后，曾经用来防御鲁国和楚国的

山东省济南市莱芜区锦阳关齐长城

齐长城再一次发挥了防卫作用，在别处民众只顾逃窜的时候，这段长城成为章丘一带人民安全的保障。而这一次对齐长城的重修和利用也使得早已残败的齐长城又重新焕发了生机。从另一个角度说，这也是清代修筑长城的一个显著的实例。

众所周知的孟姜女哭长城的故事实际上是源于齐国的"杞梁妻哭夫"，这件事最早出现在《左传》里。公元前550年，齐庄公攻打莒国，先锋杞梁战死，齐庄公撤军归国时在郊外遇到杞梁之妻哭迎灵枢，遂使人吊唁，杞梁妻觉得丈夫是为国捐躯，君上在郊外吊唁，过于草率，对死者显得轻慢，当即回绝。后来，庄公亲至家中吊唁，并把杞梁葬于都城外。《孟子·告子下》载淳于髡的话"杞梁之妻善哭其夫而变国俗"，使得"杞梁妻哭夫"之事广为流传。后来世人皆恶暴秦之筑长城，便逐渐将此事改编引申成了孟姜女哭长城，与人民反抗暴政的祈愿相契合，遂得以流传至今。杞梁妻的故事虽与长城无关，却与齐国有关，演化成了范喜良和孟姜女的故事之后，哭倒长城的故事便家喻户晓了。

2.3　楚长城

与齐长城修建年代接近的还有南方的楚国长城。

《汉书·地理志》载："南阳郡，叶，楚叶公邑，有长城，号曰方城。"这里的叶即指今天的河南省叶县。

《水经注·汝水注》载："楚盛周衰，控霸南土，欲争强中国，多筑列城于北方，以逼华夏，故号此城为万城。或作方字。"

名为方城的楚国长城到底始建于何时，现在也很难有一个准确的结论，不过早在齐桓公称霸的时候，楚国的方城应该就已经存在了。观叶县的位置，北距东周的都城洛邑实在不太远了，方城修在此处则相当于快要把刀尖顶到落魄的周天子脸上了。当时齐桓公打着尊王攘夷的大旗汇集诸侯联军南下伐楚，借以显示自己霸主的实力，并遏制楚国北上的锋芒。当时楚国派使者屈完前来，齐桓公请他同阅联军盛况以炫耀武力，屈完当即表示联军虽然强大，但"楚国方城以为城，汉水以为池，虽众，无所用之！"此事见于《左传》，时间是齐桓公三十年、楚成王十六年，即公元前656年，由此可知，楚方城这时候已经是楚国北部的重要战略屏障，时间上与齐长城的建造应该基本接近。但这一次齐国也仅仅是示威而已，齐楚之间并未真正爆发冲突，并且从两国后来的态势来看，反倒是楚国一直对齐国构成威胁。

随着后来楚国势力开始真正问鼎中原，楚国所遭遇的有力竞争对手是强大的晋国，楚长城在相当长的时间内是用以对抗晋国的。楚国打败和灭掉自己周边的许多大小戎国和姬姓诸侯国，并且胁迫了传统的中原诸侯国如曹、郑、宋之流与自己结盟，严重威胁了这一地区传统强国晋国的利益，名为方城的楚长城也就成了楚晋争霸的前哨阵地。历史上晋楚两国多次发生大会战，如城濮之战、邲之战、鄢陵之战等。

鲁襄公十六年（前557年），"晋荀偃、栾黡率师伐楚，以报宋扬梁之役。楚公子格帅师及晋师战于湛阪，楚师败绩。晋师遂侵方城之外，复伐许而还。"这是《左传·襄公》中关于晋国大军伐楚攻至方城的一段记载。前546年，晋楚两国举行了弭兵之会，春秋两大霸主争霸的时代宣告终结。

随着战国时代的到来，楚国传统的老对手晋国已经分崩离析，分裂为韩、赵、魏三部分，对楚国的实际威胁基本解除，倒是西边逐渐崛起的秦国成了楚国新的敌人，楚长城也由御晋转为防秦。

《史记·秦本纪》载，秦昭襄王八年（前299年），"齐使章子，魏使公孙喜，韩使暴鸢共攻楚方城。"这是有明确记载的战国后期以秦国为首的多国部队对楚国的一次进攻，并且再一次明确提到了楚方城。当然随着后来秦国一家独大，一再打得楚国割地求和，甚至诱捕楚怀王、攻陷郢都，楚国已经招架不住秦军的凌厉攻势，方城也就逐渐淡出了历史舞台。时至今日，楚长城早已湮灭在了崇山峻岭之中，一度杳无踪迹。

楚长城整体上的走向大致类似一个汉字"冂（jiōng）"，分为东、北、西三面，因此被称作方城。实际上楚长城的整体布局十分复杂，随着楚国疆域的不断向外扩张，长城也在不断进行增建，许多地方有多重防线，如东西两线最多形成了四条复线，并对所过山口、河流和道路进行了重重设防。其大致环绕在今天河南省南阳盆地周边的伏牛山脉之中，东起泌阳县，向北过舞钢市和方城县，然后向西折向叶县西部，经平顶山市的鲁山县南部，进入南召县境内，再转向南经镇平县到达邓州市东北，总长度约800公里。

河南省南召县楚长城

21世纪初，已经被人们淡忘的楚长城遗址逐渐被发现和认定，其中以南召县境内的北线长城遗存相对较多，距离也较长，残存者多以就地取材的石砌残墙为主，这些石块之间没有任何的胶粘剂，全靠干插垒筑，这也是早期长城的一大显著特色。在楚长城沿线还有一些城寨遗址也被发现，证明了楚长城的确是一道据险而守、体系完备的军事防线。尤其因地制宜、因险治塞，也是历代长城始终秉承的一大防御理念，当地复杂的山势与地貌，配合劲弩锐卒，足以使得强大如晋国的武装力量也望而却步，楚长城的确堪称那个时代了不起的军事防线。

2.4 魏长城

在三家分晋之后，中原的后起之秀是魏国。魏国初创时期，重用了吴起和庞涓，曾经一度四面出击，打得周边的韩、秦、楚、赵等国节节败退。公元前409年，吴起率领精锐的魏武卒西渡黄河强势攻秦，尽占秦国河西之地，把秦国彻底堵死在关中一隅，丧失了进入中原的门户。此后魏国还开始在河西修筑长城以御秦。

秦国在痛定思痛后，坚定地任用商鞅进行变法，使得秦国逐渐重新强大起来，并于公元前354年开始向东出击，接连击败魏军和魏韩联军，迫使魏国迁都大梁以避其锋芒。《史记·秦本纪》载："孝公元年（前361年），河山以东强国六，与齐威、楚宣、魏惠、燕悼、韩哀、赵成侯并。""楚、魏与秦接界。魏筑长城，自郑滨洛以北，有上郡。"

《水经注》引《竹书纪年》载："梁惠成王十二年（前358年），龙贾率师所筑长城于西边。"梁惠成王即魏惠成王，因都于大梁而俗称为梁。以上记载都说明了魏国曾经在西部边境上修筑了长城。

《史记·魏世家》云："（梁惠成王）十九年（前351年），诸侯围我襄陵。筑长城，塞固阳。"由此说明魏国在数年间一直没有停止对河西长城防线的苦心经营。

此外为了防备韩国的偷袭并加强都城大梁的防御，魏国又在大梁西部和黄河南部都修筑有长城，史称魏河南长城，因这段长城起点位于黄河故道南岸的卷城，也被称作"魏卷长城"。

可惜面对秦国的凌厉攻势，魏国连战连败。公元前354年秦国夺取少梁，公元前352年再下安邑，公元前351年攻固阳。公元前341年，秦军在商鞅的带领下大破魏军主力，俘获魏国公子卬。公元前338年再次大败魏军，俘获主帅魏错。到了公元前332年，魏国被迫将河西最后的据点阴晋邑献给秦国，以土地换和平，魏河西长城的历史使命遂告终结。

现存的魏长城遗址主要分布在南起陕西省华阴市的华山峪口，经古城村后过渭河，沿着洛河东岸的高地一路北上，过大荔县北部，在党川村登上许原，向东北到达澄城。再一路经合阳县折向东南，在韩城县城南村抵达黄河岸边，全程300余公里。这些长城遗址大多为黄土夯筑，经过两千多年的变迁，现存遗迹较明显和连贯处，由数百米至数公里不等，残高也从不足1米到10余米不等，不难想像昔日工程之浩大。这些长城附近还有堡寨和烽火台遗址，也都是夯土所筑。

2.5　赵长城

赵国是三晋国家里位于最北边的一个，接管了晋国原来的北部地区，同时也肩负起了直面北方游牧民族不断袭扰侵掠的多重压力。赵国当时的东北部和北部面临着东胡、林胡、楼烦和匈奴等游牧民族和部落的多重威胁，尤其匈奴各部当时已经逐渐统一，开始不断集中兵力大规模南下，不仅给赵国，也对东面的燕国和西面的秦国构成了极大的威胁。

自赵肃侯（赵国第五代君主赵语，赵武灵王之父）时起，赵国便在南北两面修筑长城，其中北线长城大致从位于今天的河北省蔚县至涞源县间的飞狐峪起，向西直抵山西省雁门关附近，至今遗址犹存。

赵肃侯所处时代正是诸侯争霸进入白热化的初期，赵国不但要面临北方诸胡的挑战，南方以魏国为首的列国也对赵国不断讨伐和蚕食，甚至公元前353年，魏国大军竟然攻入赵国都城邯郸，并且占据了3年之久。赵肃侯即位后，几乎一直在同各国进行战争。

《史记·赵世家》载："肃侯十七年（前333年），围魏黄，不克，筑长城。"

这是赵国南长城的修建时间，北长城的修筑应该也大致在此时段前后。"武灵王十九年（前307年）……召楼缓谋曰：'我先王因世之变，以长南藩之地，属阻漳、滏之险，立长城……'"当时赵国都城邯郸距离魏国重镇邺城不足百里，距魏都大梁也仅数百里，赵肃侯试图击败魏国来缓解压力，却又不能取胜，于是只好在漳河至滏阳河一线修筑长城以防御，这段长城大致在今天河北省的临漳县、磁县和成安县境内，全长大约有400华里，至今遗存已不甚多。

赵武灵王即位后，励精图治，积极改革，大力推行倡导赵国军民效法胡人的风俗，进行胡服骑射，使得赵军的战斗力迅速提升，先后消灭了中山国、打败林胡和楼烦各部，极大地拓展了赵国的北方疆域。

《史记·赵世家》载："（武灵王）二十六年（前300年），复攻中山，攘地北至燕、代，西至云中、九原。"《史记·匈奴列传》"北破林胡、楼烦……筑长城。自代并阴山下，至高阙为塞，而置云中、雁门、代郡。"也就是在新夺取的北部边境上，赵武灵王又筑起了一条新的北长城，大致是东起今天的河北省张家口市，经山西省大同市境内，进入内蒙古自治区的包头市，再向西北折入阴山，直达内蒙古乌拉山与狼山之间的高阙，全长大致在1300余里。这道赵北长城在之后的秦汉等朝一再被利用重修，现在许多地段仍有遗址可辨。

2.6　中山长城

中山国是一个在夹缝中求生存的小国，处在赵国、魏国和燕国的虎狼环伺之中，邻国都比他强大，所以被吞掉只是时间问题。中山国原本是北方白狄的一支，旧称为鲜虞，在春秋晚期迁徙到了今天河北省唐县一带，建立中山国，定都于顾，即今天的定州。公元前406年，曾为魏国所灭。公元前380年，中山复国，迁都平山一带，后在赵、燕两国的轮番打击下，最终于公元前296年彻底灭亡。

《史记·赵世家》载，赵成侯六年（前369年）"中山筑长城"，可知中山国确是修筑过长城。又据出土的中山国铁足大铜鼎上铭文载"辟启封疆，方数百里，列城数十"可知其长城规模甚大。中山国也曾经一度强大过，号称"千乘之国"，这令视之为心腹大患的赵国寝食难安，更加大了对中山国的军事打击力度。从中山国处在太行山东麓的地理位置来看，其所筑长城也主要是用以防御赵国对他侧后方袭击的。

中山国长城大部分是就地取材的石砌城墙或土石参半的，借助太行山与唐河的天然险阻，顽强地绵延了89公里，分布于今保定市西部太行山区的涞源、顺平、唐县、曲阳四县，大体呈南北走向，也是一道拥有城墙、烽燧以及城堡的庞大军事工程，如今大部分都已经坍塌，成为山脊或台塬上隆起的一道丘埂，甚至被当地人称之为土龙。

2.7 燕长城

燕国是老牌的周朝姬姓诸侯国，但因为地处偏远，无论春秋还是战国时期，都基本无法参与到中原列国的斗争中，当然这里面也受其国力不强的因素所制约。燕国并没有忘记振兴图强，燕王哙甚至为了使国家强大，曾效法尧舜禅位，把王位禅让给了他深信不疑的"贤相"子之，导致国内大乱，混战不止，燕王哙等皆死，史称"子之之乱"。齐国趁机派兵武装干涉，在燕国境内大肆杀掠，使得燕国几近于亡国，后来百姓拥立燕王哙的儿子即位，这就是燕昭王。

对于与燕国接壤的强大的齐国，燕国其实是早有提防的，历史上燕国曾经修筑有南北两道长城，其中南长城就是为了保护都城燕下都和防范齐国而建。

《战国策》载，战国著名纵横家、时任秦相的张仪曾经来游说燕昭王："今大王不事秦，秦下甲云中、九原，驱赵而攻燕，则易水、长城非王所有也。"这里所说的长城指的即是燕国的南长城。因为张仪出使燕国是在燕昭王元年（前311年），所以可以推断南长城应该是在燕王哙时代就已经修筑了，也就是早已对齐国有所防范了。当然随着战国后期秦国一再重创赵国，兵锋已近燕境，而赵国打不过秦国，就不断地从燕国身上掠夺资源，燕南长城也就肩负起了防御秦、赵的任务。

据《水经注》《元和郡县图志》等文献记载，燕南长城起于今河北省易县西北太行山下，经易县南境，入徐水、安新北境至雄县东北，折向南经文安至大城县西境，止于子牙河。这一线长城多沿易水而筑，城墙与堤防相连，也是当时的一大特色，因而也被称为"易水长城"。《大清一统志》则记载易水长城的位置大致相当于今天河北省易县向东南经定兴、徐水、安新、文安、任丘之间，达于文安县东南，长五百余里。这一线沿途尚可见许多夯土残垣的遗迹，较长者绵延数里，残高从2米至6米者参差不齐，并有许多大小城障遗址，但破坏十分严重。

燕国北部疆域与东胡相邻，多年袭扰不断，掠夺人口、牲畜和各种物资，使燕国头疼不已。在掠入东胡的人里有一位叫秦开的，最终却成为东胡的克星。秦开通过努力获取了东胡的信任，也透彻地了解了东胡的底细。待他逃回燕国后，被任命为将，率军一举击破东胡，并一路追击，从今天的河北省北部、内蒙古自治区一直杀入辽宁省中部，为燕国夺取了千余里的土地。秦开还在新拓展的疆域上修筑长城，这便是燕国的北长城。后来跟随荆轲去刺杀秦王嬴政的少年勇士秦舞阳就是秦开的孙子。

《史记·匈奴列传》载："燕有贤将秦开，为质于胡，胡甚信之。归而袭破走东胡，东胡却千余里，与荆轲刺秦王秦舞阳者，开之孙也。燕亦筑长城，自造阳至襄平，置上谷、渔阳、右北平、辽西、辽东郡以拒胡。"《三国志·东夷传》注引《魏略》："后子孙稍骄虐，燕乃遣将秦开攻其西方，取地二千余里，至满番汗为界，朝鲜遂弱。"

以史书记载来看，并没有燕北长城的确切修造时间，但根据秦舞阳随荆轲人秦的时间推算，秦开大致也是燕国晚期的将领，开疆破胡并修筑长城，也基本上是战国时期最后的一道长城了。

燕北长城的遗址大致从今河北省张家口、宣化一带，向东北进入内蒙古自治区多伦、独石，再拐往河北省围场北面继续向东，经内蒙古自治区赤峰、敖汉旗到达辽宁省朝阳市境内，翻越医巫闾山，过辽河，折而向南进入朝鲜国境内，抵达清川江北岸而止，长达2400余里。由于年代久远，燕北长城大多已经化为一丘碎石土埂，湮灭在崇山峻岭和荆棘林丛里，不为人所识。如清乾隆十七年（1752年），乾隆帝在围场境内射猎时发现了一段数百里的古长城遗址，并因此立《古长城说》碑，当时乾隆认为"夫（秦）蒙恬起临洮而属之辽东者，今其城犹存，乃去此数百里而南……"把南面的明长城与秦长城相混淆，却不知脚下的古长城为何时之物。其实这未知的燕北长城后来正是被秦朝所利用，成为秦朝万里长城的一部分。

2.8　秦长城

　　秦国的祖先在西周时期曾经只是为周王室管理马匹畜牧的小官吏，后来首领秦非子因给周王室养马之功，于公元前905年被周孝王封在秦地，是为"嬴秦"。周幽王时，犬戎破镐京，秦襄公勤王有功，正式被封为诸侯国，于是历史上便有了秦国。

　　在很长时间里，秦国都地处西陲，闭塞落后，为列国所轻视。秦穆公时，本想加入争霸中原的行列，却被强大的晋国堵在关中，不得施展，于是便转而向西，灭国十二，做了西戎的霸主。可惜之后秦国便陷入了长期的内乱，而晋国和之后分晋而出的魏国对秦则不断采取组合拳式的打击，使得秦国节节败退，河西尽失。因此自秦厉共公起，秦国便曾在洛水附近筑城以自卫。

　　《史记·秦本纪》载：厉共公"十六年（前461年），堑河旁"，简公六年（前409年）"堑洛，城重泉"。简单的字句反映出了在近半个世纪的时间内，秦国一直都是采取守势，处于被动局面，并且这种状况直到"梁惠成王十二年（前358年），龙贾率师所筑长城于西边"才发生了根本性的逆转，秦魏攻守易势也说明了秦国已经再次势不可挡地重新崛起了。这段长城的遗址大致在陕西的华山到白水县一带，也被称作"堑洛长城"，今天几乎无迹可寻了。

　　秦国不但在东面受到中原强国的压制，在西北面还承受着来自义渠等西戎部族的

秦长城示意图

东胡

匈　奴

辽东

月氏

河

秦

水

临洮

咸阳

侵扰。甚至随着义渠的逐渐强大，还曾多次击败秦军，尤其当东方六国组成联军伐秦之际，义渠也出兵响应，背后捅了秦国一刀。所以秦国如果想向东杀出函谷关去同天下诸侯争霸，就必须要消除来自背后的威胁。不过军事打击手段效果实在有限，秦惠文王时代多次与义渠交战，均难以彻底解决问题。

《史记·匈奴列传》载："秦昭王时，义渠戎王与宣太后乱，有二子。宣太后诈而杀义渠戎王于甘泉，遂起兵伐残义渠。于是秦有陇西、北地、上郡，筑长城以拒胡。"这段记载里提到了秦昭王的母亲宣太后与义渠王私通，甚至还生了两个儿子，这一切使得义渠对秦国的侵扰得到化解。公元前272年，桀骜的义渠王最终倒在了秦国的甘泉宫里，然后秦国一举出兵平灭义渠，并在那里修筑了长城，史称为"秦昭王长城"。这段长城大致是从今天的甘肃省临洮县开始，向东南经渭源县再转去东北的静宁县而进入宁夏回族自治区的固原市。从固原向东北再过甘肃省环县和陕西省北部的横山县、榆林市和神木县，最后抵达黄河岸边。这一段长城大多为夯土和碎石构筑，留存的遗址较多。

秦始皇嬴政即位后，大举出兵征伐，关东六国逐渐覆灭，中国历史上第一个大一统的封建王朝秦朝建立起来。秦始皇灭六国，取百越，车同轨，书同文，建立了不世之业，但却始终面临着来自于北方游牧民族的巨大威胁和挑战，当时横跨草原和大漠的最大军事集团就是匈奴。这个民族实在太过强悍和坚韧，这个问题不仅秦朝没能彻底解决，即便是后来延续了400多年的两汉和曹魏政权也没能彻底消除，最终成了西晋末年最先打出反叛割据旗帜的胡族武装。

秦始皇当时正是君临天下、志得意满的时候，曾经带甲百万的东方六国的君主们都瑟瑟发抖地匍匐在了秦宫之外，可匈奴却仍然不时进犯侵扰，尤其趁着中原大混战的契机，竟然夺取了黄河北部的河套地区，对秦朝的侧后乃至都城咸阳都构成了巨大的威胁。这种情况无论如何也不能容忍，于是秦始皇下令大将蒙恬率军北击匈奴，收复河套土地，并开始筑长城。

《史记·秦始皇本纪》载"三十三年（前214年）……西北斥逐匈奴。自榆中并河以东，属之阴山，以为三十四县，城河上为塞。又使蒙恬渡河，取高阙、阳山、北假中，筑亭障，以逐戎人……三十四年，适治狱吏不直者，筑长城……"

《史记·蒙恬列传》载："秦已并天下,乃使蒙恬将三十万众,北逐戎狄,收河南。筑长城,因地形,用险制塞,起临洮至辽东,延袤万余里。于是渡河据阳山,逶蛇而北。暴师于外十余年,居上郡。是时蒙恬威震匈奴。"

上面的记载两相对照可知,秦始皇长城的兴建时间大致起自公元前214年,西起临洮,东到辽东。实则是将东部的燕北长城、北部的赵北长城和西部的秦昭王长城进行修补,并将三者间的空隙筑墙相连接,使之成为一道真正绵亘东西的万里长城,这也是第一次出现在中国历史上的名副其实的万里长城。这道长城因为是秦始皇下令修筑,所以其象征意义之大,甚至可以成为整个中国之后2000年来历代所有长城的代表,几乎人人提到长城皆言"是秦始皇修了长城",后世无论修了多少长城,似乎也都是秦始皇长城的一种延续而已,秦长城在中华民族历史上的影响之深远,恐怕秦始皇自己也是始料未及的。

但秦长城的修筑以及修直道、修阿房宫、修骊山陵墓等重大工程在短期内的相继上马极大地加深了这个饱经战乱且刚刚统一的帝国民众的负担,在秦朝苛政与暴虐的役使下,才诞生了"孟姜女哭倒长城"这样的故事。但实际上,以秦始皇当时掌握的军事实力,以扫平天下的精锐之师对抗匈奴来犯是完全没有问题的,所以才有了"乃使蒙恬北筑长城而守藩篱,却匈奴七百余里;胡人不敢南下而牧马,士不敢弯弓而报怨"。长城的建造,不仅是秦,也是燕赵等国多年的共识,对待飘忽不定、来去无踪的游牧骑兵,最好的办法就是用城墙阻滞其机动性,迫使他停下来打阵地战,以己之长,克敌之短。秦始皇更为秦帝国谋略万世之业,如果后世皇帝手中之兵不如自己手下士卒勇猛,靠长城之固也足以抵御匈奴而守住疆土了。

秦朝万里长城的起点大致从今天的甘肃省临洮县,过定西市到宁夏回族自治区的固原市,再向东北过甘肃省的环县,陕西省的靖边县、横山县、榆林市和神木县,之后到达内蒙古自治区托克托的黄河南岸,这基本就是秦昭王时期长城的旧址。黄河北岸长城从阴山西段的狼山向东走大青山北麓,经集宁、兴和县到河北省尚义县,再走张北、围场向东进入辽宁,基本是赵国和燕国长城的旧址。在辽宁经抚顺、本溪两市向东南进入朝鲜国境内,止于清川江入海处。

现在秦朝万里长城保存较好的地段主要分布在甘肃、宁夏和内蒙古一带,西部大多为夯土墙体,北线起多为毛石干插墙体,其中以固阳县境内的石长城最为著名。

2.9 汉长城

比起秦朝对匈奴的强力驱逐来，汉朝与匈奴的对垒可谓是跌宕起伏，一波三折。相较秦军秋风扫落叶般的战斗力，汉军似乎还是略有逊色，公元前200年，汉军与匈奴的第一次大会战中，汉高祖刘邦就被困于白登山，此地大致在今天山西省大同市东北方的采凉山一带。另一方面的因素是在秦末战争和楚汉争霸的时候，匈奴在其首领冒顿单于的带领下，迅速强大起来，实力早已非秦时可比，仅诱困汉高祖一役，就出动精锐骑兵40万之众，致使数十万汉军内外夹击，苦战7日，竟不能解救汉高祖脱险，最后只得用重金行贿单于的阏氏才得脱身。

此役后，汉高祖深刻地认识到了匈奴这个对手的强大，因而放弃了武力征服的想法，忍气吞声，改用怀柔与和亲的策略换取双方表面上的和平局面。之后经过汉惠帝、汉文帝和汉景帝60多年的休养生息和励精图治，到汉武帝刘彻时代，汉朝一改昔日屈辱和亲的政策，开始对匈奴进行全面的战略出击。武帝元光二年（前133年）时，在马邑设下三十万人马的伏兵，准备诱歼匈奴主力，可惜未能实现。之后十余年间，汉朝数次派数路大军直接进攻匈奴，在卫青和霍去病等年轻将领的带领下，给予匈奴以沉重的打击，并为汉朝夺取了大片的土地。

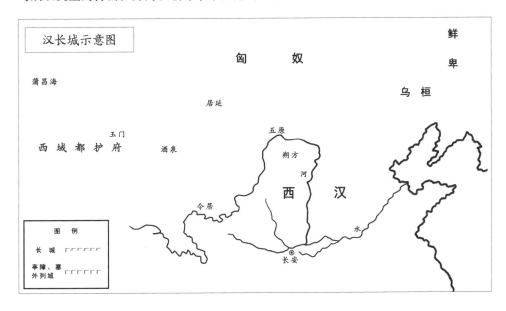

《汉书·卫青传》载："明年（元朔二年，前127年），青复出云中，西至高阙，遂至于陇西，捕首虏数千，畜百余万，走白羊、楼烦王。遂取河南地为朔方郡。""元朔五年（前124年）春，青将三万骑出高阙，匈奴右贤王当青等兵，以为汉兵不能至此，饮醉，汉兵夜至，围右贤王。右贤王惊，夜逃，独与其爱妾一人骑数百驰，溃围北去。汉军追数百里，弗得，得右贤禅王十余人，众男女万五千余人，畜数十百万，于是引兵而还。"

卫青在河南（黄河河套以南）战役中击破白羊王、楼烦王，重新夺回河套之地，又大破匈奴右贤王。

《史记·卫将军骠骑列传》载："元狩二年（前121年）春，以冠军侯去病为骠骑将军，将万骑出陇西……率戎士逾乌盭，讨遬濮，涉狐奴，历五王国，辎重人众慑慴者弗取，冀获单于子。转战六日，过焉支山千有余里，合短兵，杀折兰王，斩卢胡王，诛全甲，执浑邪王子及相国、都尉，首虏八千余级，收休屠祭天金人。""其夏，骠骑将军逾居延，遂过小月氏，攻祁连山，得酋涂王，以众降者二千五百人，斩首虏三万二百级，获五王、五王母、单于阏氏、王子五十九人，相国、将军、当户、都尉六十三人。"

霍去病通过在这一年内的春夏两次战役为汉朝夺取了河西走廊，打通了中原到西域的道路，为开通丝绸之路创造了条件。

《史记·匈奴列传》载，元狩四年（前119年），"汉骠骑将军之出代二千余里，与左贤王接战，汉兵得胡首虏凡七万余级，左贤王将皆遁走。骠骑封于狼居胥山，禅姑衍，临翰海而还。是后匈奴远遁，而幕南无王庭"。

《汉书·霍去病传》载："骠骑将军去病，率师躬将，所获荤允之士，约轻赍，绝大幕，涉获单于章渠，以诛北车者，转击左大将双，获旗鼓，历度难侯，济弓卢，获屯头王、韩王等三人，将军、相国、当户、都尉八十三人，封狼居胥山，禅于姑衍，登临翰海，执讯获丑七万有四百四十三级。"

此次的漠北战役，卫青和霍去病两路并进，大破匈奴，单于远遁。

《史记·匈奴列传》："汉两将军大出围单于，所杀虏八九万，而汉士卒物故亦数万，汉马死者十余万。匈奴虽病，远去，而汉亦马少，无以复往。"汉武帝也意识到，军事打击只能暂时击败匈奴，一旦假以时日，必定卷土重来，而朝廷劳师远征，每次云集大军，调拨粮饷马匹辎重，耗资巨万，行军及战死者不可胜数，虽屡有斩获，但自身损耗也是相当严重。所以在对匈奴保持军事威慑的同时，汉朝也没有间断对长城的修筑。其实早在发起河南战役之前的元光五年（前130年），武帝就"发卒万人治雁门阻险"，牢固边防，为出击做准备。

《史记·匈奴列传》载，河南战役后，"汉遂取河南地，筑朔方，复缮故秦时蒙恬所为塞，因河为固。……是岁，汉之元朔二年（前127年）也"。这一次汉朝重修了秦朝的北部长城。

元狩二年（前121年）春，霍去病打通河西走廊之后，汉朝随之也在这里修筑了长城。《汉书·西域传》有"骠骑将军击破匈奴右地，降浑邪、休屠王，遂空其地，始筑令居（今永登县附近）以西"的记载《汉书·张骞传》载："汉始筑令居以西，初置酒泉郡，以通西北国。""令居，县名，属金城，筑塞西至酒泉也。"这便是今天甘肃省永登县至酒泉市之间的汉长城。

《史记·大宛列传》载，元鼎六年（前111年），从骠侯赵破奴大破匈奴，在河西走廊增设张掖、敦煌两郡，"于是酒泉亭障至玉门矣"。

《汉书·张骞传》载，元封三年（前108年），赵破奴同王恢"击破姑师，虏楼兰王。酒泉列亭障至玉门矣"。据此两条记载可知，酒泉延伸至玉门的长城大致建于公元前111年到公元前108年。

《史记·匈奴列传》载，太初三年（前102年）"汉使光禄徐自为出五原塞数百里，远者千里，筑城障列亭至卢朐"。

《汉书·武帝本纪》载，太初三年（前102年）"遣光禄勋徐自为筑五原塞外列城，西北至卢朐，游击将军韩说将兵屯之"。

五原郡在今内蒙古自治区包头市西部，其下辖长城即五原塞，也就是蒙恬始建、卫青重修的秦代长城。光禄勋徐自为所建列城因此也被称为"光禄城"或"光禄塞"。武帝又令强弩都尉路博德督修居延泽长城，即"居延塞"，位于今内蒙古阿拉善盟额尔济纳旗以东，汉代人称"遮虏障"。这段长城西南方与酒泉的河西长城相接，沿金塔附近小河西岸走向东北，至鼎新县又沿弱水向北，绕过古居延泽之北转向东北，穿过今中蒙边界，同西来的塞外列城相接。居延塞和光禄塞构成一个完整的防御体系，即汉朝的"外城"。这样汉朝的北方边塞已经向匈奴腹地大为推进，平时可对匈奴起到监视和震慑作用，如北方有变，汉军可更便捷地自此出塞，给敌人以雷霆万钧般的打击。

甘肃省玉门关汉代长城

　　太初四年（前101年），在贰师将军李广利伐大宛后，汉朝修筑了从玉门至盐泽的长城，盐泽即今新疆罗布泊，亦称"蒲昌海"。《史记·大宛列传》载："敦煌置酒泉都尉，西至盐水，往往有亭。"这段长城的修筑使得汉朝长城一直延伸进了新疆腹地，有力地遏制了匈奴在这一地区的侵扰，对西域各国的安定与繁荣以及丝绸之路这条东西方经济文化交流大动脉的畅通都起到了极大的保障作用。从此以丝路为纽带而联系在一起的东西方文明间进一步交流融合和发展，其影响力经久不衰直至今日。

　　汉长城东段起自朝鲜国境内的清川江畔，经辽宁省、内蒙古自治区和河北省，大致沿用了燕秦时期的长城，在一些地段则展筑新线，有夯筑的也有石砌的，一些地段不筑墙体，仅建墩台亭障。《汉书·匈奴传》中记载了郎中侯应关于是否罢撤边塞的问题给汉元帝的回答："起塞以来百有余年，非皆以土垣也，或因山岩石、木柴、僵落（谓山上树木枯僵堕落）、溪谷、水门，稍稍平之，卒徒筑治，功费久远，不可胜计。"从其话语中即可得知当时修筑长城的多种材料与形式。

甘肃省玉门关汉代长城

汉长城中段主要是内蒙古自治区与蒙古国间的武帝"外城"，其实也是分为南北两道，两条线南北相距5～50公里，都进入了蒙古国境内。南线走武川、固阳、乌拉特中后旗、新忽热和潮格旗出国境线。北线东起达茂旗西南，走乌拉特中后旗、潮格旗、乌兰、巴彦前达门、宝音图、乌力吉等地出境，再次入境后至额济纳旗素古诺尔湖东北，与西线长城汇合。这一线长城在汉宣帝时候就被放弃了，留下诸多城障和烽燧遗址。

甘肃省汉代玉门关小方盘城

汉长城西段是现今所剩遗存最多的段落，即酒泉及以西至新疆维吾尔自治区的部分。墙体大致延伸到玉门关以西，便以烽燧的形式出现，墩台相望，一直向罗布泊深处而去。这一线长城因气候干旱，少有雨水冲刷，许多夯土墙体依然连贯完整。尤其敦煌至玉门关段长城的构筑很有特色，许多墙体是以土坯砌筑或是夯土夹杂着芦苇和胡杨树枝层叠混筑而成，残高多在2米以上。烽燧则保存得更好，甚至有残高在10米以上的，仿佛2000年的岁月风沙也拿它们无可奈何。著名的小方盘城就屹立于汉代玉门关遗址附近。相传这座近乎方形的土堡是汉代玉门都尉的所在，也是至今玉门关仅有的建筑遗存。

东汉时期基本上恢复了西汉时期的疆域，也大部分沿用了原有的长城防线。两汉的长城全程累计近2万里，是中国历史上修筑长城最长的朝代。

2.10　北魏长城

东汉大将军窦宪两次出兵，最终消灭了北匈奴政权，自那时起至魏晋时期，大量如匈奴、鲜卑、乌桓等原本游弋于边塞的少数民族纷纷归附中原政权，并被迁入塞内定居。曹魏时，大量的少数民族已经与汉族呈杂居之势，散布在今天河北、山西、陕西等地，著名的五部匈奴甚至已经扩展到了今天山西省西南部地区。随着西晋昙花一现的稳定局面被"八王之乱"打破，十几年的诸王内战导致国力极大损耗，失去了对内附少数民族的压倒性优势与震慑力，以匈奴为首的五大少数民族纷纷起兵反晋，争夺天下，即匈奴、鲜卑、羯、氐、羌，史称"五胡乱华"。两京（洛阳和长安）沦陷，晋怀帝、晋愍帝先后被俘，西晋灭亡。北方士族百姓蜂拥南渡避祸并建立了东晋，中原从此陷入了史无前例的大混战和大混乱之中，是为"永嘉之乱"。

唐代诗人张籍的《永嘉行》回顾了那时的悲惨景象：

> 黄头鲜卑入洛阳，胡儿执戟升明堂。
>
> 晋家天子作降虏，公卿奔走如牛羊。
>
> 紫陌旌幡暗相触，家家鸡犬惊上屋。
>
> 妇人出门随乱兵，夫死眼前不敢哭。
>
> 九州诸侯自顾土，无人领兵来护主。
>
> 北人避胡多在南，南人至今能晋语。

这种局面持续了130多年，直到由鲜卑人建立的北魏政权于公元439年再一次统一了北方才基本结束。这一时期南方取代东晋王朝的是刘裕建立的宋王朝，南北方形成了百余年的对峙局面，是为南北朝。

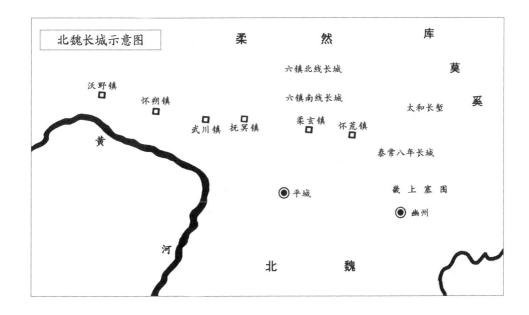

　　建立北魏的鲜卑人拓跋部本是崛起于白山黑水之间的游牧部族，入主中原后逐步强势兼并了多个割据政权，成为这里新的主人。当他们正忙于逐鹿之时，曾经任他们驰骋的北方草原上已经崛起了新的游牧部族柔然（蠕蠕），令北魏在与南朝斗争的同时，陷入两线作战的不利局面，迫使北魏不得不开始重新采取修筑长城的办法来应付柔然的进逼。

　　《魏书·太宗纪》载：明元帝泰常八年（423年）"蠕蠕犯塞，二月戊辰，筑长城于长川之南，起自赤城，西至五原，延袤二千余里，备置戍卫"。这道长城东起今河北省赤城县，经张北县、尚义县进入内蒙古自治区境内，过化德县、商都县、察右后旗、察右中旗、四子王旗、武川县、固阳县，至包头市九原区，总长度约1000公里，这一线的长城与阴山南部的赵北长城和秦汉长城多有重合，应该是在旧长城的遗址上加以利用。

　　北魏太武帝于神麚二年（429年）出兵两路大破柔然，并先后在阴山至山西北部设置了六大军镇以保卫都城平城（今山西大同），这六镇是沃野镇（五原县东北）、怀朔镇（固阳县西南）、抚冥镇（四子王旗东南）、武川镇（武川县西）、柔玄镇（兴和县西北）、怀荒镇（张北县）。至孝文帝太和年间（477年—499年），在六镇之下又设有南北两道复线长城，北线大致在四子王旗、达尔罕茂明安联合旗和武川县境内，全长约190公里。南线从商都县经察右后旗、察右中旗到四子王旗，再向西南进入达尔罕茂明安联合旗东南部及武川县，全长约260公里，南北两线的西段有所重合。另在今河北省东北部的丰宁县至内蒙古的多伦县和正蓝旗境内还建有一条约50公里的长城，被称为太和长堑，应该是用以防御库莫奚对北魏东北侧翼的威胁。太和长堑和六镇北线之间被浑善达克沙地截断，至于是否曾经相连，抑或是被流沙掩埋，现在还不得而知。从泰常八年兴建长城到六镇设立再到六镇长城与太和长堑的修建，可以看出北魏疆域向北的逐渐拓展。

　　北魏太平真君七年（446年），在平城周围筑"畿上塞围"。《魏书·世祖纪》载："丙戌，发司、幽、定、冀四州十万人筑畿上塞围。起上谷，西至于河，广袤皆千里。"通常认为畿上塞围是环绕京城及周边地区的南北两道军事防线。北线大致从今北京市延庆区居庸关向北，过河北、山西北部，再经内蒙古自治区的兴和县、丰镇市、凉城县、和林格尔县及清水河县，到达黄河边。南线约从居庸关向西南入山西灵丘后转向西，经今恒山山脉到达黄河东岸的偏关县。但这两条线存在的证据目前似乎并不充分，质疑颇多。如果两条线都的确曾经建成过，就基本形成了一个巨大的环形口袋式防线，把北魏的京畿地区环抱其中，其走向与后世的明代内外长城十分接近。

公元534年暨北魏孝武帝永熙三年，北魏正式分裂成东魏和西魏两部分，东魏政权立孝静帝元善见为君，实际权力则掌握在高欢家族手中。东魏同样面临着北方柔然的南侵，于是在利用北魏已有长城的基础上，又进行过局部地区的修缮和补充建设。

《魏书·孝静帝纪》载，武定元年（543年）八月，"是月，齐献武王（高欢）召夫五万于肆州北山筑城，西自马陵戍，东至土隥。四十日罢"。其位置大致在今山西忻州市的五寨县东到原平市崞阳镇一带。显然这更像是对北魏畿上塞围的一种增补之举。

2.11 北齐长城

东魏只一代便灭亡了，高欢之子高洋废掉孝静帝自立，改国号为齐，史称北齐，是为文宣帝。西魏同时也被北周取代。当初高欢在世时，为了缓和与柔然的关系，还曾娶柔然的公主为妻，到高洋时，柔然已经衰落，但仍然是北方的严重威胁。北齐因此需要继续修筑长城，北御柔然，西抗北周。虽然北齐国祚仅有28年，但多次大规模地修筑过长城。

《北齐书·文宣帝纪》载，天保三年（552年），"九月辛卯，帝自并州幸离石。冬十月乙未，至黄栌岭，仍起长城，北至社干戍四百余里，立三十六戍"。《北史·齐本纪》中也采用了这种说法。《嘉庆重修一统志》载"黄栌岭在汾阳县西北六十里，接永宁州界"，社干戍位于今山西五寨县南部，此段为北齐的西线长城，应该是为保护北齐的别都并州（今太原）而设。

天保五年（554年），"十二月庚申，帝北巡至达速岭，览山川险要，将起长城"。《嘉庆重修一统志》载："达速岭，在平鲁县西北"，一说"今山西省神池县南黄华岭"，实则皆指管涔山脉中段，说明高洋曾亲自到过这里，为修筑长城勘察地形。

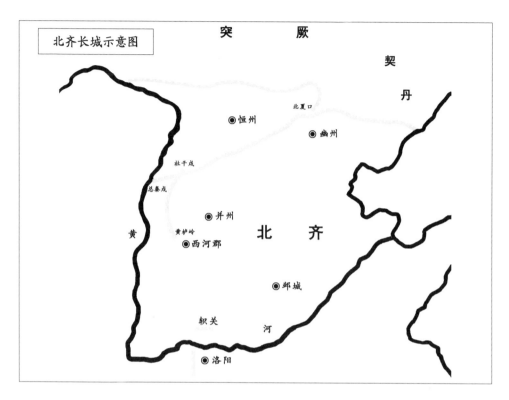

"天保六年（555年），发夫一百八十万筑长城，自幽州北夏口，西至恒州，九百余里。"幽州的北夏口位于今天的北京市昌平区军都山南口镇，恒州位置有争议，一说指今山西省大同市附近，北魏从这里迁都洛阳后，改平城为恒州。《元和郡县图志》中说："孝文帝迁都洛邑，改置恒州。孝昌（525年—527年）之际，乱离尤甚，恒、代之北，尽为邱墟。高齐文宣帝天保七年（556年）置恒安镇……其年废镇，又置恒州。"此道长城从今天北京的南口向西北过延庆区、张家口市、赤城县、崇礼县、张北县、康保县等地进入内蒙古自治区化德县、商都县、察哈尔右翼后旗、察哈尔右翼中旗、四子王旗、达尔罕茂明安联合旗以及武川县等地，大量沿用了北魏泰常八年（423年）所筑赤城到五原的长城旧址。《北史·齐本纪·显祖文宣帝纪》载，为了提振士气，当年三月"发寡妇以配军士筑长城"。

《北齐书·文宣帝纪》载，天保七年（556年）十二月，"自西河总秦戍筑长城东至于海，前后所筑东西凡三千余里。率十里一戍，其要害者置州镇，凡二十五所"。这里所说的前后三千余里长城也并非一次完成，而是分了几个阶段，这一阶段大致从今山西省兴县一带的黄河边向东，经岢岚县、五寨县、宁武县至原平市。按其"三千里"的规模，应该是将北齐年间西线和北线的长城全部计算进去了。

天保八年（557年）"于长城内筑重城。自库洛拔而东至于坞纥戍，凡四百余里"。这一段应是继续前一年想要"东至于海"而未完的长城，继续从今山西省山阴县、代县、应县、浑源县、广灵县进入河北省蔚县、涿鹿县最后进入北京门头沟区、昌平区。综前所述，天保八年的"于长城内筑重城"应该是天保六年（555年）所筑"幽州北夏口至恒州"的长城之内，实际上其遗址也正是如此，最终在"幽州北夏口"附近也就是今天北京的昌平区与北线长城相交汇，并东去入海，这部分长城也大致重新利用了北魏的"畿上塞围"和东魏武定元年（543年）长城的旧址，使得修筑进度大为提高。

《北齐书·斛律光列传》载："河清二年（563年）四月，光率步骑两万筑勋掌城于轵关西，仍筑长城二百里，置十三戍。"《读史方舆纪要》载："轵关，在（济源）县西北十五里，关当轵道之险，因曰轵关。""勋掌城，在县西北十二里轵关之东，高齐所筑以备周，旁有勋掌谷，因名。"虽然勋掌城的位置有不同的记述，但由此可知这是一条扼守太行山南部用来抵御北周的防线，轵关正是太行山天然孔道轵关陉所在，这里与黄河南岸的洛阳几乎处在南北相对的位置，基本就是北齐与北周两国南段对峙的边界线，守住这里既可以保护洛阳侧翼，又能扼住太行天险拱卫山西，战略地位相当重要。

山西省岢岚县北齐长城

因洛阳处于平原地带无险可守，其西侧即为北周地界，于是北齐"皇建（560年—561年）中，诏于洛州西界掘长堑三百里，置城戍以防间谍"。就是挖掘了三百里的堑壕以御敌，后世的金界壕也是一种类似的堑壕式长城。

《北齐书·斛律金附子羡传》载，天统元年（565年），"羡以北虏屡犯边，须备不虞，自库堆戍东拒于海，随山屈曲二千余里，其间二百里中凡有险要，或斩山筑城，或断谷起障，并置立戍逻五十余所"。这里所说的长城大致是从今天的北京市密云区古北口附近开始，沿着燕山山脉一路向东，在今河北省东部与辽宁省交界处入海，主体还是天保七年（556年）长城，这次仅是增补和修缮，经查今天的北齐长城遗址，东端最远处已经进入辽宁省的绥中县境内。

北齐王朝寿命虽短，却几乎贯穿始终一直都在大力兴建长城，其长度是秦汉至明朝之间最长的，在山西段常以夯土版筑和毛石干插为主，在京冀一带的山区则主要是石砌，这些长城翻越管涔山、恒山、太行山、燕山等几大山脉，其修筑强度和难度都是空前的。北齐在北魏和东魏基础上整修和创建的长城也成为后来明朝内外长城的主要基础和依托，也可以说是极具开创性的。至今在山西与河北的山里还有许多北齐长城的遗址，许多地段被明长城修缮使用，成为我们今天所熟悉的明代万里长城的一部分。

2.12　隋长城

北周建德六年（577年），周武帝宇文邕御驾亲征，一举攻灭北齐，再度统一北方。北周也曾修补和利用北齐长城来防御北方新崛起的劲敌——突厥，但规模不大。《周书·宣帝纪》载，大象元年"五月（579年）辛亥……突厥寇并州……六月丁卯……发山东诸州民修长城"。

北周武帝宇文邕本是个难得的雄霸之主，面对把控朝政的权臣宇文护，他能够选择十几年低眉顺眼、隐忍不发，一朝出手便一击致命，强势夺回权力。接着仅用了五年时间就灭掉了父子两代的宿敌北齐，展现出要一统天下的势头来。灭齐第二年，宇文邕又率领五路大军亲征突厥，可惜却出师未捷身先死，病故于北征途中，令人惋惜。仅仅三年后，北周政权便被国丈随国公杨坚篡夺，公元581年，杨坚正式废周建隋，是为隋文帝。

隋朝原样接下了北周的江山，也就同样要面对北方强大的突厥集团，不过隋朝已经有了北齐修筑的长城作为依托，对突厥的侵犯采取强硬回击与外交上分化瓦解等手段，在突厥分裂成东西两部分后，扶植亲隋的东突厥启民可汗，使得隋朝边塞获得了一段时期的安定。在此同时隋文帝也没有放松对长城的建造。

《隋书·高祖纪》载，开皇元年（581年）四月，"发稽胡修筑长城，二旬而罢"。"上敕缘边修保郭，峻长城……屯兵数万以备之"。

《隋书·崔仲方传》载，开皇三年（583年），"发丁三万，于朔方、灵武筑长城，东至黄河，西拒绥州，南至勃出岭，绵亘七百里"。"明年（584年），上复令仲方发丁十五万，于朔方已东缘边险要筑数十城，以遏胡寇"。这一段长城大致在今

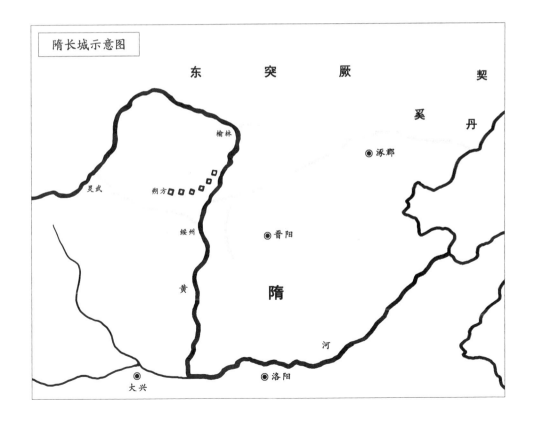

隋长城示意图

宁夏回族自治区灵武市到陕西省的绥德县东南，勃出岭正位于绥德县东南方。显然史书中把东西两起点和黄河的相对位置搞反了，绥州也就是今绥德县，是在这条线的东端，不会出现"西拒绥州"的情况。

《隋书·高祖纪》载，开皇六年（586年）二月，"发丁男十余万修筑长城，二旬而罢"。

《隋书·高祖纪》载，开皇七年（587年）二月，"发丁男十余万修筑长城，二旬而罢"。

综上所述，隋文帝在建国伊始便开始于边境上修建长城，虽然有明确记载的施工大致是以上几次，但具体说明线路的只有灵武到绥德这一段。此条线基本把黄河河套之地切割在了长城以外，也是后来明朝延绥镇长城的大致线路，应该说明这个时期隋朝还没有准备好与突厥争夺这一地区，比如对内消除北周残余势力，对外开始准备南下灭陈，因此对待突厥的态度相对谨慎。其余几次的建造时间都很短，所以应该主要是增补和防御。基本可以肯定隋朝东部当时还是沿用了北齐旧边，西线在河套这里修筑了新边。"于朔方已东缘边险要筑数十城"中隋代的朔方郡治所在岩绿县，即今陕西省靖边县以北无定河南岸的白城子，因此可知这数十城大致类似于汉代的列城，之间并无长城连接，是为了拱卫朔方郡和前一年从灵武到绥德的长城而建的。

隋炀帝杨广即位后，大型的土建工程就几乎没有间断，世人皆知他营建东都洛阳、开挖运河耗费了大量人力物力，其实他也曾花大力气来修筑长城。

《隋书·炀帝纪》载，大业三年（607年）七月，"发丁男百余万筑长城，西距榆林，东至紫河，一旬而罢，死者十五六"。明《宣府镇志》载："隋炀帝大业三年，发丁男百余万筑长城，一旬罢役，死者过半。"发动百万人力所建的长城虽然只干了十多天，竟然死伤过半，如果不是写史者有意抹黑隋朝来彰显隋炀帝之暴虐和罪恶，那这个死亡至少五六十万人的短期工程到底是什么样的炼狱，真是叫人不寒而栗。隋代的榆林郡包含榆林、富昌、金河三县，所辖范围大致在今天的内蒙古自治区准格尔旗、土默特左旗、土默特右旗及托克托县，治所榆林县旧址在托克托的黄河南岸。而紫河即今天自东向西从清水河县境内流入黄河的浑河。所谓百余万人修筑的"西距榆林，东至紫河"的长城其实就是黄河与浑河之间大致百余公里的一段距离。十多天的时间，几十万人命的代价，隋炀帝到底要干什么？

史书给出了明确的答案："八月壬午，车驾发榆林。乙酉，启民饰庐清道，以候乘舆。"不到一个月，隋炀帝带领50万大军到草原上炫耀国威和军威来了，修这段短期长城的目的，不在于军事用途，也许是想紧急搭建一个天子出塞巡边的布景，否则缺少仪式感，毕竟北齐旧边在恒山一线，太靠南，而北魏旧边在阴山一线，又荒废近百年，既太远又不太像样了。在这么短的时间内建起一道长城，然后由天子带大军从这里出塞，就好像演出了一场彪炳古今的历史大戏，也顺便给突厥的启民可汗展示了天朝上国人力物力的调动能力吧，至于工本民力乃至生灵涂炭，隋炀帝根本无所顾忌。

大业四年（608年），"秋七月辛巳，发丁男二十余万筑长城，自榆谷而东……九月……辛巳，诏免长城役者一年租赋"。这一段记载内的榆谷具体地点以及工程规模未详，只能存疑了。"是年，燕、代缘边诸郡，时发卒百余万筑长城，帝亲巡塞表，百姓失业，道殣相望"。道路上饿死的人到处都是。

《隋书·炀帝纪》载，大业"十三年（617年），天下大旱。时郡县乡邑，悉迁筑城，发男女，无少长，皆就役"。《资治通鉴》提到此事也记载道"丁男不供，始役妇人"，连妇女也被征去修筑长城了。

综上所述，隋朝虽然修了几次长城，但看起来除了从灵武到绥德段的河套长城外，几乎没有什么创建的新线路，所以，几次大规模的施工，应该还是以对北魏和北齐的旧长城进行修补为主，这一点也逐渐得到了考古方面的证实。

2007年时，山西省岢岚县发现了一块长41厘米、宽21厘米、厚9厘米的碑碣，上有"开皇十九年（599年）七月一日，栾州元氏县王口黎长口领丁卅人，筑长城廿步一尺，西至……"经中国文物学会长城研究会会长成大林先生实地考察并认定，此碑出土位置正是在一条呈土埂状的碎石与夯土相间的古长城遗址上。

另在清顺治《岢岚州志》、光绪《山西通志》和光绪《续修岢岚州志》中都记载了明朝"嘉靖间，牛圈窊掘石刻云'隋开皇元年（581年）赞皇县丁夫筑……'"牛圈窊距此只有10余里，属同一条长城线。而这条线正是从兴县黄河边一路东去的北齐天保七年（556年）开始修建的"自西河总秦戍筑长城东至于海，前后所筑东西凡三千余里"的长城旧址。由此证明，所谓隋长城，绝大部分其实是翻修的北齐长城。

2.13 唐长城

隋炀帝不但在国内大搞建设，使得隋朝人民疲于应付，苦不堪言；对外穷兵黩武地三次发百万之师征讨高句丽更使得隋帝国的承受能力逐渐达到了极限，终于仅仅两代便在天下风起云涌的起义中分崩离析，隋炀帝本人也被叛臣所杀。之后的唐朝吸取隋亡之教训，励精图治，爱惜民力，休养生息，大力发展，使得唐太宗时期便出现了"贞观之治"的复兴景象，至唐玄宗"开元盛世"更是把唐朝推上了中国历史的巅峰时期。当时唐王朝控制的地域东到日本海，西出葱岭，南面进入中南半岛，而北面的宿敌突厥也在太宗年间的几次军事打击之下归顺于唐，原来桀骜不驯的颉利可汗甚至成了唐朝的俘虏。面对如此四夷臣服的大好局面，昔日的边患似乎已经成了陈年往事，唐朝还需要修建长城吗？

在绝大多数人的概念中，强大的唐王朝是从没有修建过长城的，并被列入了中国历史上几大不修长城的朝代，以此来证明建长城是无能和保守的表现，真正强大到唐朝的程度，根本不需要长城来保护。长城的作用和目的在前面早已说过很多，仅就实际需要而言，唐朝也不可能绝对同长城绝缘。唐朝与汉朝一样，一直控制着西域地区，建立了都护府，并在丝绸之路旁五里设一烽堠，十里设双烽堠，从唐都长安城的开远门一直延伸至安西都护府，绵延了近万里之遥，唐代文学家韩愈所做的《路旁堠》"堆堆路旁堠，一双复一只"，所指的便是这种景象。

另据《资治通鉴》载，唐高宗永隆元年（680年），"秋七月，吐蕃寇河源，左武卫将军黑齿常之击却之。擢常之为河源军经略大使。常之以河源冲要，欲加兵戍之，而转输险远，乃广置烽戍七十余所，开屯田五千余顷，岁收五百余万石，由是战守有备焉"。这也是唐代在青海地区修建烽燧戍所的记录。

另关于唐朝确切修建长城的记载，最重要的一段来自《新唐书·地理三》，"天宝中析置妫川县，寻省。妫水贯中。北九十里有长城，开元中张说筑。东南五十里有居庸塞，东连卢龙、碣石，西属太行、常山，实天下之险。有铁门关。西有宁武军。又北有广边军，故白云城也"。张说曾在开元四年（716年）之后改任右羽林将军兼检校幽州都督，所以这段长城应该是张说在此之后修建。

但关于这段长城的位置也仅有一句话，使其显得特别神秘。现在河北省宣化区、崇礼县和赤城县交界处的大尖山向东过龙关镇、康庄、雕鹗堡、黎家堡到石家窑村东南有一条古长城，再过了四十里长嵯之后，又出现断续的墙体经上堡村延伸到古子坊村附近止，被认为就是张说所建的唐代长城遗址，全程约有70公里，整体上位于赤城县中南部。长城在接近平川的地方多为夯土，山顶上则为石砌，大致每隔1公里左右设墩台一座，许多墙体已经坍塌成石碓状。但这段长城的大部在明代被修缮过，并成为宣府长城的一部分，除了位置与史书记载较为相符，并未有更多的唐代遗迹。

若从位置上看，这段长城似乎可以成为北魏泰常八年（423年）所筑长城的东南段补充，但其目的到底如何，还有待于今后的进一步考证。

另据明《宣府镇志》载："突厥寇边，朔土州镇尽被抄掠，帝因拜张说兵部尚书同中书门下三品、朔方节度大使，巡行州镇，说至妫、檀寻秦、汉所为塞故迹，酌量修复之。又赈济贫穷，苏息困敝，简募强勇，罢斥贪残，将吏而下，莫不震悦，朔土以宁。"这里所说的则是张说重修了秦汉旧长城，又更加扑朔迷离了，但无论如何，这些记载都可以说明唐代也是修过长城的。

2.14　宋长城

唐代自安史之乱后由盛转衰，虽然最后叛乱得以平定，此后的天下却形成了一百多年的藩镇割据局面，各地大小军阀表面上奉唐王室正朔，实际上相互兼并搏杀，战乱不断，其乱象简直可与春秋战国相比了。在黄巢起义的打击下，仅剩一个空架子的大唐终于轰然倒塌，之后的后梁、后唐、后晋、后汉、后周五代仍然是战乱征伐的时代，北方已经强大起来的契丹人建立了辽国，也趁机南下插手中原王朝的斗争。后晋皇帝石敬瑭就是借助辽国的力量夺取了帝位，为此他竟然不知羞耻地认比自己还小十岁的辽太宗耶律德光为父，并以割让幽云十六州为代价，换取自己这个儿皇帝的虚荣。

十六州指的是：幽州（今北京市区）、顺州（今北京市顺义区）、儒州（今北京市延庆区）、檀州（今北京市密云区）、蓟州（今天津市蓟州区）、涿州（今河北

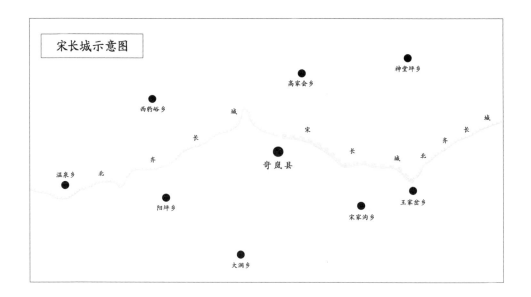

省涿州市）、瀛州（今河北省河间市）、莫州（今河北省任丘市北）、新州（今河北省张家口市涿鹿县）、妫州（今河北省张家口市怀来县）、武州（今河北省张家口市宣化区）、蔚州（今河北省张家口市蔚县）、应州（今山西省应县）、寰州（今山西省朔州市东）、朔州（今山西省朔州市区）、云州（今山西省大同市云州区）。石敬瑭此举等于是把今天的北京、天津全境和山西、河北两省北部地区全部拱手相送了。这一地区自东向西有燕山山脉、太行山脉北段以及内蒙古高原作为中原王朝的天然屏障，北魏以来依托这些山系和地形因险置塞修筑了大量的长城，进可以突击大漠，退足以自保无虞，一直是遏制柔然和突厥南侵的重要保障。十六州一失，中原即无险可守，辽国铁骑便能自由出入，任意驰骋于华北平原，随时可直奔都城汴梁（今河南开封），这对中原的威胁简直是毁灭性的。从之后耶律德光灭后晋、掳走晋出帝石重贵并领中原之主的情况看，没有了十六州之地与长城屏障的中原已经成为游牧骑兵尽情驰突的草场，契丹骑兵肆意杀掠，如入无人之境，自称为"打草谷"。

宋太祖发动陈桥兵变建立北宋后，就一直谋求收复十六州，却始终未能如愿，其弟宋太宗更是在对辽的高粱河之战中一败涂地，把打天下的精锐部队都折损殆尽，自此绝了北伐的本钱。到宋真宗年间，辽国萧太后还带着皇帝辽圣宗挥师南下，一下子就打到了黄河北面的澶州（今河南省濮阳市），迫使宋朝缔结了岁岁纳贡的"澶渊之盟"，从此宋辽在河北地面以白沟河为界相对峙。山西一侧大致维持在恒山山脉一线，基本以北齐长城旧址为界，最著名的前哨关隘便是代县雁门关了。那么宋朝自己修建过长城吗？

在之前隋长城一篇里笔者曾经说过清顺治《岢岚州志》、光绪《山西通志》和光绪《续修岢岚州志》里都记载了明朝嘉靖间，牛圈窊掘石刻云"隋开皇元年（581年）赞皇县丁夫筑"。其实后边还有"后宋太平兴国五年（980年）筑长城于草城川口，历天涧堡而东。岢岚赵地楼烦故墟，现长城筑于赵，而隋、而宋修之无疑"。明确记载着宋朝初年在岢岚县城北面的天涧堡向东修筑了长城。

宋代文学家曾公亮在其军事专著《武经总要前集》中有这样的记载："岢岚军，治岚谷县，在岚州北百里。隋大业中置岢岚镇，捍草城川贼路。唐长寿中，李迴秀奏置军，寻废。宋太平兴国中再建军，仍别屯禁军，援河外麟府一路……"其下川谷城堡五，即草城川、峨婆谷、胡谷、洪谷、飞鸢堡。"草城川，川口阔一里余，川中有古城。景德（1004年—1007年）中，筑长城，控扼贼路。"

两相对照，虽然时间上有所不同，但至少可以肯定宋朝初年的确在岢岚县北面的草城川口从天涧堡向东建了长城。

山西省岢岚县宋代长城

据光绪《山西通志》和《续修岢岚州志》载，公元979年，宋朝名将折御攻占岢岚，第二年置岢岚军。这段长城应该就是他主持修建的。实际上这段长城原本是北齐天保年间的旧边，隋朝曾经重修，宋代为了抵御契丹，再次加以重建。

目前只有县城北部的天涧堡向东经王家岔乡至海拔2784米的荷叶坪山段约30公里长城保存较好，残墙最高处可达3~4米以上，有的地段甚至还有宇墙残迹。这段城墙都是用石片垒砌，还有炮台遗址，这也是火药应用于军事之后防御建筑产生的相应改变。另发现了许多宋代的瓷片，这都符合其时代特征，成大林先生认为，这段长城就是书中和碑刻上所说的宋代长城。

2.15　金长城

北宋失去幽云十六州的屏障，不设长城之守，终究是一个无法弥补的缺陷，所以当崛起于白山黑水间的女真人建立的金朝席卷而来时，灭辽攻宋，直接就打到了汴梁城下，徽钦二帝被俘，国家沦亡。在许多年内，龟缩一隅的南宋高宗在金朝的军事压力下只能采取被动防守或者屈膝求和的方式来换取苟且偷安的和平，虽然有岳飞这样的主战派，仍然不能改变他议和的决心。

但人主中原的金朝也面临着与当初北魏类似的烦恼，就是在他们曾经纵横无敌的草原上又不断崛起着新的劲敌，给南下攻宋，有鲸吞天下之志的金朝造成了一种腹背受敌的局面。尤其最后当蒙古各部落被铁木真统一后，形成了一个无比强大的军事集团，这股力量令已经沉沦于中原富足享乐生活中的金朝贵族们如芒在背，坐卧不安。其实早在蒙古尚未势大的时候，金朝便已经开始在西部和北部修筑界壕，配合界壕还建有众多的戍卫城堡，实际上也是一种类似于长城的防御体系。但早期的金界壕到底是从何时开始兴建的，又是防御谁的呢？在史书上似乎能够找到些端倪。

《金史·太宗纪》载，早在金太宗天会二年（1124年），金朝即将灭辽的前夕，"耶律大石自称为王，置南北官属，有战马万匹"。虽然第二年金朝就生擒了辽天祚帝，灭亡了辽国，但后来耶律大石重整旗鼓，仍然称国号为辽，史称西辽，一直威胁着金朝的西北边境。

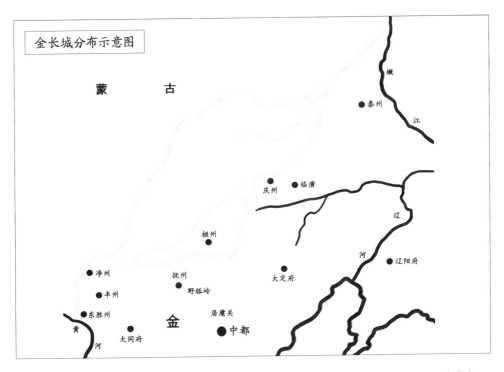

金天会七年（1129年），泰州路都统婆卢火上奏："（耶律）大石已得北部二营，恐后难制，且近群牧，宜列屯戍。"也就是说，这时候金朝已经开始筹谋在西北建造界壕抵御西辽的进攻了。另在同年六月，金太宗"命移赉勃极烈宗翰为都统，昊勃极烈昱、迭勃极烈斡鲁副之，驻兵云中，以备边"。可知在天会七年起，金朝西部和北部的界壕已经开始修建，由宗翰负责。不过后来耶律大石向西远遁，金朝西北的压力也就逐渐减轻了。

《金史·地理志》云："金之壤地封疆，东极吉里迷兀的改诸野人之境，北自蒲与路之北三千余里，火鲁火疃谋克地为边，右旋入泰州婆卢火所浚界壕而西，经临潢、金山，跨庆、桓、抚、昌、净州之北，出天山（大青山）外，包东胜，接西夏，逾黄河……"《金史·婆卢火传》有天会八年（1130年），"泰州婆卢火守边屡有功，太宗赐衣一袭，并赐其子剖叔"。"泰州婆卢火守边屡有功……天会十三年（1135年），加同中书门下平章事"。由此可知在天会年间（1123年—1137年），东北路泰州境内也已经开始挖掘界壕了，婆卢火屡次守边有功受赏，就是开挖界壕和守边御敌之功。泰州在今黑龙江和吉林两省交界处，所防御的主要是蒙古草原上降叛无常的游牧部落。不过金朝初期界壕较为粗浅，大多面宽4米左右，深仅1米余，将挖出的土堆到沟内侧，形成简单的土墙，大致使墙顶到沟底有2米左右的高差，用来阻挡车马行进。但界壕多在今内蒙古自治区境内，所处地势较为平缓，"塞北多风沙，曾未期年，堑已平矣""所开旋为风沙所平，无益于御侮而徒劳民"，所以真正能够起到的阻挡作用并不显著。这只是金朝早期的一部分工程，后来罕见提及，应该早已废弃不用。

大定初年，局势颇为动荡，之前因海陵王完颜亮挥军攻宋，精锐尽皆南调，于是境内契丹人趁机起兵造反，占据桓州，兵锋直指临潢府，给金朝造成了极大的震动。直到大定二年（1162年）九月，契丹叛军首领耶律窝斡被擒，才逐渐稳定下来。这一时期，为了防御耶律窝斡，在桓州以南仓促修筑了界壕。叛乱平息后，金朝开始再次重整西北防务，防御线向前推进，重修新城，但却再也没有恢复到金初的最北线位置。

《金史·移剌按答传》载："参知政事完颜守道经略北方，大定三年（1163年）八月，摄咸平路屯军都统。入为兵部侍郎，徙西北、西南两路。旧设堡戍，迫近内城者，于极边安置，仍与泰州、临潢边堡相接。"旧界也许是毁坏淤埋严重，价值不大，于是予以放弃。

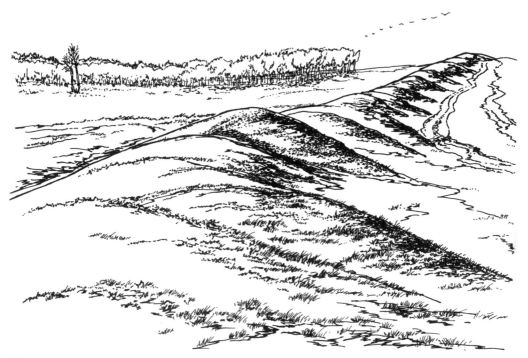

　　　　　　　　　　　　　　　　　　黑龙江省齐齐哈尔市金长城遗址

大定五年（1165年）正月"乙卯，诏泰州、临潢接境，设边堡七十，驻兵万三千"。

大定十七年（1177年）"以两路招讨司、乌古里石垒部族、临潢、泰州等路，分置堡戍"。

大定二十一年（1181年）三月，"世宗以东北路招讨司十九堡在泰州之境，及临潢路旧设二十四堡障参差不齐，遣大理司直蒲察张家奴等往视其处置。于是东北路自达里带石堡子，至鹤午河地分，临潢路自鹤午河堡子至撒里乃，皆取直列置堡戍"。这是金世宗大定年间诸多有关界壕和边堡的记载，足见修建未息。

《金史·完颜襄传》载，金章宗明昌元年（1190年）"时胡里纥亦叛，啸聚北京（今内蒙古宁城）、临潢之间……远近震骇"。明年（1191年）"北部契丹复叛，因请就用步卒穿壕筑障，起临潢左界北京路以为阻塞，言者多异同。诏襄问方略，襄曰：'今兹之费虽百万贯，然功一成，则边防固而戍可减半，岁省三百万贯，且宽民转输之力，实为永利。'诏可"。"迹襄之开凿壕堑以自固，其犹元魏、北齐之长城欤"。由是金界壕与长城相提并论。

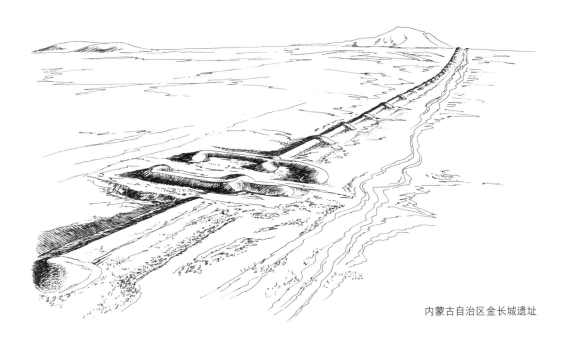

内蒙古自治区金长城遗址

金章宗承安五年（1200年）前后，增缮西北路，"计工七十五万，止役戍军，未尝动民，今已毕功"。西南路亦"治徼筑垒穿堑，连亘九百里，营栅相望，烽堠相应，人得恣田牧，北边遂宁"。金界壕在这时终于东西相连，烽堠相望，形成了一道完整的防御网络，相应的城堡、墩台、堑壕及墙垣一应俱全，的确像长城的样子了。在平缓的大草原上，堑壕又宽又深，甚至挖2~3条副壕加强防御，主壕内侧的土墙上还筑有密集的马面，屯戍城堡紧邻墙内而建，并辅以烟墩，这些措施都比金早期界壕更加完善和强大，金朝的西、北边防似乎可以松一口气了。但此时，界壕以北的蒙古也已悄然崛起了。

金界壕从金初天会年间初创，大定和明昌年间大规模增修，承安年间基本告竣，近乎贯穿了金朝的始终。

东北路界壕东起纳水（今嫩江）西岸，向西南过挞鲁古河（今洮儿河）至今科尔沁右翼中旗西北的鹤五河堡子止。在扎赉特旗以西界壕分为外、中、内三道，外线由索伦西去，经乌兰哈达进入蒙古国境内；中线由索伦西南行至新庙；内线则与临潢路界壕连接。

临潢路界壕东起鹤五河堡子，向西南经庆州（今巴林左旗西北）至达里泊（今克什克腾旗西达来诺尔）。

西北路界壕过汉克拉后分北、南二线，北线走正镶白旗、镶黄旗北转向西南；南线过桓（今正蓝旗）、抚（今河北省张北县）、昌（今太仆寺旗）三州，至商都县与北线会合。再西行到四子王旗北部，与自蒙古国入境经苏尼特左、右旗到此的外线界壕交汇。

西南路界壕从四子王旗向西南经达茂县、武川县，越过大青山，直抵黄河岸边。

终金一朝，大约修筑了14000里的界壕，几乎横贯了今天内蒙古自治区全境。但由于所处环境以及修筑方式所限，主要为土筑的墙体和壕沟在800年的风蚀雨浸和风沙淤埋下，大部分都已经仅剩下茫茫荒原上一道微微隆起的土埂，远观虽仍可见其绵延的走向，但来到近前却好像只是草原上的一垄荒丘了。

不过金界壕或者说金长城并没有挽救金朝的江山社稷，早已腐朽没落的女真人在蒙古帝国的攻击下节节败退。金大安三年（1211年），在野狐岭一战中，金朝45万主力大军全军覆没。从此，蒙古骑兵肆意在金朝的土地上驰骋掳掠，如入无人之境，可怜耗费了几十年心血修筑的金长城顷刻之间土崩瓦解，变成了历史的陈迹。

2.16　明长城

蒙古帝国在天兴三年（1234年）灭掉金朝，祥兴二年（1279年）又消灭了偏安多年的南宋政权，同时还跨越洲际向东欧和西亚四处出击，短短几十年就打出了个世界上面积最大的国家。后来蒙古帝国逐渐走向分裂，中国部分定国号为元，定都大都（今北京市），成为拥有北至北海，南到南海的中国历史上实际控制地域最广大的王朝。这种局面倒是杜绝了北魏和金时期所面临的北方草原上重新崛起强敌的可能，所以元朝并不需要长城。

元朝末年，天灾人祸，民不聊生，各地起义风起云涌，朱元璋所建立的明王朝就是在这种背景下诞生的。元朝至正二十八年暨明朝洪武元年（1368年），明军北伐，一举攻克大都，元顺帝北撤，退回了蒙古草原，史称北元或蒙元。由此开始了明朝同蒙元长达200多年的攻守拉锯战。

明太祖朱元璋在洪武五年（1372年）派三路大军北伐，想一举歼灭元朝残余势力，结果遭到大败，仅冯胜的西路军成功打通河西走廊，设立卫所，把明朝西境推进至嘉峪关一线。此战使朱元璋意识到，蒙元仍然拥有着不可小觑的强大军力，而中原刚刚经历了多年的灾荒和战乱，已经无力支撑大规模的北伐，于是逐渐转向了对边塞防务的经营，着手修筑长城，当时亦称之为边墙。

《明史·兵志》载，洪武六年（1373年），明太祖命徐达修筑山西、北平边，"自永平、蓟州、密云迤西二千余里，关隘百二十又九，皆置戍守"。这就是明早期的长城，主要分布在明朝的东部地区，实际上多是以封堵山口要道为目的的关塞。

洪武二十年（1387年），冯胜又率军平定了辽东。蓝玉的北伐迫使元主远遁和被杀，至此，蒙元分裂成了东部的兀良哈、北部的鞑靼和西北的瓦剌三部分。这些部落降叛无常，明朝在洪武二十三年（1390年）以后的7年时间里数次派兵征讨，北部的边境才逐渐稳定下来。

朱元璋死后，皇四子燕王朱棣发动"靖难之役"，打到南京夺取了侄子朱允炆的皇位，是为明太宗，后追谥为成祖。他原本驻守燕京，也就是元朝的大都、今天的北京，为了得到蒙古方面的支持，他主动放弃了深入塞外的大宁、开平、东胜等卫，使得明朝北边防线比秦汉时代大为南撤，从阴山内缩数百里，退却到燕山一线。

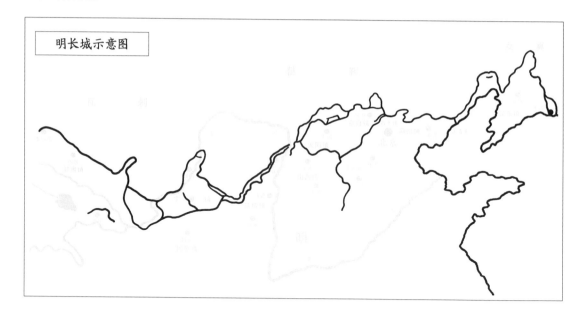

明长城示意图

北方的瓦剌和鞑靼之间除了相互征伐混战不休外，还不断南下进攻明朝。明成祖制定了天子守国门的战略，把都城从南京迁到北京，并亲率大军进行了五次北征，试图彻底消灭来自草原的威胁。可惜蒙军能战则战，见形势不妙则立即飞马远遁，茫茫旷野，无边无际，使机动性差的明军大部队根本无法达成全歼敌军的战略目标，往往是劳师动众，收效甚微。待大军撤回塞内，蒙军立即又卷地而来，再行杀掠，令明朝大军陷入不断调度、集结、出击和撤回的劳而无功的折腾之中，却无可奈何。这种两千年来北方游牧民族对中原农耕政权前赴后继的袭扰和进攻简直成了挥之不去的梦魇，这一次面对此种困局的是新生的大明王朝，实际上大明仍然拿不出比强秦、两汉、北魏和金朝更好的解决办法。自身军事实力即使能够对游牧民族形成压制，在这种如拳头打进水里的纠缠之中也会落得个精疲力竭、徒劳无功的结果。那么当自身军力变得不占优势时候又当如何呢？为了边境的长治久安计，也为了方便调度，明成

河北省滦平县金山岭长城

祖把北部沿线设置了辽东、宣府、大同、延绥四个军镇，后来又逐渐增设了宁夏、甘肃、蓟州三镇和山西、固原两镇，这便是后来明长城的九边重镇。

《明史·兵志》云："然帝于边备甚谨。自宣府迤西迄山西，缘边皆峻垣深濠，烽堠相接。隘口通车骑者百户守之，通樵牧者甲士十人守之。武安侯郑亨充总兵官，其敕书云：'各处烟墩，务增筑高厚，上贮五月粮及柴薪药弩，墩傍开井，井外围墙与墩平，外望如一'。"可见成祖时候已经开始着手在宣大地区添筑边墙，在各处隘口进行全面设防并修筑声信相闻的烽火台了，此时的长城大体是沿着北魏和北齐以来的旧线修缮，主要以拱卫北京和两翼的蓟州镇、宣府、山西为要。

后来瓦剌逐渐强大，太师也先率军寇边。正统十四年（1449年）明英宗朱祁镇

在太监王振的怂恿下，想效法曾祖父明成祖御驾亲征，结果在土木堡被也先击败，五十万人马全军覆没，随驾重臣大部阵亡，朱祁镇自己也成了俘虏。接着也先数次以朱祁镇为人质入边，并且直接进犯北京，好在于谦等忠直之臣已经拥立了新君景泰帝，重整旗鼓死守北京，这才避免了一场亡国惨祸。是役明朝元气大伤，再也无力对蒙古出击，自此后"十余年间，边患日多，索来、毛里孩、阿罗出之属，相继入犯，无宁岁"，明朝北部边境被迫转入全面防御阶段。北京虽有燕山之险，居庸之塞，然则失去了大宁、开平、东胜等卫后，也就丧失了从燕山北麓到阴山及河套一线的外围屏障，北京、山西和陕西北部地区直接暴露在瓦剌的兵锋之下，只能靠修筑长城和添置戍堡来加强防御力量。自此后百余年，明朝各镇一直在修筑长城，但边患仍然此起彼伏，常有"拆开墙口……大掠而去"的记载。

"正统间，镇守都督王祯始筑榆林城，建缘边营堡二十四……天顺中，阿罗出入河套驻牧，每引诸部内犯……成化七年（1471年），延绥巡抚都御史余子俊大筑边城，由黄甫川西至定边营千二百余里，墩堡相望，横截套口，内复堑山堙谷，曰夹道，东抵偏头，西终宁、固。"此线长城部分沿用了隋朝开皇三年（583年）所筑灵武到绥州长城的中段旧线，东部则转向北直抵府谷县黄河岸边，意在封锁河套地区的南口，东隔黄河与山西河曲一侧声势相接。成化十年（1474年），修筑了宁夏灵武到陕西定边营之间的长城，"自黄沙咀起，至花马池止，长三百八十七里"是隋代旧边西段，至此河套彻底封闭，被称作"河东墙"。成化十二年（1276年）建宁夏西南边墙，与河东墙相接。弘治十四年（1501年）修陕西定边县经宁夏同心县至甘肃靖远县黄河东岸的内边。嘉靖时从靖远县沿黄河修长城，过兰州到岷县。又在嘉靖二十年（1541年）"修嘉峪关墙一道，南至讨赖河十五里，北至石关儿十五里"。讨赖河位于嘉峪关以西，今称北大河，河边高崖上的夯土墩台即是明长城最西的起点，号称长城第一墩。之后又经过几次修建，使得河西走廊一带的长城连成一体。

嘉靖时期边患更甚，蒙古俺答汗屡次率军入寇，纵横杀掠，无可匹敌。二十四年（1545年），巡按山西御史陈豪言："敌三犯山西，伤残百万，费饷银六十亿，曾无尺寸功。"嘉靖二十九年（1550年）俺答汗先袭大同，再克古北口，进而在北京周边肆意抢掠，京军不敢战，任其裹挟大批人口、牲畜和财货从容而去，这就是臭名昭著的"庚戌之变"，明朝由是更为加强了各镇的长城修建工程。

早在成化二十一年（1485年）户部尚书余子俊就修筑了东起北京延庆四海冶，西到黄河之滨的长城1300余里。嘉靖中，宣大总督翁万达"乃请修筑宣、大边墙千余里，烽堠三百六十三所"。并创新地在城墙上加筑墙台，以利于旁击，台上建铺屋，以处戍卒。靠近长城修筑堡垒，以休伏兵，城墙下修筑暗门，以便出哨。"三十四年（1555年），总督军务兵部尚书杨博，既解大同右卫围，因筑牛心诸堡，修烽堠二千八百有奇"。

鉴于蒙古各部常从河套东进，山西偏关一带压力极重，在这一带曾经修筑了多道复线以加强防御。如果蒙古军突入边内，即可从太行山各口东下河北，于是又在太行山各口建关守备，其中以内三关的居庸、紫荆、倒马最为雄壮。

东边的蓟州镇和辽东镇也大体在成化至嘉靖间得到逐渐完备。

隆庆五年（1571年）年三月，明朝借着俺答汗之孙负气降明的契机，封俺答汗为顺义王，并开放边塞互市，史称"隆庆议和"。此后明蒙间有了很长的相对和平时期。明朝调南方的抗倭名将谭纶和戚继光北上，趁此和平时机大力修建长城。戚继光创举性地给蓟州镇长城上加筑砖砌空心敌楼，要害地段全面甃以砖，精练战卒，配以各种长短火器，令蓟州镇长城面貌焕然一新。从隆庆至万历这50余年，各镇一直在争相效法，全面大修长城，使得明代万里长城从形象到功能都比之前历代长城有了质的飞跃。我们今天所能见到的敌楼林立、气势磅礴的万里长城就是从那个时候开始全面建设的，直到明末，各镇的长城修筑一直没有停息。

这一时期是中国两千年长城修筑史的巅峰时期，可以不夸张地说，没有戚继光对明长城的创新与扩建，就没有今日中国人心目中这条引以为傲的中华民族精神图腾般的巨龙存在。在此之前的各时代仅以一些简单的石块、夯土修筑的单一的墙体和实心的墙台组成的长城，其外形之单调，结构之粗糙，功能之薄弱，都难以与加筑了砖砌空心敌楼的明长城相比。也就是戚继光修建的长城为我们今人奠定了万里长城的标准形象，至于其功能，我们后面还会说到。

明朝长城是中国历史上规模最大，修筑持续时间最长的长城，累计约建了6300余公里，更是迄今保存下来最多也最好的古代长城。明以前大多数时代的长城或是年代久远坍毁殆尽，或是地处偏远，踪迹难寻，抑或是过于简陋，缺少雄壮的气势，根本引不起人们的注意。因而我们今天所能见到的长城大多数都是明长城，无论是著名的景区如八达岭或者慕田峪，还是驰名中外的天下第一关山海关和长城最西端嘉峪关，莫不是明长城的遗存，所以明朝修建的万里长城真是跨越了时代的不朽杰作，因此后面的章节中，我们所要讲到的内容也大多是以明长城为主。

可惜最坚固的堡垒常常都是被从内部攻破的，明长城虽然坚固，但明王朝却走向了腐朽和没落，在李自成和张献忠领导的农民起义与辽东崛起的清朝的内外夹击下，大明于崇祯十七年（1644年）宣告了终结。明朝虽然结束了，但宏大的明长城还在，并在抗日战争中的长城抗战阶段再一次被国人所认知，最终成为中华民族不屈抗争精神的形象代表。

2.17 清长城

许多人一直觉得清朝怎么可能修长城呢，这一观点基本源于康熙帝玄烨那首诗："万里经营到海涯，纷纷调发逐浮夸。当时用尽生民力，天下何曾属尔家。"作为当时的最高决策者康熙都用了这样轻蔑的话来评价长城的价值，在位期间他又经常进行秋狝木兰，或是到承德去避暑，也许他每次进出古北口，仰望潮河川两岸巍峨的攀山长城之时，内心的确会萌生出胜利者那不屑的嘲弄，也因而在民间留下了清不修边的印象。

可翻开史册，清代修缮或兴建长城的记载也比比皆是。这首诗名为《蒙恬所筑长城》，是在康熙二十一年（1682年）他东巡时所作。但《临榆县志》中则记载，早在康熙七年（1668年）的时候，"永平道金事钱世清、管关通判陈天植、山海路都司孙枝茂、游击陈名远、山海卫守备陈廷谟重修边墙……"。光绪版《永平府志》也记载在同一年"诏发帑金修边城"。《畿辅通志》中也有许多康熙时代修长城的记录，如"康熙九年（1670年），诏修独石口边垣""康熙十年（1671年），诏修张家口来远水关"等。

如果说这时候康熙还年轻，到写下那首诗时，已经对长城有了重新认识的话，那么《甘肃通志》里还有"康熙三十三年（1694年），陕甘总督佛伦提请丈量应修（边墙）一万二百八十四丈""康熙四十一年（1702年），黄河泛涨冲坏边墙三百一十八丈，按年修筑"。在他征讨噶尔丹之后，也有"大将军裕亲王福全……授永昌副将。

明法令，筑堡塞"的记载。

按理说清朝也和元朝一样，同时控制了长城内外广阔的土地，似乎已经不会再有来自草原上的敌人了，口内外贸易规模也远非明蒙时期的互市可比，所谓内外一家，长城还需要防谁呢？可事实上真的如此吗？满族在尚未入主中原之前就通过军事征服与联姻、结盟等多种手段同蒙古各部结成了利益共同体，坐稳江山之后，康熙帝又每年以到承德避暑为名，接见和抚慰蒙古各部的首领，显示浩荡的皇恩。还以在木兰围场的类似于军事演习性质的大规模狩猎活动展示天朝上国强大的军事力量，对实际上未必死心塌地归附的蒙古各部可谓恩威并施，费劲心力。即使如此，若蒙古一旦反叛，忽然杀奔北京而来，又将何以应对呢？所以明长城的众多关口实际上自从被清军接管以来，一直都有兵将戍守，从未放弃对草原的提防，也就一直都在进行着修修补补。其实长城各关口的另一项职能也促使着这里不可能被弃守，那就是税收，这种海关口岸性质的作用是长城一直以来被许多人所忽视的一项重要职能，也是一项重要的税收来源。而来自蒙古的威胁也果然没有消退，最大的一股力量就是准格尔部的噶尔丹。他在沙俄的支持下，一再东进南下，兵锋直指北京，严重威胁清朝的安全。康熙二十九年（1690年）、康熙三十五年（1696年）、康熙三十六年（1697年），康熙帝三次亲征才最终平定了噶尔丹集团。

清朝的另一项大规模造墙工程是建东北的柳条边。

满洲贵族认为辽东是他们祖先的肇兴之地，龙脉所系，一来怕汉人开垦耕作和蒙古各部进入驻牧伤及风水，二来为了阻挡当时的朝鲜人进入辽东采挖人参、东珠这类皇室贡物，因此耗费了40多年的时间，修筑了漫长的围墙把辽东的土地封闭起来，严禁外省人员进入。这种墙实际上类似于高和宽大约仅有1米左右的土堤坝，上边成排地种植着柳条，柳条之间以绳结串联起来，特别像农家的篱笆墙，墙外还挖有底窄口宽约2米深的壕沟，这就是柳条边。工程最早从崇德三年（1638年）就开始了，此时辽南土地已尽被清朝占据，于是先修了今凤城市至本溪市的柳条边，入关定鼎之后，继续进行了更大规模的修建，直到康熙二十年（1681年）方才完成。

柳条边主线从辽宁东南的凤城向北经本溪、抚顺直达开原威远堡，从这里拐向西南，沿辽西走廊到达山海关，基本上以一个口袋的形势把今辽宁省大部分地区都囊括在内了。在这条线上有的地方是新挖土掘壕垒墙插柳，也有的是在明朝辽东镇长城的

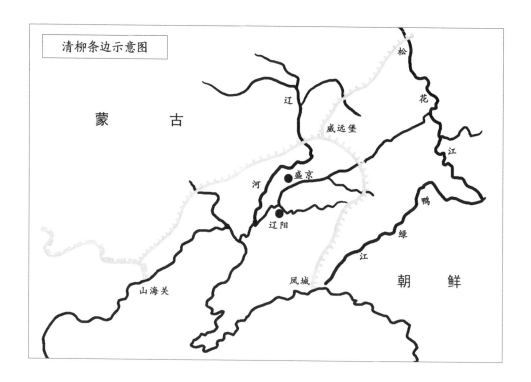

基础上改建的，因此也并非绝对都插植柳条。从威远堡另有一道向东的分支进入吉林省，直抵松花江边。柳条边在东北大地上形成了一个巨大的"人"字形，各线上也筑有瞭望和守护用的墩台，沿边开有若干个供出入的关卡，称作边门，都有重兵看守，严格审查出入人等。

其实清朝各个时期对于柳条边的封禁管理也是张弛不定，尤以乾隆帝时最为严苛，但随着清朝中后期时局的变化，大量因战乱和饥荒难以生存的中原人民开始向东北转移，柳条边之禁也就逐渐形同虚设。到了道光二十年（1840年），清廷放开东北屯垦之禁，移民蜂拥而至，闯关东的热潮随即出现，咸丰十年（1860年）柳条边最终被彻底废弃了。

除了康熙时期对明代长城和关隘多有整修外，清朝其余的皇帝也都和修长城有着诸多联系。如《清史稿》记载，雍正二年（1724年）在年羹尧平定了青海之后，就在"西宁北川边外筑边墙，建城堡""九年（1731年），上以古北口、宣化、大同沿边要地当增兵，独石口西至杀虎口当增兵，并修边墙""咸丰七年（1857年）……回匪入河套，近边震动。敦谨移驻宁武督防，别遣兵守榆林、保德下游各隘。增募炮勇，补葺河曲边墙""同治四年（1865年）将雁门关及边墙倒塌处所设法重修，以固北路锁钥"。这些大多是在北方明长城的基础上进行的修补增建。

清朝在南方的湖南、贵州一带还沿用了明朝万历四十三年（1615年）所建的亭子关至镇溪边墙320里，天启年间增筑的镇溪至保靖喜鹊营边墙60余里，以继续管控苗族反抗，史称苗疆边墙。因为一直在与苗民作战，所以不断地进行增修。如《清史稿》就有如下记载："嘉庆元年（1796年），傅鼐……于要害防苗出没，苗以死力来攻，且战且修，阅三年而碉堡成。有哨台以守望，炮台以御敌，边墙相接百余里。每警，哨台举铳角，妇女、牲畜立归堡，环数十里皆戒严。"

嘉庆二年（1797年）凤凰厅同知傅鼐出任总理边防同知，大规模重修边墙，嘉庆五年（1800年）完工。嘉庆八年（1803年）在黔东南苗区"南起铜仁的伙哨营，经松桃厅的东部，北与永绥（今花垣县）的茶洞相接，计修碉卡一百几十座"，形成了"周围千里，内环苗地二千余寨的封锁线"。

其实清朝在柳条边的建造和对明长城的修缮之外，后期还独立自主地建设过大量的近代长城。之所以这么说，是因为这些长城的修建年代都是在鸦片战争之后的中国近代史时期，而且受近代枪炮武器特点的影响，其构筑及防御方式也与传统的长城变得有所不同了。

从咸丰元年（1851年）起到清朝灭亡的半个多世纪里，可谓天下大乱，南部有席卷半个中国的太平天国起义，北部各地捻军也四处攻城略地，黄河以西则是回汉之间的大混战，清王朝的统治眼看就要土崩瓦解。这一时期在中原和关中地区往来驰突的捻军尤以迅猛的骑兵战术打得清军屡屡惨败，甚至在同治四年（1865年）5月18日，清军主力蒙古科尔沁亲王僧格林沁所部万余人在山东菏泽高楼寨遭捻军全歼，僧王本人及随军的内阁学士全顺、总兵何建鳌、额尔经厄也全部被击毙，令朝野极度震骇。之后捻军又大股西入秦川，清军根本无力阻挡，只得调刚刚平定了太平天国的曾国藩北上。曾国藩在研究了捻军作战特点后，力主修筑长城以克制其骑兵优势，由此拉开了清长城的修筑序幕。

晚清史学家、曾任山西布政使的王定安（1833—1898年）在其《湘军记·平捻军篇》中把此事的前因后果及深远意义说得透彻明晰："三代时中夏无骑兵，行军皆以车

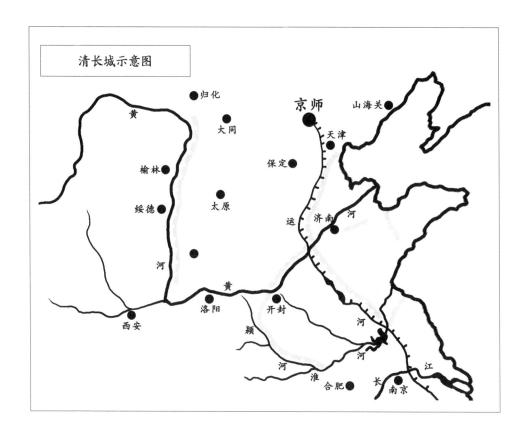

战，至战国如知用骑，其风盖昉自北漠，当时诸侯王封或千里，才敌近世一行省，辄称铁骑数十万，纵横驰突，或数日即至人国都。于是三晋、燕、齐皆筑长城自卫。其见于《长短策》者可考也。秦并天下，中国无盗警乃筑万里长城限胡骑。由是言之，墙堑之足以拒马，由来久矣，自捻之盛何啻五六万。僧王率蒙古精骑迫之常落其后，曾公国藩奉命北征，初亦苦无马，屡使使出购之。马之至者无多，而寇日以盛，始变计筑长墙，守运河暨沙、鲁诸河，闻者皆笑其迂。其后，李公鸿章踵而行之，更守胶莱，北运河，及马颊，徒骇，遂藏厥功。夫筑墙千里，合数省兵力守之，寇自或不能保，亦计之至拙者也。然天下之至巧，非至拙者不能胜。坚守其拙而巧者靡矣。清长城之筑，盖三晋、燕、齐以至秦筑长城限胡骑之御敌方略之延用。"

　　清长城之根本目的，还是以墙垣来阻滞捻军骑兵的机动性优势，这和历代长城的根本出发点是一致的，只是各朝长城主要是用于抵御外侮，清长城则完全产生于对内镇压。其西路大致是沿着山西和陕西交界的晋陕峡谷山西一侧修筑，以防止回军和入陕的捻军东渡黄河，北段接河曲保德的明代黄河边墙，南面延伸至吉县、乡宁一带。东路几乎是沿着运河一路北上，一直修到了天津附近，在与黄河交汇处分出一支沿黄河向西到河南开封再沿颍河布防，转东南拐向安徽境内的淮河岸边而止。另有若干条小支线，如苏北和胶东也都有沿河设防的地段，还有前边讲齐长城时候也提到了莱芜、章丘一带借助齐长城旧址加以修缮的防捻边墙等。捻军就是在这重重围城的紧逼下，机动空间越来越狭窄，被围入山东、江苏的河网密集区，施展不得，最后在同治七年（1868年）全军覆没。

这些清代长城的高度已经变得低矮许多，通常不过3米左右，墙前挖掘深壕用于阻挡骑兵，所挖之土则正好加固城墙，这和金界壕颇为相似，既省工省料，又修筑迅速，可在极短时间内建成，也就能够迅速以此种长城对捻军形成阻挡或合围的态势。墙上设垛口，开有枪眼，隔一段距离则筑有凸出的炮台，这也是西式枪炮传入中国后促使长城形式产生的变化。配置更多的大威力火炮，使得传统的敌楼和马面逐渐被淘汰。城墙不甚高，目标尽量缩小，也能使得己方士兵在遭到敌方枪铳和火炮轰击时，减少伤亡。在地形复杂的区域还会设有多道或以石砌或用木栅做成的障墙，交叉阻滞捻军的突击。也就是说清长城实际上已经接近了后来的战防工事，甚至可以认为是古代战争方式向近代转变的一种过渡时期。在山区的清长城也多是扼守于隘口和渡口处，并不像以往的长城一样追求全线连接贯通，只需要严守敌军大队可渡的地方，设置多重障墙加以阻隔，高处则有炮台俯视射击，周边多建堡寨屯守，在近代枪炮的射击下，捻军也很难突破。

总之在河北、山东和中原等地修建的清长城虽然用时仓促，质量粗糙，属于应急的产物，用完即废，但也是一项耗费人力和财力极其庞大的军事工程，其分布范围之广，绵延长度之长，不逊色于任何一个朝代，同时也是长城这种战争防御工程在中国历史上的最后一种形态，只是大多建在人口活动频繁的地区，至今已毁坏难寻了。

另，从清光绪元年（1875年）五月至光绪七年（1881年），左宗棠率清军消灭了阿古柏军，先后平定了喀什噶尔、叶尔羌、英吉沙尔、和阗，后通过与沙俄谈判，夺回伊犁，正式收复新疆全境。左宗棠写的"西四城流寓各部落种人分别遣留并议筑边墙片"中曾说："若南自英吉沙尔，北至布鲁特界，按照卡伦地址，改筑边墙，于冲要处间以碉堡，则长城屹立，形势完固，界画分明，尤为百世之利。"光绪四年（1878年），上谕左宗棠等人曰："着左宗棠等妥为分别办理……该大臣等所称南自英吉沙尔，北至布鲁特界，按照卡伦地址，改筑边墙，于冲要处间以碉堡，形势益增完固。着照所议妥为筹办。"也就是同意了在新疆最西端喀什市修筑边墙。这段南起英吉沙尔，北至布鲁特的边墙，大致在今天的喀什市至克孜勒苏柯尔克孜自治州境内，具体情况还有待进一步考证。如果最终确实建成了，当可算得上是中国历代王朝中修建最晚和位置最靠西的长城了。

当我们了解了中国各个历史时期的长城后会发现，这些长城并非同一条路线和同一种形式，更不可能全都是秦始皇一个人下令修建的。中国历代的长城如果加在一起，时间纵贯两千年，总长超过10万里，其中蕴含的历史和学问浩瀚如海，灿若星河，其中的种种差异也正如本书的名称般，是完全"不一样的长城"。

齐长城　楚长城　魏长城　中山长城　赵长城　燕长城　秦长城

秦朝万里长城

明长城 ◎　　金长城　　宋长城　　　　　　汉长城

北魏长城

唐长城　　　　北齐长城

长城 ○　　　　　　隋长城

挖掘取石
人为拆毁
被毁因素 ◄ 盗窃碑刻
开矿炸山
野蛮修缮
植物生长

军镇划分

辽 蓟 宣 大 山 延 宁 固 甘
东 州 府 同 西 绥 夏 原 肃
镇 镇 镇 镇 镇 镇 镇 镇 镇

散轶文物　石刻
　　　　　　碑刻 ◄
　　　　　　文字碑

记事碑
分界碑
匾额
施工碑
鼎建碑
阅视碑

第3章
巨龙的身躯

防御层级

镇城
路城
卫城
所城
堡城
关城

武器装备

战 盔 火 冷
车 甲 器 兵
　　　　器

建造构成

敌楼

来 分 构 剖
历 类 成 析

城墙

包 石 夯
砖 砌 土
城 城 城
墙 墙 墙

烽火台

预 与
警 敌
方 楼
式 的
　 区
　 别

雄关要塞

构 石 砖 匾
件 雕 雕 额

镇 新 紫 居 古 黄 喜 青 冷 刘 界 九 山
北 广 荆 庸 北 崖 峰 山 口 家 岭 门 海
台 武 关 关 口 关 关 关 关 口 口 口 关
长 关 长 长 长 长 长 长 长 长 长 长 长
城 城 城 城 城 城 城 城 城 城 城 城 城

垛 垛 墁 排 水 垛 射 悬 障 暗
顶 尖 地 水 　 口 孔
砖 砖 方 槽 嘴 石 砖 眼 墙 门
　 　 砖 砖 　 砖

　　历史上有那么多朝代都大规模或者局部地修建过长城，但随着时间的推移，这些长城大多难觅踪迹或者仅剩遗址，甚至专业的考古工作者也要不断地通过在古籍资料中查询与实地发掘相印证等种种手段才能抽丝剥茧地在广袤的土地与漫长的历史时空中把某一段早已被人们忘却的长城再一次寻找出来。也或许一段略高于地面的土埂就曾经是某个朝代大力兴建的长城所留下的点点残迹。还有些已经被发现的长城遗址却因时代太久，资料缺失和后世屡有增修改造，已经难以确认其所属时代，真实身份至今众说纷纭。

　　许多长城都修筑在人迹罕至的山里，或者至今仍交通不便的偏远地区，我们今天如果想要去寻访它们也并非易事。如现存的许多石砌秦长城遗址就位于内蒙古的阴山以北地区。土筑汉长城遗存最多的地段也在干旱的河西走廊和新疆维吾尔自治区的深处，虽说不上多么高大巍峨，但也有保存较好的段落。东部地区许多同时代的长城遗址则基本变成土埂荒冢之状，混迹于山野丘陵之中或者梯田沟渠之间，生满了浓密的树木杂草，几乎无从辨认，这就是因为气候环境的湿润和多雨以及长城墙体多采用了易于获取的碎石和夯土等材料，经过漫长的时间，这些曾经高大的建筑在风雨的侵蚀下终究倒下并与大地融为一体了。这又体现了当时所用的建筑材料、施工技术以及气候对长城的巨大影响，也因此在经过了2000多年之后我们现在想看到更完整的早期长城已经实属不易了。

　　大家概念中的长城基本都是明代后期长城的形象，也就是在隆庆议和之后，由戚继光北上蓟州镇主持大修并创建空心敌楼后的面貌。由此明朝的其他各镇也都争相效法蓟州镇的长城，各自扩建增筑空心敌楼，万里长城才变成我们今天所看到的模样。而明长城大部分保存较好的地段也都在东部地区，就是北京和河北北部的燕山山脉之中。这时代的长城墙体多为石筑，并开始采用石灰黏合勾缝，重要地段以青砖包砌，使得墙体更为坚固，除却人为破坏之外，战争和自然损坏因素并不严重，也就保存了大量具有代表性的著名段落。我们讲长城，也就主要以现存的明长城为实例，了解一下这条中国历史上最具代表性的长城具体的状况。

　　长城被称作巨龙，我们先来梳理一下明长城这条巨龙的分布情况。

明长城沿线从东向西共划分为九个军镇，也就是九个战区的意思，即辽东镇、蓟州镇、宣府镇、大同镇、山西镇、延绥镇、宁夏镇、固原镇、甘肃镇。跨越了辽宁、河北、天津、北京、山西、内蒙古、陕西、宁夏、甘肃、青海十个省、自治区、直辖市。根据国家文物局和国家测绘局的调查与测量，认为明长城的总长度为8851.8公里，但这个数据是不够准确的，就我所知，调查之中就有许多复线长城和关隘被漏掉了，所以这个数据仅能作为参考。

3.1 辽东镇

辽东镇是明长城最东边的一镇，东起点位于今天中朝边境的鸭绿江畔虎山，这也是一处久已被人们忘记的重要位置，因为此地同样是整个明长城的最东端起点，原本应该是和甘肃的西起点嘉峪关遥相呼应的地方。《明史·兵志》云："元人北归，屡谋兴复，永乐迁都北平，三面近塞。正统以后，敌患日多。故终明之世，边防甚重。东起鸭绿，西抵嘉峪，绵亘万里，分地守御"。明确记载了明代万里长城东起点在鸭绿江边。

但在清代，辽东地区被柳条边封锁，虎山也淡出了人们的视线。清朝统治者有意保护龙兴之地，以山海关为界，大力抹杀明朝在辽东留下的遗迹，如《盛京通志》《读史方舆纪要》《柳条边纪略》等书中对明辽东镇长城并不记载，在地图中不画出，只说"长城东尽处曰大龙头……土人呼为老龙头"。山海关的"天下第一关"匾额应当有着雄壮为天下诸关隘之冠的意思，后人见不到山海关以东还有长城，或者根本就没机会见到，所以便理解为山海关是长城东边的第一道关口了。以讹传讹直至今日，虎山之名应予以澄清。

辽东镇辖区大体就在今天的辽宁省境内，这里燕、秦、汉都曾经修筑过长城，到了明朝时，其北有蒙古诸部，东有扶余、女真，南有朝鲜，所处形势十分复杂。早在明成祖时期便开始修筑边墙以防御，"永乐时，筑边墙于辽河内，自广宁抵开原，七百余里"。至正统七年（1442年），"巡抚王公翱……开设迤西边堡墙壕，增著烽堠，兵威大振，虏人畏服""翱乃躬行边，起山海关抵开原，缮边垣，浚沟壍。五里为堡，十里为屯，使烽燧相接"。这是关于修建辽河以西长城的记载。

"辽东边墙，正统二年（1437年）始立。边墙阻辽河为固，濒河之地，延亘八百余里""宣德年间，本镇初无边时，仅严于瞭望，烽堠甚远……至毕恭立边后，将辽河套置于境内。"这是辽河套段长城的大致创建时间。

辽宁省丹东市虎山长城

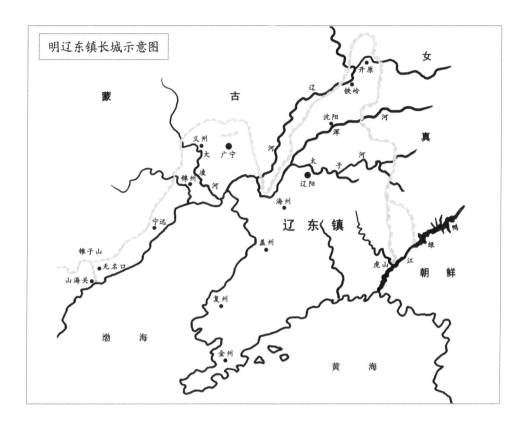

明辽东镇长城示意图

辽河东长城大致从成化五年（1469年）后开始修筑，将最东端推进到瑷阳堡和宽甸一线鸭绿江边。万历元年（1573年）又对辽河西、辽河套和辽河东三段长城进行了一次全面大修，使辽东镇长城基本形成了一条连贯完整的防御体系。万历四年（1576年）还将东端边墙从虎山向东推进至北起本溪碱厂，南到鸭绿江边长甸村东山的位置，并筑五堡，但在明末废弃。

辽东镇下辖五路，镇城初设于广宁（今北镇市），后移驻辽阳。其下长城大致从今天辽宁丹东虎山起，经凤城市、宽甸县、瑷阳堡、本溪市的鸦鹘关，再北上抚顺市、昌图县，然后向西南拐，经开原、铁岭两市进入沈阳市东北方。一路向西南过辽中县、辽阳市，在海城牛庄再次调头北上，经台安县、盘山县到达黑山县白土厂门，这里原是明长城的镇远关，清朝柳条边将这里改为白土厂边门。明长城在这里向西进入义县，再向西南走锦州市、葫芦岛市、兴城市、绥中县北部辽西走廊北缘的山区，到达辽宁、河北两省交界处的锥子山南侧无名口。整个辽东镇长城的走向基本为一个不规则的"M"形，应该是明代九镇之中，修筑最为粗疏，被破坏最为严重，现存遗迹也最少的一镇了。

另辽东镇所处地理位置西、南、东南三面临海和鸭绿江，决定了这里的海防压力也不可小觑，《明史·兵志》载："岛夷、倭夷，在在出没，故海防亦重。""山海关外，则广宁中前等五所兵守各汛，以宁前参将为应援，而金、复、海、盖诸军皆任海防，三岔以东，九联城外创镇江城，设游击，统兵千七百，哨海上……"明朝在沿海设置了诸多卫、所、堡以及烽火台，形成海防系统，这也是辽东镇的重要组成部分。

3.2 蓟州镇

蓟州镇长城大致横跨在今辽宁省西部、河北省大部以及北京和天津市。《明史·兵志》载："蓟之称镇，自（嘉靖）二十七年（1548年）始。"蓟州镇通常简称蓟镇，后来则实际上又分为三部分，蓟州镇、昌平镇、真保镇。蓟州镇最东从山海关起，西到怀柔慕田峪以东的亓连口，下辖十二路，镇城设在三屯营；昌平镇也简称昌镇，东起慕田峪，西到镇边城，下辖三路，镇城设在昌平城，这两镇大致为北京以东和以北的长城。真保镇北起北京门头沟的沿河口，一路向西南，到达山西平定县旧关（即固关），下辖四路，镇城在保定，主要防守北京西南部紫荆关到娘子关一线，以防敌军突破山西内外长城后，出太行山直奔河北、北京。

清代顾祖禹《读史方舆纪要》称："蓟州，在京都左辅……东自山海，西近居庸，延邪千里，备云密矣"。这里因为东连辽海，西拱京畿，在明朝的大部分时间都是北京最重要的安全保障，直接面对来自蒙古各部以及后来的女真的进攻和威胁。虽然早在明初洪武年间，朱元璋即已经在永平、蓟州镇、密云沿线设置关口129座，但边墙未筑。土木堡之变后，明朝先是修筑了喜峰口至九门口沿边的各关城池。至弘治十一年（1498年），"增筑塞垣，自山海关西北至密云古北口、黄花镇直抵居庸，延亘千余里，缮复城堡二百七十所"。这一时期的城防还相对简单，甚至与西边的宣大两镇也不能相比。

真正令蓟州镇长城防御功能完备起来还是始自于隆庆二年（1568年）戚继光任蓟州

镇总兵之后。《明史·戚继光传》载："自嘉靖以来，边墙虽修，墩台未建。继光巡行塞上，议建敌台……令戍卒画地受工，先建千二百座……（隆庆）五年（1571年）秋，台功成，精坚雄壮，二千里声势联接。"之后又有所增建，如万历元年（1573年），增蓟州、昌平敌台二百。此后直到明末，敌台累年修补增筑，一直没有间断。如今蓟州镇长城也是现存所有明代长城中保存精华地段最多的地区，诸如山海关、界岭口、黄崖关、居庸关、紫荆关等名重天下的雄关要隘都属于这一地区。

蓟州镇长城从山海关出发向北，经九门口到达锥子山，与辽东镇长城相接。从锥子山转向西，经抚宁区、卢龙县、迁安市、迁西县、遵化市到达天津市北部的蓟州区。这一线上有山海关、九门口、义院口、界岭口、桃林口、刘家口、冷口关、青山关、铁门关、喜峰口、潘家口、龙井关、罗文峪、大安口、鲇鱼石关、马兰关、黄崖关等众多依托于燕山山岭之间的险要关隘，敌楼相望，气势磅礴，至今仍为明长城之精华。

明蓟州镇、宣府镇长城示意图

从蓟州区向西进入北京市平谷区界内，长城由先向北再转向东北，在燕山主峰雾灵山西侧绕过，经密云区改为一路西行，再向西南进入怀柔区。在慕田峪进入昌镇地段，于庄户村一带分支，北线走火焰山九眼楼转至宣府镇辖区，是为外长城；南线继续西进至昌平区和延庆区交界的居庸关和八达岭，是为内长城，这一分支点现在被俗称为"北京结"，是明朝内、外长城的东端交汇点。从这里向西南经怀来县和北京市的门头沟区出沿河口，便来到真保镇的辖区。

从门头沟向西南经涿鹿、涞水、涞源和阜平等四县，长城已进入太行山脉北段。著名的紫荆关和倒马关就在这一线。整个河北省西部，若论长城之完好，敌楼数量之众多，以涞源县为冠。长城向东南进入山西省阳泉市，一路沿着太行山的各个隘口南下，经盂县、平定县、昔阳县、左权县直达晋东南。这一线主要是扼守太行山通往河北的孔道，以保证北京侧后的安全，娘子关、固关、马岭关、黄泽关等就在此线上。

另外明朝万历后期，因辽东建州女真崛起，边患日益严重，为了加强东部防御，又单独划出蓟州镇东部设立了山海镇。

3.3　宣府镇

宣府镇大致在今河北省西北部一带，因镇城设在宣化府（今张家口市宣化区）而得名。这里东连蓟州镇，西接大同镇，处在整个京城西北防御圈的凸出部，是蒙古大军南下的前线要冲。顾祖禹的《读史方舆纪要》称其为"南屏京师，后控沙漠，左扼居庸之险，右拥云中之固"。这里早在明永乐七年（1409年）即设置总兵，是明代九镇中最早一批设立的北边军镇，也在此时期就已经开始筑边墙，挖堑壕。土木堡之变后，进一步整修各处关隘。"正统十四年（1449年）十一月癸未，修沿边关隘""嘉靖二十五年（1546年）……于西路急冲张家口、洗马林、西洋河为垣七十五里有奇，削垣崖二十二里有奇，堑加之。次冲渡口柴沟，中路葛岭、青边、羊房、赵川，东路永宁、四海冶为垣九十二里有奇，堑十之二，敌台月城九十一""嘉靖二十六年（1547年）……自西阳河镇西界台起，东至龙门所灭胡墩止，为垣七百一十九里，堑如之，敌台七百一十九，铺屋如之，暗门六十，水口九"。

隆庆、万历时期，仍一直对宣府长城进行加筑，如"隆庆二年（1568年）筑北路龙门所外边""万历元年（1573年），修南山及中北二路诸边墩营寨"。直至明末崇祯时，修缮未绝。

宣府镇也常简称宣镇，其下又分设六路屯兵，所辖长城东起北京延庆的四海冶与蓟州镇长城相接，西至山西省大同市东北的平远堡，绵延千余里，沿途经过赤城县、张家口市、万全县和怀安县等地，盘桓于群山之中，多以石砌城墙为主，如今破坏十分严重。在八达岭北有一道土长城，东起延庆四海火焰山九眼楼，经柳沟、小张家口、岔道、大山口、十八家、合河口抵达官厅水库边，是宣府的内线长城，即南山防线，现在称"南山连墩"。主线长城在赤城县又向北凸出一条外线，前出至独石口以北的北栅子，以扼守燕山北面的孔道。赤城境内的南线长城即前面说到过的从东向西经四十里长嵯至龙关镇的疑似张说修建的唐代长城遗址，后被明长城所利用的一段。

张家口原本是宣府西北面长城上的一个关口，长城的关门名叫西境门，自从明代隆庆议和后成了内外互市的重要通道。崇祯十七年（1644年），在原关口西侧城墙上又建了一个更为高大的门洞，称为大境门。随着清代以来中原和蒙古贸易的迅速发展，张家口也变成了河北省北部的重要口岸，到了现代，最终把曾经管辖自己的宣府变成了自己的宣化区。

3.4　大同镇

大同镇长城东起新平镇最东端的平远堡与宣府镇长城相接，直当蒙古诸部正面，西至偏关东北的丫角山与内长城交汇，是明代外长城上宣大防线的重要组成部分。明代嘉靖年间的宣大总督翁万达曾说"宣、大两镇长城，皆逼巨寇，险在外，是极边"，他认为大同最难守，宣府次之，山西镇偏关再次之。可见大同镇当时边防之重。顾祖禹认为大同镇"东连上谷，南达并恒，西界黄河，北控沙漠，居边隅之要害，实京师之藩屏"。

大同自古就是中原和草原两种文明相碰撞的前线，汉高祖的白登山被围便发生在这一带，北魏早期的都城平城就在大同。明朝永乐七年（1409年）设立大同镇，成化二十一年（1485年）始筑墩台，挑挖堑壕，时户部尚书、总督宣大军务的余子俊言请修长城。嘉靖年间修筑尤为频仍，嘉靖二十一年（1542年），"挑修大同壕墙一道，深广各二丈，且垒土为墙，高复倍之，延袤三百九十余里，添筑新墩二百九十二座，护墩堡一十四座"。嘉靖二十三年（1544年），"筑东路边墙百三十八里，堡七，墩台百五十四"。嘉靖二十五年（1546年），"自阳和宣府李信屯旧无城，自丫角山至阳和旧有堑或城而不固，三月令通筑长城，补故并刃新，凡三百余里"。万历年间再次大规模增建，如万历七年（1579年）二月，"筑大同镇屯堡二百五十七，敌台千二十八所"。

大同镇下辖八路，由于所处多为黄土台地，缺乏类似于蓟州镇和宣镇那样的大山作为屏障，因此防御起来更加困难，只能在墙台修筑的高度、密集度以及设置更多的城堡和多道长城层叠防御上来做文章。大同镇长城主线从山西省天镇县平远堡始，走李二口，再转向西南，过阳高县、大同市新荣区、左云县到达朔州市右玉县境内，转而一路向南行，由平鲁区出朔州境，到达偏关县丫角山，与由宁武关一线北上的内长城交汇。

《三云筹俎考·大同总镇图说》记载，大同镇先后修大边、二边五百余里，内五堡、外五堡、塞外五堡、云冈六堡等主要城堡72座。这里所说的大边应该指的是现存的大同外线长城，大致从阳高镇边堡过大同镇川口、宏赐堡、镇羌堡，经拒墙口、拒门口、助马口至十三边村，转南至砖楼沟入左云县界。二边是现存的大同内线长城，由宏赐堡向西经新荣区、破鲁堡至吴施窑入左云县，两线在徐达窑村东北交汇。

内五堡是指镇边、镇川、宏赐、镇鲁、镇河五堡，也俗称为"边墙五堡"。

外五堡是指镇羌、破鲁、灭鲁、威鲁、宁鲁五堡。

其实明前期曾于今内蒙古自治区境内建有大边，其大致走向为东起天镇县新平堡西南头道边村，先向西北走隆盛庄镇，再拐向西南，过岱海、双古城、杀虎口北直达清水河县城后再向西南，最终在老牛湾与偏关长城汇合。后来此大边久已废弃，逐渐湮灭。《明史·太祖本纪》载，洪武二十八年（1395年）正月，命"周王橚、晋王桐率河南、山东诸卫军出塞，筑城屯田"。2007年在内蒙古隆盛庄镇附近的长城遗址上发现了一块修长城碑刻："□记：大明洪武二十九年（1396年）岁次丙子四月甲寅吉日，山西行都指挥使司修筑隘口，东山坡至西山坡长二千八十八丈，□□一十一里

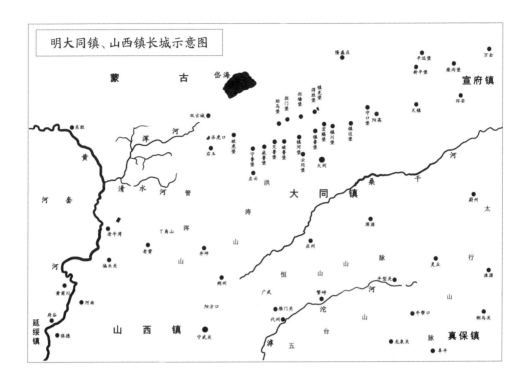

明大同镇、山西镇长城示意图

六□，烟墩三座。"因之推断明代大边应为这一二年间在周王和晋王率军出塞时所修筑。《明实录》记载了弘治十四年（1501年）重修大边。大边的最终放弃应是明朝在蒙古各部不断南侵下无力抵挡而节节后退的体现。

历史上大同镇长城曾有许多地段的城墙是包砖或石的，并加筑有大量的砖敌楼，现在砖石基本被拆尽，仅剩下仍然断续绵延的黄土墙体，砖敌楼也百不存一，大都变成了一座座光秃秃的土墩台。

3.5 山西镇

山西镇长城是明代的内长城，其下设六路分守，大致位于今天山西省忻州市北缘，以长城与大同和朔州两市为界，东边在灵丘的牛帮口与真保镇长城相接，沿着恒山山脉一路向西南走浑源县、繁峙县、应县、代县、山阴县、原平市、宁武县、神池县，经朔州市南部到达偏关县丫角山，与大同镇的外长城相会。长城一路西去到达老牛湾黄河岸边，再沿河岸南下，经河曲县到保德县，形成了一条黄河边墙。这条线大部分与北齐长城旧址相重叠，依靠恒山山脉的天然屏障进行防御，有些地段就是沿用了北齐长城的旧线。待大同和朔州一线的外长城被突破，内长城便首当其冲，是保卫北京的第二道防线。山西镇的内长城处在整个明代内长城的西半部，东面策应京畿，南面屏障太原，西面需阻挡蒙古大军趁冬季黄河封冻时踏冰来攻，可谓三面受敌，地位格外重要。著名的外三关雁门关、宁武关、偏头关就在这条防线上。而这三关中，又以偏头关北临大边，西面黄河，东边侧后方还随时会有突破朔州一线外长城的敌军来袭，亦为三面受敌之地。处在这样的位置，偏头关一带更是层叠设防，步步为营。边墙从北向南，竟有四道之多。

偏头关亦俗称偏关，曾是山西镇总兵驻地，后移驻宁武关。据《偏关志》载："大边，在关北一百二十里，东接大同镇平虏卫崖头墩界，西抵黄河，长二百九十里，今失在二边之外，久属草地，尚有藩篱遗址，未详修筑始末。"此即前边大同镇一段结尾处所说的明初大边。

"二边在关北六十里，正北为草垛山，边迤东为水泉、红门口，边极东为老营好汉山……东折神池大水口、宁武阳方口……明成化二年（1466年）总兵王玺建。"

"三边在关东北三十里，东起老营石庙儿，西抵白道坡石梯墩，沿山削崖，平地筑墙，长九十余里，明嘉靖八年（1529年）总兵李瑾建。"

"四边在关南二里，东起长林鹰窝山崖，西抵偏关教军场，随山据险，长一百二十里……为明正德十年（1515年）兵宪张凤翊建。"

宁武关所在地即今宁武县城，扼守于恢河谷地，其北长城设防于阳方口，一如居庸关之长城在八达岭一般。《宁武府志》载："嘉靖十八年（1539年），都御史陈讲寻王野梁废迹修复之。东起阳方，经温岭大、小水口，神池、荞麦川至八角堡，悉筑长城凡百八十里……二十三年（1544年）都御史曾铣……乃复增修之。三关中路之备，于是始壮焉。"

雁门关之长城在关北新广武一线，《代州志》记载："万历二十三年（1595年），巡抚李景重筑雁门关边墙，绵亘十五里。"至今这段长城仍大部分尚存，且已经成为山西内外长城中保存最好、砖敌楼幸存最多的精华地段。

3.6 延绥镇

延绥镇因镇城曾设在绥德而得名，镇下共设六路，成化九年（1473年）将总兵迁驻榆林，因此也称榆林镇。镇下长城"延绥东起黄河岸，西至定边营，接宁夏花马池，萦纡二千余里"，即今陕西省榆林市下辖诸县，从今天陕西省东北角黄河西岸的府谷县黄甫川起，一路向西南经神木县、榆林市、横山县至靖边县，然后拐向西到达定边县，与宁夏镇的花马池相接。

这一地区早在明朝永乐年间弃守黄河北岸的东胜诸卫之后，便成了明蒙冲突的前哨。因失去了黄河天险，蒙古各部得以进入河套地区驻牧抢掠，迫使明朝于成化八年（1472年）"榆林修筑东、中、西三路墙堑，宁夏修筑河东边墙"。"由黄甫川西至定边营千二百余里，墩堡相望，横截套口，内复堑山湮谷，曰夹道，东抵偏头，西终宁、固。"延绥镇一共修筑了两道边墙，《榆林府志》里认为，大边是弘治年间修建，为了防护屯田，筑墙高厚不过一丈。内边为成化年间余子俊所修，特点是因山为险。

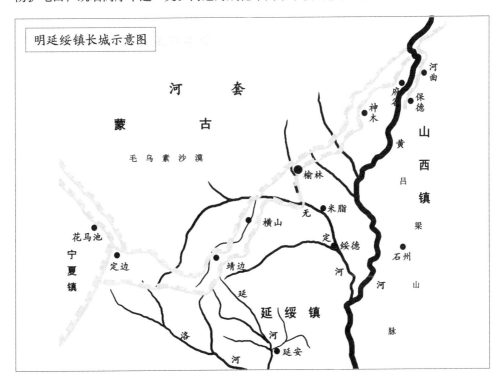

嘉靖十年（1531年）、二十四年（1545年）、四十三年（1564年）、隆庆三年（1569年），明朝屡次大修延绥镇长城，封堵河套。

万历二年（1574年），修建延绥一镇三段边墙六百七十一里，墩台七十五座，墩院八座，寨城七座，石砌大川河口一处，土筑大川河口四处，石砌河口水洞连台一座，石券关门一座。

万历三年（1575年），榆林、神木、定边、靖边四道筑空心敌台，见存城垣六十二座，民寨堡城一百四十九座，寨城五十五座，空心敌台二百三十九座，敌台一百一十六座，墩台一千三百一十六座。这两年间所进行的修建是延绥镇长城最大规模的建造工程，可惜时至今日，尚存的空心敌楼已经所剩无几，长城也多数仅存夯土残垣了。万里长城上最著名的镇北台就位于榆林段长城上，至今格局基本完整。

3.7　宁夏镇

宁夏镇长城位于今天宁夏回族自治区北部，外形好像一个楔子插入了内蒙古自治区境内，跨在黄河河套西部南段的两岸。其东段起点花马池在河套之内，接延绥镇的定边营，一路向西北，止于黄河东岸的横城堡（今兴庆区），与延绥镇共同组成了封锁河套的防线。这段长城初建于成化十年（1474年），称河东墙，大致有三百八十七里，由巡抚徐廷璋、总兵范瑾主持修建，正德年间部分重修。嘉靖十年（1531年）之后，从兴武营向东至花马池，又建起一道内线。

从横城堡沿黄河向北，共有两道长城，一直延伸到贺兰山东麓的黑山营。外线为明早期弘治旧边，内线是嘉靖十年（1531年）由三边总制王琼增筑，向内退至平虏营，即今平罗县境内。这是为了防止河套内的蒙古骑兵向西侵入宁夏所筑。因贺兰山在黄河西岸呈东北至西南走向，所以宁夏北部黄河与贺兰山之间形成了一条向北凸出的狭窄走廊地段。此地东临河套诸部进犯，西有越过贺兰山口进攻之敌，可谓两面夹击，地位尴尬。但这块土地得到了黄河的滋养，是荒芜边塞上少有的鱼米之乡，堪称塞上江南，又是必争之地，所以边防压力极大。宁夏镇长城的西线就沿着贺兰山东麓山脚下一直向南延伸，东西两路长城把这段狭长的塞上绿洲夹护于中间。

　　西线长城从贺兰山下的石嘴山市南行，一路过银川市、青铜峡市，拐向西走中宁县，到达中卫市境内的黄河东岸南长滩。这一线长城早期只在几个山口筑有防御性墙体，直到明代万历年间才予以全面修筑。著名的三关口就位于宁夏镇城银川西南贺兰山的赤木口。《嘉靖宁夏新志》载三关口为嘉靖十九年（1540年）都御史杨守礼、总兵官任杰修筑。在山口自东向西设有三道关卡，因而得名。

　　宁夏镇下分四路防守，如今这些边墙仅剩下黄土墙垣和部分墩台尚存，砖楼几乎绝迹。每当冬季黄河封冻，蒙古骑兵便可纵横往来，所以在嘉靖年间还曾在黄河东岸建造过一条长堤，用以阻拦敌军过河。

明宁夏镇、固原镇长城示意图

3.8　固原镇

固原镇所辖地域在宁夏镇南面，大致是今宁夏回族自治区南部、甘肃省东南部和陕西省西北部地区。这里处在宁夏镇侧后，东北接延绥镇，西北接甘肃镇，西南另有青海的土默特部以及吐蕃虎视眈眈，若这三处有失，蒙古、吐蕃、青海诸部来犯，固原则成为守卫陇东乃至关中的保障，因此责任极重。《皇明九边考》中载："弘治十五年（1502年），本部议奏设总制于固原，推用户部尚书秦纮兼左副都御使，后总制皆驻扎此城。于是始改立州卫，以固、靖、甘、兰四卫隶之。"

早在成化初年未设固原镇之时，为了协守延绥，即"自安边营接庆阳，自定边营接环州，每二十里筑墩台一"。弘治十五年（1502年），"总制尚书秦纮奏筑固原边墙，自徐斌水（徐冰水）起，迤西至靖虏花儿岔，长六百余里，迤东至绕阳，长三百余里，即今固原以北内墙也"。后弘治十八年（1505年）和正德元年（1506年）间，杨一清任三边总制后，修筑了固原石涝池至延绥定边营的一百六十三里长城。嘉靖九年（1530年），三边总制王琼再次大规模挑挖堑壕，修补长城。嘉靖十六年（1537年），修筑了徐冰水至鸣沙州的新边。

固原镇所辖长城东接延绥镇的定边营，经宁夏盐池县南部、同心县北部、海原县北部和甘肃靖远县北部，然后沿黄河东岸向西南，到达兰州市西，总长约一千里，共分五路分守。至万历中期，鉴于固原西部边患更加严重，便在这里单独设立了临洮镇，以便于对青海诸部的防御。

3.9　甘肃镇

甘肃镇长城处在整个明长城防线的最西端，基本上就是今甘肃省中段最狭长的那一部分，即河西走廊地区。此处地理位置南靠祁连山，北临大漠，东西长上千公里，南北战略纵深却不足百公里，一旦有失，则首尾不能相顾，因此堪称十分脆弱。河西走廊自古就是中原和西域之间宛若动脉一般纤细却无可替代的枢纽要道，唐代安史之乱后，吐蕃趁唐军主力东去平叛之机占据河西走廊，导致广大的西域地区与中原从此失去了联系。明初收复河西后，先在嘉峪关西设七卫，一度将步伐重新迈进西域，可惜至中期在强大外敌的进攻下，七卫或陷落或内迁，疆域最西端退回嘉峪关。虽然不用再担负着西域的重任，但仅想守住这一条线上的疆土也是殊为不易的，况且这里西北两面直面蒙古诸部，祁连山背后的诸胡也会随时异动，真是三面受敌。甘肃若失，则宁夏、固原两镇侧翼全部暴露，乃至陕西、山西也会遭到殃及，可谓牵一发而动全身。

明代早期，边患多集中于东部地区，甘肃镇只是建立沿边的15座卫所，但随着后来明朝逐渐衰弱，甘肃镇所处的位置既要北御蒙古，又要南连吐蕃，压力越来越大，在嘉靖年间才开始大规模建设长城。

嘉靖二十五年（1546年），修肃州林泉及甘州平川境内外大芦泉诸处墩台。

隆庆六年（1572年），修完嘉峪关至镇夷千户所边墙七十五里、板桥堡至明沙堡边墙十五里……此阶段，甘肃各地长城均在兴工中。万历年间继续修建新的长城，并对已有长城也进行了加高和加厚。

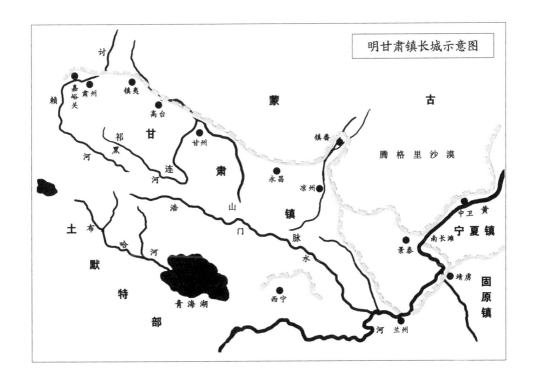

甘肃省嘉峪关城楼

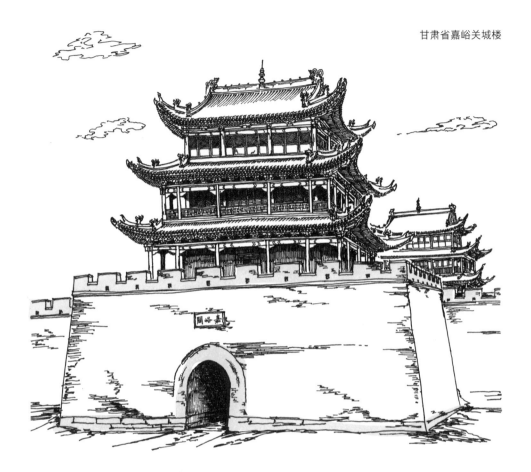

万历二十六年（1598年）筑靖虏卫向西北至庄浪县土门川新边，使得凉州镇番卫边墙与宁夏镇中卫相接。

甘肃镇长城东端有两个起点，北线是起于景泰县黄河岸边，南线起于兰州市黄河北岸，两路长城一直向西北延伸，在今武威市东边会合，继续向西北走民勤县、永昌县、山丹县、张掖市、高台县、酒泉市等地，来到明长城西端起点嘉峪关，并拐向南抵到祁连山北麓讨赖河谷旁的第一墩止，全长约一千六百余里，分四路守御。

在今青海省西宁市北部地区及东西两翼，近乎半弧形也建有一条边墙，主线大致分布于乐都、互助、大通、湟中四县境内，是用来防御在青海湖以西驻牧的蒙古土默特等诸部的。从嘉靖二十五年（1546年）至万历二十四年（1596年），经过多年修建才基本形成环西宁卫的弧形防线。

无论是河西走廊段的甘肃长城，还是西宁附近的青海长城，都属于明代甘肃镇统辖。这些长城现存者大多为夯土建造，年久失修，风蚀水浸，还有严重的人为破坏，已经大多沦为了山间沟壑、戈壁荒滩上的断壁残垣和一抔荒丘。保存最好的长城还未有超过嘉峪关者。

长城这种战略工程在明代时可谓发展到了一个巅峰的水平，其实不仅仅是以一道绵延的城墙来阻滞敌人，以一个个严密的关隘来控制通道，其内内外外还有众多的主要与次要的各级别军事建制和防御堡垒，与第一线的边墙共同组成了一张庞大的防御网，一张布设在整个中国北部的边防网。

通常在边塞以外的险要制高点上会设有用于瞭望敌情的烽火台，第一时间把看到的敌军入寇动向以烽火或者快马传递等形式急速向关隘或者更上一级的军事部门汇报。长城沿线会建有沿边烽火台，内陆会建有腹里烽火台，驿路旁会建有路台，随时对塞外燃起的烽火警报予以接力式继续传递，为沿边军民人等争取坚壁清野的时间。

关城　即卡建在关隘上的小城，通常可屯驻守军数十至上百人，负责看守关门，盘查过往行人和收缴税款，敌人如果来攻，关城里的守军是最先投入战斗的力量。关城与两翼长城和敌楼组成了我们通常所熟悉的长城防线，但它们并非孤立支撑，最近的是沿边各个营堡，称为堡城。

堡城　位置大都距边墙较近，一旦发生战事，在敌人突破关口后能够对敌进行阻滞和伏击的地方建造。堡内通常会屯驻有规模为一百多人到四百人不等的边军，为首者为"镇抚"和"百户"，下设总旗、小旗等，因此也称百户所。堡与堡之间一般相距5～10公里，相互间形成一道连营，即为列城。每座堡城分守一段长城及相应的烽火台，堡内设有官署、军营和仓库，有的还建有庙宇。按照明朝的卫所制度，这些边防军战时守城，平时屯田，基本上是三分战，七分屯，所以堡城附近多为屯垦良田。如果是来自边外的小规模袭扰或进攻，完全可以抵挡得住，如果是较大规模的来犯，如成千上万人的大举入边时，堡城还肩负有收敛周边兵民入堡躲避，对敌实行坚壁清野的作用。在敌军蜂拥破边而来时，堡城之设不但起到对敌人节节抵抗的作用，也能以死守迫使敌军无法掠夺到更多的人口和物资，难以实现其战略目的，抑或是不敢肆意向内地深入，以免退路被切断。

在驿路沿线的许多驿城实际上也属于堡城一类性质，称为驿路城，也称递运所。当然也有许多驿站是附属在别的级别的城池之内的，并不单独建城。

千户所城 是堡城的上一级单位，可以驻扎守军千人以上，明代千户所的标准员额设定为1120人，下辖十个百户所，长官即为千户，属正五品官。千户所城通常设有公署、仓库、军械库以及庙宇等，是中等级别的屯兵与物资储备地点，也是下级堡城的后援支撑。但明代有些千户所机构是附属在更高级别城池里的，因此并非每一个千户所都拥有自己单独的所城。

卫城 是千户所城的上一级，统辖五个千户所，规模通常能达到两个千户所城的面积，城池设施也更加完备，按规定能够屯兵5600余人。最高长官是指挥使，秩正三品，手下还有指挥同知、指挥佥事、镇抚司镇抚等。城池的功能更加强大，通常都设有钟鼓楼等城市核心建筑，划分街坊，开设商铺，建有诸如文庙、城隍庙这样的祠庙建筑，指挥使署、按察兵备司、察院行台等机构也一应俱全。许多卫城的规模相当于一座县城，比如著名的辽宁省兴城古城，就是明代的宁远卫城；山西省的天镇县就是天成卫与镇虏卫共处一城，最后演化成县城；左云县是大同左卫和云川卫合并而来，右玉县是大同右卫与玉林卫的合并。卫是明代的一个军事机构，下边统领着众多的千户所、百户所，在战时进行征发与调度。有的卫是有卫无城或与别的卫共驻一城，抑或是附属进低一级或更高级别的城池中，实际情况也是有多种差异的。真正的卫城所掌握的兵力已经相当于今天一个旅的级别，在应对敌军入寇时会更有效地加以抵抗甚至是歼灭。

路城 比卫城级别又高一级，但城池的规模却并不固定，有的路设有单独的路城，则一般会大于卫城，或达到两卫的规模，可屯兵万余。有的路则因条件所限附于卫城或所、堡内。路是明朝各军镇里的第二级机构，通常每个镇之下根据防御的范围会划分成几个类似防区的段落，每一部分称为一路。比如大同镇就下设新坪路、东路、北东路、北西路、中路、威远路、西路、井坪路等八路防守。路下又设卫，但数量不固定。路的主官为正三品参将，其下还有游击、都司、守备等职，遇警后负责把分散在各卫、所的有生力量赶紧集结调度起来，等候军镇乃至朝廷的讨伐征剿指令，再采取进一步的行动，对敌进行集中兵力的打击。

镇城 是每一镇的最高指挥机构，原称为都指挥使司城。都指挥使即是地方上的最高军政长官，统辖全镇各路、卫、所的兵马、盐铁、粮秣、驿传等诸多事务。后

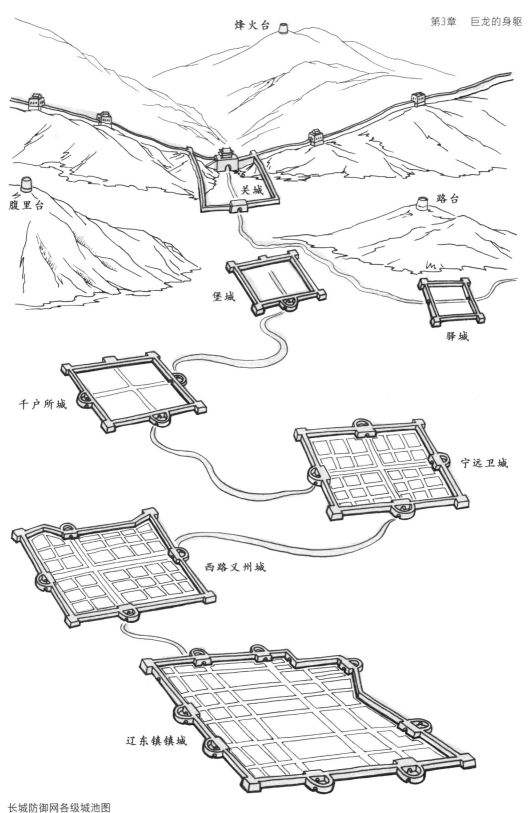

烽火台

关城

腹里台

路台

堡城

驿城

千户所城

宁远卫城

西路义州城

辽东镇镇城

长城防御网各级城池图

军务改为由正二品的总兵负责，其下又有副总兵、参将、游击将军等予以协助，再后来又加派巡抚到各镇，组成了应对敌军入寇本镇的最高决策机构，并直接对朝廷负责。镇城的规模通常相当于府一级，如辽东镇城就是辽阳府，宣府镇城在宣化府等，通常可屯驻三至五万以上的兵力，基本具备了对入边的中等规模敌人进行势均力敌的对抗甚至围歼的实力。也可调集军马协助别的镇御敌或者组成更大规模的兵团对敌人进行追剿。

此示意图以明代辽东镇为范例所绘，把长城防御网络的层级大致标示出来。明代辽东镇设有辽阳和广宁（今北镇市）两座镇城，其下又分设有5路，建有3座单独的路城。路下共设25卫，单独建有卫城9座。千户所共有127个，单独筑城的只有10座。堡城总共为121座，关城13座。其余还有不少于百处以上的驿城和递运所，各种烽火台、路台超过千座以上，共同组成了这张庞大的防御网络。所有的各级城池和传烽预警系统都是看起来单薄的长城关隘和墙体背后坚强有力的支撑，敌军入边不只是在长城线上撕开了一个口子，也相当于撞入了一张大网之内。

明代长城的修建除了在技术上比之前历代有所改进和提高外，用材上还是秉承着就地取材的原则，如在山区就大量开采山石砌筑墙体，在干旱的黄土丘陵地区就取土夯筑墙体或挑挖堑壕，既能节约大量的建材成本和运力，又能节省人工，加快施工进度。明长城在材料上的一大创新就是对砖的大量使用，这使得长城的建造形式产生了质的飞越，为空心敌楼和各种建在城墙上的防御设施的出现创造了条件。

长城和各级城池城墙的建造通常有以下几种形式：

夯土城墙 就是用木棒或夯锤把松散的黄土一层层捶打得致密坚固的筑墙方式，这是一种几乎与中华文明一直相伴的极其古老的建造形式，在商周时代就已经出现了。通常设定好墙壁的位置和厚度，在两侧夹设木板，把黄土堆进去，以夯锤使劲地砸打至牢固后，继续在上面填土夯筑，一层层叠压，直至达到最后所需高度。无论是城墙还是普通房屋的墙壁都可以用这种打夯版筑的方法进行建造，为了使墙体牢固，中间还常加有"纤木"，即木棍，类似于加强筋。还有些明代夯土城墙内部的加强筋是一摞砖，俗称"腿子砖"。有一种由黏土、石灰、沙子混合而成的"三合土"，俗称中国混凝土，凝固之后极其坚硬并且防水，堪比岩石，也经常被用于外墙或构筑墙顶面甚至整段的墙体。

夯土城墙

干插毛石城墙之一

干插毛石城墙之二

石砌城墙 许多城墙是在山体上就地采石，因此长城周边至今仍能见到一些明军石料场的遗址。所采山石根据当地所产岩石质量也存在巨大差别，有些沉积岩天然形成片状，就以这种石片一层层叠加垒砌。还有的是大小不规则的碎石，就随顺其形状拼插堆砌。历史上的石砌长城大约直到明代嘉靖时期都只是以这种粗糙毛石直接砌筑为主，石缝间不填充石灰类胶粘剂，称作干插墙或干插边。这种城墙广泛地分布在长城所经过的众多地域里，大致就是上下等宽或者略呈梯形修筑，一些城墙的残高还在4~6米，外侧至今还依稀残存有简单的垛墙遗迹，说明这样的城墙虽然简陋，但还是可供士卒在上边来回巡逻和防守的。有许多因年久而坍塌，至今只剩下一条略高于地面的碎石坡。

有些地方因地形内高外低，只在临敌面的山体外侧砌筑石墙作为城墙，这类墙壁近乎于挡土墙一样，基本是用碎石给山体外侧包了一层平整的立面。

还有的干插墙会在墙体中部填充碎石或者夯土，既可以达到所需强度，还能加快工程进度。

也有的地段把大量尺寸相对接近的碎石料规矩地砌成上窄下宽的梯形甚至是三角形城墙，在完整处可见其高度竟在六七米以上。这一类城墙多出现在宣府镇长城即今河北省北部赤城县到张家口一带，也属于一种地域性特色。但很显然这种城墙是无法由士卒登顶巡逻和作战的，仅能起到纯粹的阻挡作用。因为用料较小，一旦一处崩坏，容易造成大面积垮塌，所以这一地区大量的石长城现在都塌成一条石垄。

石灰勾缝的毛石城墙

毛石砖垛口城墙

　　有的石城墙虽然是以毛石砌筑，但石块之间用石灰进行勾缝粘合，使得城墙变得更加坚固。这类城墙通常是以特别大而沉重的巨石建起内外两面墙壁，墙体中心则用不规则的碎石或黄土填充夯实，墙顶部或筑三合土，或以大块的石板拼成平面，外侧也有碎石拼砌成的简易垛墙，并留有射击孔。由于碎石砌成的垛墙相对较易损毁，现存者并不太多。河北省东部地区石砌垛墙较有特点的是山海关以北的三道关长城，那里东山上还有高大连贯的石垛墙。河北省西部的涞源县和易县一带也有一些石长城上还保留着这样的石灰黏合着碎石筑成的垛墙。我注意到一个有趣的现象，以上提到的这两个地方的长城内外墙壁上都残留着大面积的石灰涂层，这不禁令人产生猜想，难道这些长城在最初建成的时候都是通体被刷成白色的吗？至少今天我们所能见到的长城是没有这般视觉效果的，若真是这样，恐怕就要颠覆大众对长城的已有认知了。

　　青砖被全面应用于长城的建造大致是在隆庆初年，现存的一些石城墙顶部残存有砖垛口痕迹，大多就是在那一时期之后修建或在早期石墙的基础上改建的。这些石城墙质量通常更加精良牢固，也大多是以石灰勾缝的。有的墙体虽用不规则的大块毛石砌筑，也都力求拼砌严整结实。还有大段的城墙用花费更多精力修凿出的外观和尺寸接近于标准化构件的长方形石条砌筑。如北京慕田峪、八达岭的长城都是用规整的灰白色长方形毛石砌成，坚固与美观并重，等级之高也是显而易见的。这类石城墙多是修筑在极其要害的地段，上述两处就是此种城墙中的代表作。在石城墙顶上铺墁地方砖，外立砖垛口，内设比垛口矮一些的宇墙（俗称女儿墙），是这种城墙的常见形式。但在怀柔区也就是慕田峪向西到铁矿峪一线，长城多设双面垛口，等级更高，防御能力更强。

毛石包砖城墙

夯土包砖城墙

包砖城墙 其实无论砖在明长城上多么大规模使用，其烧制和运输成本必定还是要远远贵于就地取材的黄土和大石头，也就不可能有多少所谓砖城墙是里外全部用砖堆砌起来的。大部分的砖城墙其实只是包砖城墙，就是在建好的城墙外面再包砌几层青砖表面用于加固，或者是单面包砖，或者城墙内外两面都包砖，这在明代称为"砖甓"。大规模给长城包砖的工程大多是万历年间完成的，但被包砖的城墙也只能是选择特别重要的地段，全线都包砖是不可能完成的，成本也根本负担不起。所以我们今天所见到的长城，著名段落如山海关段，从入海的老龙头向北，过山海关城到达角山半山腰处的长城基本是包砖的，再向前延伸，则又变成石砌。北京市密云区的古北口长城是北京东北面的门户，长城从这里开始包砖，向西爬上卧虎山，向东一直延伸到高山之巅的司马台长城。相比起绵亘千里的蓟州镇长城来说，这些包砖的段落也只能算是凤毛麟角。

通常的城墙或是石头建造，或是夯土版筑，所以包砖城墙的内部通常也就是这两种材料。许多城墙都是在万历年间进行重修时，在外部加砌了砖墙。在一些已经坍塌的城墙截面上能够较直观地看到其建造历史和变化情况。比如有的石城墙早期是较矮小单薄的，后来曾经在外部加高加厚，所以能够看到一些颜色甚至石料和尺寸不同的部分加筑在其外边。而加厚的石墙外面最后又砌了3~5层厚的砖外皮，三个不同时代修建的痕迹可谓脉络清晰。

还有些城墙内部纯粹是夯土版筑的，在外面包了砖之后，既能加固城墙，又减少了雨水对土墙本身的侵蚀。由于建夯土墙比修石墙更省工省时，许多包砖城墙内部实际上都是填塞的夯土。砖墙底部通常都要先砌筑几层条石基础，上边再砌砖，城墙大多呈梯形，以便更加稳固，因此从下向上砌的每层砖都略略向内收分。

历史上的城墙修建方式还不止这些，比如劈山墙，就是在临敌面把山坡砍削成陡直如墙的样子，使之起到了和城墙一样难以逾越的效果，变成长城防线的一部分。

险山墙，对险要的山体进行改造，该凿平的凿平，需垫高的垫高，使之与长城墙体可以畅通无阻，把险要的山体变成连贯长城的墙体。

还有一种山险墙，就是在无法攀爬逾越的山崖峭壁两侧修建城墙，直接利用山体阻敌，事半功倍，是山区长城经常使用的一种方法。因此所谓万里长城并不是从东一直连接到西，也并不能在城墙上一直从头走到尾。除了阻断城墙的各种山险，还有数不清的各种河流也都把长城切割成一段段。有的河道上曾建有石桥连接两岸，称为城桥，也有的河上架设木栅进行拦阻。若遇到河水过于湍急的地方，无法架桥，也就只能在两岸修筑敌台严加防范了。

在《全辽志》里还记载有一种木柞墙，"自孤山南界至江沿台西界止，木柞墙共六千八百一十七丈。自马根单起至孤山南界，五千四百四十七丈"。应该是在当地山区就地取材以树木夹筑成的防线，也有认为是内外两层木栅墙壁中心添筑夯土。但因木料难于久存，现在并没有木柞墙的实物存世。

在这些花样繁多的各种城墙里，也是有着严格的等级区分的。明代城墙大致设为三等：

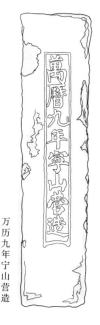

万历九年通州营造　河大营记　沈阳营造　万历九年宁山营造　万历四年保河营造

明长城文字砖

　　一等边墙　在夯土或毛石墙体的内外双面都包砌青砖或条石的城墙，上部以方砖铺地，两侧建砖砌垛口及宇墙，或者双面皆设垛口。这种城墙大多卡建在重要地段，高度常在6～8米或以上。

　　二等边墙　以毛石砌筑并石灰勾缝的城墙外侧再以规整的条石或者青砖包砌一层，顶部也用青砖墁地，砌砖垛口、宇墙。

　　三等边墙　就是内外都不包砖的毛石墙，会用石灰勾缝，顶上或建砖垛口，也可能砌石垛口。

　　其实在这几等之外的干插石墙和士兵无法登上去作战的仅起堵截作用的单墙也有很多，至于那些劈山墙、险山墙什么的，都未算在等级之内。

　　在有些地方的砖城墙上还能够见到**文字砖**，上面大多写着城砖的烧制时间以及施工部队的名称等。这类文字砖就是明确施工责任制的一种体现，以便城墙如果出现了质量问题，可以按照砖上的记载来追溯责任人。文字砖这种形式应该在明代以前便出现了，今天的南京明城墙上就保存有大量的文字砖，是明太祖朱元璋重修南京城时留下的。上边的文字内容更为详细，包括建造时间、所属籍贯、管工官员名字、工匠及窑口名字等，极其具体。砖上的字大多为凸起的阳文，都是在烧砖前通过模具印在泥

万历五年石塘路造

万历三年通津营造

万历四年天津营造

万历六年延绥营造

坯上的，这就对制作文字砖所用的泥有很高的要求，必须用细腻无杂质的上等黏土制坯，才能使印上去的字模清晰完整，烧成后也不会碎裂掉渣。

长城上的文字砖比起南京城的还是简单许多，毕竟边防设施的级别不可与京城同日而语，但通过寻找现存的长城文字砖，还是能够有许多收获。

明长城上所见的文字砖绝大多数是万历年间留下的，虽然在山西大同城的旧城砖里也有洪武年间的文字砖，但在别处长城上则几乎再未见过万历时代以外的文字砖了。这些文字砖大多是将文字印制在砖的窄面上，以下凹的阴文为主，字的四周会加一个矩形框，也就仅写时间"万历××年"和施工队伍"××营造"等。

这是我在长城上所见过的一些文字砖，大部分都是把修建时间写在前边，如"万历四年（1576年）""万历九年（1581年）""万历十年（1582年）"等。之后是修建部队的名字，如"通州营""宁山营""天津营""延绥营"等。还有的文字砖更简单，只写了部队的名称，如"河大营""沈阳营"等。关于史书上某年修缮了某一地区或某一段长城的记载大多也就是一两句话，所以实地看到的这些文字砖，是对史料的一种有机补充，也使得那些在漫长年代里已经被人们所遗忘的甚至消失了的老地名重新浮出水面，令历史也鲜活起来。

而另一个重要信息便是<u>明长城并非如秦、汉、齐、隋等朝代的长城一样，要征发大量民夫参与建设，而主要是由各地的戍边屯垦将士和轮防调动的外来军兵共同修筑的。</u>

这种文字砖所承载的信息毕竟有限，每当某支部队或者单独修建，或者多支部队联合施工建造完成某一段长城和敌台后，除了在墙上留下一些文字砖外，同时还会刻

文字砖

制施工碑、鼎建碑立在城墙上、敌楼内或者直接镶嵌在墙体上，把所建工程的详细情况，如城墙长度、敌楼尺寸和修建时间、部队番号与长官的名字都刻上去，这些碑刻的实例我们在本书后面还会说到。

除了那些在砖侧面印字的文字砖外，还有一类在砖正面印字的文字砖。这种砖大多有些粗糙，在砖表面只有一两个凸出的阳文，我见过的有如"官、左、中、右、河右"等。大致是指某支施工队伍的某部，如"沈阳营左部、中部、右部""天津秋班中部"等。这类文字砖因字都在砖正面，如果砌进城墙里是看不见字的，因而此种砖多出现在城墙坍塌地方的碎砖堆里。我判断，这样的字与对上负责应该没有多大关系，也许是在本部队内部用于区分修建区段或者烧砖时候区分各部所分配青砖数量甚至是专属砖窑用的。所以也就不需要把字印在砖侧面，以便砌成墙体后还能够看得见了。

"右侧这类"文字砖之所以我还称其为文字砖，纯粹是因为砖上还留有字迹的缘故，但其却完全不同于传统意义上的文字砖，只是烧砖匠人的信手涂鸦。既没有年代信息，也不是部队名称，只是脱坯时候，工匠用树枝或锥子尖之类硬物随手在泥坯上刻下的临时性记录。如左边的"初六日"，应该就是制作一批砖坯的时间。右边的"四十西"至少是说明这一批有四十块砖坯，或是用于某段城墙的西部，或是要送到西边的砖窑去烧制，抑或是某些城墙上的定制化部分里位于西边第四十块的位置，刻上字以便日后组装时方便。总之这类随意刻画的字便好像我们今天随手扯张便笺纸草草记上几个字一样，自然而不做作，也就更真实，更能反映当时工匠们的诸多工作细节和习惯。所以这类字砖所呈现给我们的信息倒在其次，那种使得修造长城的古人们变得触手可及般生动起来的效果令人仿佛能够感受到当时火热的施工场面，一个不知名的匠人在一块泥坯上的偶然刻画随着炽烈的窑火变成了历史凝固的瞬间。当我在坍塌的敌楼里看见这样的字砖时，仿佛拾起了历史一个小小的残片，也如同结识到了最真实的修长城人。所以这种随手刻画的文字砖要比那些规范的字模印制的文字砖更有温度，而且这些文字砖每一块都是独一无二的。

关于城墙的建造通常都是外侧建垛墙、垛口，内侧设宇墙，可双面作战，所用材料除了标准尺寸的长方形青砖之外，还有许多特制的用于特殊部位的砖、石构件，如图所示。

垛顶砖 垛墙顶上的垛顶砖通常俗称"帽儿砖",专门用于垛墙的顶部,和坡面屋顶的作用差不多,以防下雨积水侵蚀。这些垛墙的标准名称为"雉堞",就是守卫城墙的士兵们的掩体。现存的一些完整垛墙高度多在1.5～2米,完全能够遮蔽城墙上的士兵不被敌方弓箭射到。

垛尖砖 专门用于垛墙的两端,因为有了这个凸出的斜面,守军就能够拥有更宽的视角观察敌情,并且有更大的射击角度来瞄准敌人。如果垛墙的转角是直角的,守军就需要探头探脑地去观察和射击,很容易被敌军的神箭手以点射消灭。

墁地方砖 基本就是正方形的地砖,经常用于城墙顶部、敌楼顶部和内部地面的铺设。通过这种方砖的铺设可以使城墙顶上特别平坦,便于守军快速运动作战。这种砖在野长城遗址上通常被多年的淤土和植被所覆盖,抑或者被挖走和破坏,倒是在已经修复的长城旅游区内能够见到较多。

排水槽砖 通常都会砌在垛墙或宇墙根部,位置会略低于城墙或敌楼顶部的地面,用于排出积水,实际上就是一个排水槽的构件。积水会沿着水槽流到一个排水口,然后排出墙外。这种排水槽砖现在已经不太容易看到了。

水嘴 是用石头雕刻成的排水构件,尾部是一个盛水槽,镶嵌在垛墙的排水口下面,墙内的积水汇集到水槽后,会沿着伸出墙外的水嘴流掉,避免侵蚀墙体。水嘴虽然只相当于一根长长的排水管,但在不同地区不同工匠的精工巧思下,还是被赋予了多种形态,大多是在头部的吐水口位置做文章。我见过的最特别的长城水嘴是一个龙头的造型,真是没有做不到,只有想不到。

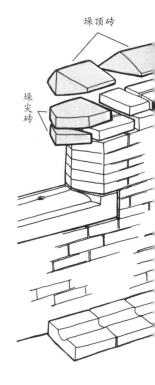

长城砖构件图解

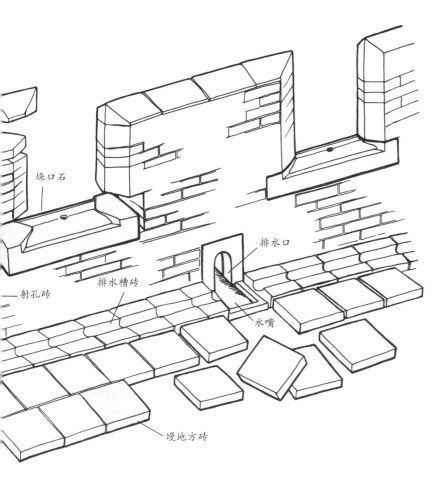

垛口石

射孔砖

排水槽砖

排水口

水嘴

墁地方砖

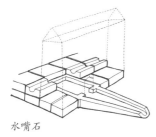

水嘴石

长城上的水嘴石多设置在敌
楼垛口下和城墙内侧的宇墙根部，
长长地伸向墙外，虽然是为排水之
用，但水嘴的造型也多有不同

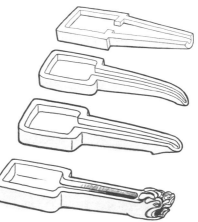

水嘴石

垛口石 两组垛墙的间隔称为垛口，通常在这一位置会嵌进一块较大的石雕构件，这就是垛口石。垛口是军卒经常手扶脚踏以瞭望或御敌作战的地方，用石头构件既能加固垛墙，又特别耐磨损。现存的垛口石多是长方形，前后略呈坡面，背上横向雕刻出一根横脊，中央开有一个圆孔。关于这个小孔的用途众说纷纭，但多数人认为是架设佛郎机之用，这也与明代中后期火器的逐渐普及和佛郎机之类武器大量配发边军使用有着密切的关联。

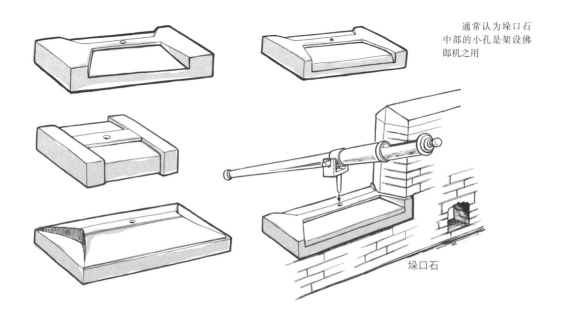

通常认为垛口石中部的小孔是架设佛郎机之用

垛口石

射孔砖 在垛墙下部通常会开有供守军瞭望、射箭或释放火铳的方形、矩形或圆形孔洞，称为射孔或箭眼。射孔大部分开在长城垛墙下边，一些射孔把顶部横砖进行简单的线条雕琢装饰，也有一些射孔是专门烧制的整体砖预制件，或者干脆用石料雕刻后镶嵌到城墙上，可谓奇计百出、异彩纷呈。这是个作战设施，目的在于打击敌人，所以只要留有开孔就已经达到目的。但明朝的工匠们在这种不起眼的地方也倾注了大量的心血进行美化和装饰，在制作砖坯的时候就为射孔处的砖制作了标准化或者个性化的装饰构件，因此使得看起来不断单调重复的城墙上也具有了众多独特的装饰元素，哪怕只是勾勒一道曲线这样一点点的细微差异，至少也说明修筑长城的人们是充满着对这项工程的自豪与热爱，否则又有谁会愿意多废许多的功夫去做这原本并不必需的射孔砖花纹呢。

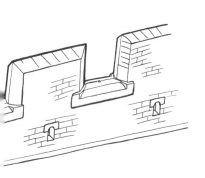
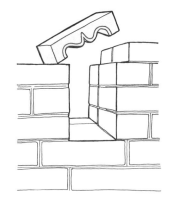
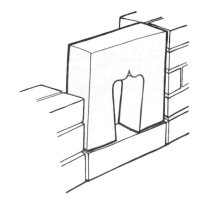

射孔的组成示意图

　　关于古人修长城到底是一种怎样的状态，很多人大概都觉得是秦代孟姜女哭长城故事中范喜良那样悲惨的，在军队和皮鞭的威逼下，穷苦的农夫被迫拼死修筑着这道邪恶的长墙，所以修长城的人是浸泡在血与泪中的。我虽然无法否定，但毕竟这个故事是虚构的。那么隋炀帝征调百万民夫修筑长城，死者过半，这是在史书上明确记载的，如果不是炼狱般的情况，怎会死伤到如此地步，似乎也印证了秦以来各朝代的暴虐和修筑长城的艰辛，以及工匠们生不如死的境地。但自从我看到长城上那各种充满着巧思与装饰的射孔砖后，我对暴力修长城的说法产生了怀疑，觉得至少在明代，修建长城不是那种恐怖的气氛。

　　有次我在一座敌楼下漫步，忽然发现石台基的一条灰缝上竟然有这样一些图案，令我感到明朝人修筑长城时候甚至是带着轻松愉悦的心情去工作的。所以当这条灰缝被瓦刀抹出整齐的棱线后，那个不知名的工匠意犹未尽，捡起身边的一根尖树枝在尚未凝固的石灰上勾画起了这些类似涂鸦的线条。这和我们在学生时代偶然在课本角落里的信手涂画又有什么不同呢？试想如果工匠的身后有着如狼似虎的督工兵丁和狠毒的皮鞭，他们随时有死在长城工地上的危险，谁还会有这种闲情逸致小小地挥洒几笔呢？所以我觉得这些细节反映出的是一种轻松快乐的修长城状态，虽然这种想法太颠覆传统认知，但这正是我想讲述给读者朋友们的"不一样的长城"。

有图案的敌楼灰缝

长城射孔砖

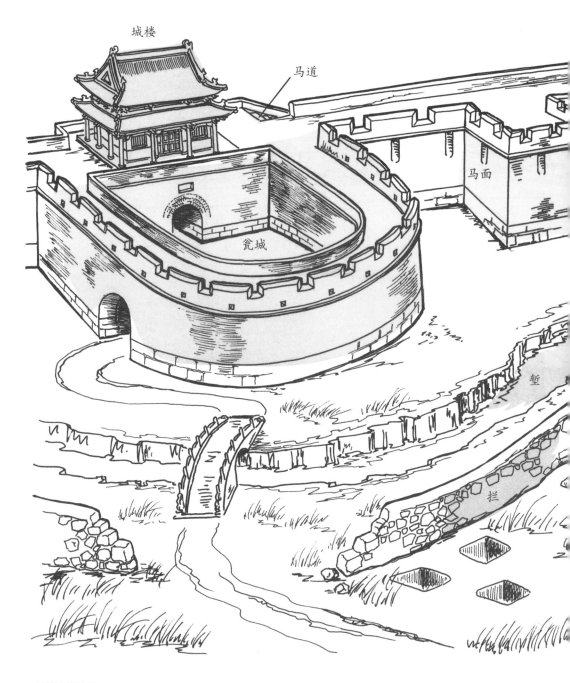

城楼

马道

马面

瓮城

堑

拦

城墙防御设施

敌楼

悬眼

壕

墙

马

品字窖

铁蒺藜

绊马筒

建起了墙垣，包砌了青砖，我们再来了解一下长城上的一些<u>与防御有关的设施</u>。

瓮城 通常在关口或城堡的门外都会建有瓮城，就是环绕在城门前的一个或方或半圆甚至不规则形状的小小城圈，其门洞大多会开在侧面，并不与城门相对，用以增加攻城的难度。如果敌军破坏了瓮城门涌进来，则会遭到瓮城上守军的四面射击，基本如同瓮中捉鳖一般就被歼灭了。

城楼 是古时候城门乃至城池的标志性建筑，具有很重要的象征意义，在战时有指挥调度和存放武器物资的功能。不过由于过于醒目，也会成为被集中射击的目标，瓮城凸出于前，也等于加强了城楼的防护。在一些较大的城池，瓮城外面还会再加筑一层到两层的更大的围城，名叫罗城。如现在山海关的东侧还保存着很完整的东罗城。这种设施使得城池实际使用面积得到了拓展，并进一步加强了对城门的保护。

马道 通常开设在城门的两侧，修成缓坡状，设台阶和礓磜，在有敌情时，守军官兵可以从这里快速跑上城墙甚至骑马飞奔上来。大而沉重的火炮也要通过这里拉拽上城墙。

马面 城墙或者长城上还有一种向墙外凸出的墙台，通常称为马面或战台。这种马面使得原本平面状的城墙增加了许多的曲折，两个马面之间的距离尽可能不超过一箭之地，不但可以配合城墙正面对攻到墙下的敌人进行三面射击，还便于对临近的马面形成支援和掩护。有的马面凸出于城墙外很长，客观上把墙下的敌人分隔成多个小单元，相当于减弱了单位面积上的攻击强度。

有些地方的城墙上还会见到一种向墙内侧凸出的台子，这就是炮台，属于在大型火炮出现后诞生的设施，以承受火炮动辄成吨的重量和强大的后坐力。

悬眼 这种防御设施原本应该并不罕见，我曾在一些古城的老照片里见过，可惜现在国内的古城墙大多已经拆除，仍然能够见到的悬眼主要就是在明长城上了。明茅元仪《武备志·城制》载："悬眼，制每垛当中，自城面平为孔，高九寸，约砖三层，砖厚用二层，平面以下，两方砖对中为弯，渐渐下缩……必有此悬眼，贼远则瞭之，垛口铳矢射之。贼近，我兵不出头，以身藏垛下，于悬眼内下视。攻城者虽有铳矢无所施，若到城下，一见无遗，即将矢石铳子火桶掷之，无不可者。"就是在垛墙底部与城墙顶面相交的位置设一个小孔，下边连接城墙外立面上内凹的半弧形槽。守军蹲在垛墙内无须起身就能通过这个内凹的孔洞看见城墙下敌人的动静，但敌人的

弓箭却难以射进来。如果
敌人迫近，还能够通过这
个孔洞向外发射弓箭和火
铳，并投掷陶雷、石雷、
铁炸炮之类爆炸性武器，
因而也被俗称为雷石口。
悬眼通常由烧制时就已编
好顺序的特制砖配件砌
成，编号就直接刻在泥坯
上，工匠最后按照编号进

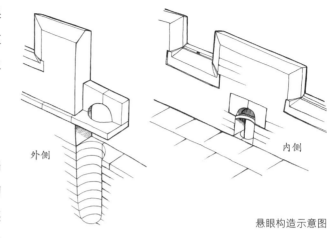

外侧　　　　　　　　　　内侧

悬眼构造示意图

行组装即可。今天在北京市的古北口到金山岭一线长城的外立面上仍然能看到大批并
排而列、充满韵律感的悬眼凹槽。

敌楼　也称敌台，是明长城上最重要的建筑形式之一，会在后面的章节里单独
进行介绍。

堑壕　通常是伴随着城墙而存在的，尤其在地势较平缓的城池外围大多都会
挑挖堑壕，一般会距离城墙3丈左右，深1丈5尺，底宽1丈5尺，顶宽2丈。内部如果灌
水，则成为护城河。其主要作用就是阻挡和迟滞敌人对城墙的进攻。如金长城之类的
许多早期长城，堑壕和城墙是并列而建缺一不可的。

拦马墙　也可称为挡马墙，顾名思义就是阻拦敌军骑兵前进的，这类墙大多很
粗糙，就是简单的毛石墙，好一点的会用石灰勾缝，高度也就在一人多，使战马无法
逾越为主。奔驰的敌骑会被阻滞在墙前难以快速前突，甚至会被迫下马步战，使其优
势丧失，战斗力大打折扣。拦马墙大多建在地势平缓的关隘和长城主墙之外，等于给
快速推进的敌军机动兵力来了一个急刹车。并常与山区里斩削偏坡的劈山墙或堑壕相
配合，给敌人设置重重阻挠，甚至聚集于墙前杂乱无章地暂停进攻行动，成为城墙上
守军精准射击的目标。

品字窖　就是呈品字形排列的陷阱、陷马坑，通常都是方形的，宽深都在两丈
左右，挖设于城壕之外，以增强防御纵深。这种交错排列的陷阱令快速冲锋的敌人几
乎无可规避，坑内设置削尖的木棍则使坠入者大多难以幸免。

绊马筒 通常会在长城附近敌人出没的地方埋设，这种陶制的筒子大约几十厘米高，碗口一般粗，马蹄若陷入后，即会被绊倒，马腿基本会折断。

铁蒺藜 经常配合绊马筒使用，这也是一种传承古老的防御性武器。放射性向四面伸出的硬刺使得其总有一个尖是向上的。把这种铁蒺藜洒在敌军经过的草丛里，可扎

绊马筒和铁蒺藜

穿人的脚掌和马的蹄子，令敌人大队的行进速度减缓下来。还有的铁蒺藜中间留有孔洞，可以穿绳子，便于铺设和回收，若在野外临时扎营，则可铺设几道，以保障营地安全。

有了这些辅助设施，极大地增强了长城的御敌能力，明朝嘉靖年间的宣大总督翁万达曾言"设虏以数万来侵，必塞窖填堑，而后及墙，而仰攻亦难矣。墙台我专，披坚麟集，矢石并发，炮火远及，虏骑岂能飞渡哉！"

障墙 在戚继光来到蓟州镇主持修筑长城之后，因青砖自身的材料优势，除了推广空心敌楼的建设，还在提升长城防御功能上动了很多脑筋，加设了比如垛墙上的垛顶砖、垛尖砖、悬眼等砖造设施。图中这种障墙大多建在长城爬坡的地方，在阶梯状城墙的临敌一侧与垛墙呈垂直角度每间隔一段距离设置一堵开有射孔的墙壁。其目的在于当敌人攻上城墙后，可以凭借障墙形成梯次发射的火力，侧击和迟滞敌人，或且战且退，保存己方有生力量。同时也有防止城下的敌人仰射、侧射坡上守军侧翼的作用。

这种障墙我仅在蓟州镇长城见到过，而蓟州镇里，又以古北口至金山岭一线现存障墙实例最多也最完好，因此我推测这种设施应该属于戚继光的一种创新性尝试，并未在更多的地方推广和普及。

在长城上的一些隐蔽段落会开设有朝向关外的矮小门洞，即是暗门，其隐秘的特性甚至在长城外侧也很难被发现，很显然不是给大部队和普通人通行的。在处处严防死守的长城上冒着被敌人突袭的风险开设这些门洞绝不寻常，我在河北省和山西省漫长的长城沿线多次遇到过这类暗门，说明这绝不是偶然个例。

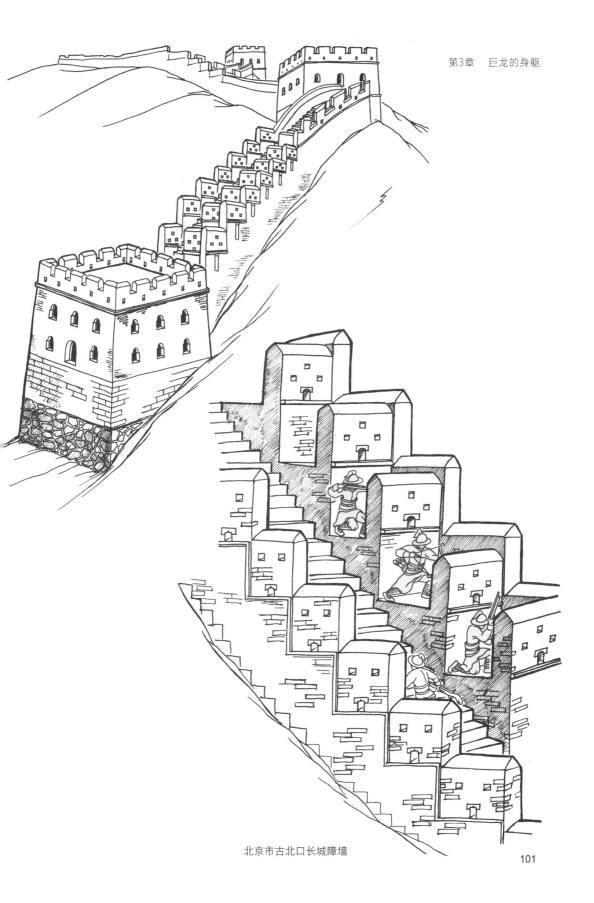

北京市古北口长城障墙

河北省抚宁县董家口长城暗门

河北省迁安市红峪口长城暗门

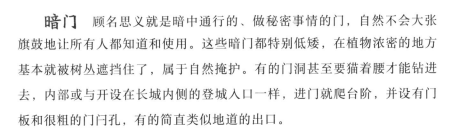

暗门　顾名思义就是暗中通行的、做秘密事情的门，自然不会大张旗鼓地让所有人都知道和使用。这些暗门都特别低矮，在植物浓密的地方基本就被树丛遮挡住了，属于自然掩护。有的门洞甚至要猫着腰才能钻进去，内部或与开设在长城内侧的登城入口一样，进门就爬台阶，并设有门板和很粗的门闩孔，有的简直类似地道的出口。

其实这种暗门是明军探子们悄悄出入关内外的通道，只有足够隐秘，才能不被敌方发觉，也才能有机会去敌人的地盘上刺探情报，甚至干点特种兵的偷袭、骚扰和刺杀之类的特殊行动。如果己方探子大摇大摆地从关口出去，岂不是片刻就被敌军侦知，不要说办事，恐怕转眼间就会被除掉了。

明朝这边秘密潜出边外的通常有急步、健步、尖哨、缉事、通事等类人员，其活动范围也是极广的，据记载，蓟州镇的尖哨活动范围最远可达400里到600里。最具传奇色彩的则名为"夜不收"，顾名思义，不受时间限制，可以在外公干直至完成任务为止。这是一项风险极高的差事，史书中也常有夜不收遭敌擒杀的记录。

如成化九年（1473年）五月十三日，（夜不收小旗）与同一班夜不收魏克成等九名，前去暖泉山墩爪探，被贼射讫二十七箭……其魏克成等六名，亦被重伤，当即身死。

万历九年（1581年）三月初八日，永宁堡沿边沟内突出掩伏窃贼约有十数余骑，撞遇预差出哨夜不收洪阳二、薛祥等二名……躲避不及，被贼掳去。

在史书中有关夜不收最神奇的出现是在土木堡之变后，瓦剌大军挟持被俘的明英宗来到大同，威逼大同守将郭登开城迎接。郭登表面借故拖延时间，晚上派出精干夜不收5人，竟然混入瓦剌大营，与英宗身边的袁彬成功接头，要带英宗先躲入第三地点石佛寺，待瓦剌寻不见人，混乱之后，再择机撤入大同。可惜明英宗胆怯，不敢行动，夜不收只得撤回，否则历史必将被改写。

夜不收是明军的常设编制，在各部队的人员数量也都有相对固定的比例，是重要的情报工作人员，虽然风险大，但起到的作用也是普通军兵无法替代的，他们就是明朝边军的耳朵和眼睛，是随时刺出的尖刀和无孔不入的特工人员，更是在长城内外相对和平时期仍然处于高风险的作战一线的勇士。这些在长城上残存的暗门实际上就是他们传奇经历的真实见证。

戚继光镇守蓟州镇时，还制定过以精锐的小股部队利用暗门对靠近边墙的敌人进行突然袭杀的战术，但他"在镇十六年，边备修饬，蓟门宴然，继之者踵其成法，数十年得无事"，蒙古根本不敢入寇，大约出暗门突袭的方法也没有机会实施吧。

河北省涞源县浮图峪长城暗门

山西省山阴县猴岭长城暗门

春秋战国长城

齐长城　楚长城　魏长城　中山长城　赵长城　燕长城　秦长城

秦朝万里长城

明长城　　金长城　　宋长城　　北魏长城　　汉长城

秦长城　　　　唐长城　　隋长城　　北齐长城

挖掘取石
人为拆毁
盗窃碑刻
开矿炸山
野蛮修缮
植物生长

军镇划分

辽　蓟　宣　大　山　延　宁　固　甘
东　州　府　同　西　绥　夏　原　肃
镇　镇　镇　镇　镇　镇　镇　镇　镇

被毁因素

散轶文物　　石刻　　记事碑
　　　　　　碑刻　　分界碑
　　　　　　文字碑　匾额
　　　　　　　　　　施工碑
　　　　　　　　　　鼎建碑
　　　　　　　　　　阅视碑

第4章
个性的敌楼

防御层级

镇城
路城
卫城
所城
堡城
关城

武器装备

战　盔　火　冷
车　甲　器　兵
　　　　　　器

建造构成

敌楼

来　分　构　剖
历　类　成　析

城墙
包　石　夯
砖　砌　土
城　城　城
墙　墙　墙

烽火台
预　与
警　敌
方　楼
式　的
　　区
　　别

构　石　砖　匾
件　雕　雕　额

雄关要塞

镇　新　紫　居　古　黄　喜　青　冷　刘　界　九　山
北　广　荆　庸　北　崖　峰　山　口　家　岭　门　海
台　武　关　关　口　关　口　关　长　口　口　口　关
长　关　长　长　长　长　长　长　城　长　长　长　长
城　长　城　城　城　城　城　城　　　城　城　城　城
　　城

垛　垛　堤　排　水　垛　射　悬　障　暗
顶　尖　地　水　口　　　孔　眼　墙　门
砖　砖　方　槽　嘴　石　　　石　砖
　　　　砖　砖

在现存的明代长城上建有许多空心敌楼，明代称作空心敌台，通常认为这是明朝中期的抗倭名将戚继光结合多年的战争经验和实战需求总结创造出来的一种全新的防御型建筑。不过据《明实录》载，早在弘治十七年（1504年）巡抚延绥都御史文贵曾上书朝廷，申请建造新型墩台，"谓旧墩易于颓坏，因以意造砖墩，四面作窗，可以放箭而虏不能近"。可见这是一种和戚继光所推广的空心敌楼十分相似的构思，后来文贵奏报修完"榆林城等处新式墩台凡百四十七座"。可惜这种新式墩台的作战效果很不理想，"其后虏至，毁其砖石，因风纵木焚火，熏烟从窗入，军士伏其中多死者，竟不可用云"。

关于新式墩台失败的原因，时人总结认为，彼时正值太监刘瑾专权，文贵请下的款项"尚未出京而入瑾之门者几四分之一矣""贵假修墩台，盗国财凡数十万，而大半输之权门"。因此经费不足难免偷工减料，经不起实战的考验。至于新台之败，到底是因为台的问题还是人的问题，抑或是政敌编造夸大以达到打击文贵的目的，已不可知，但却未见其新式墩台再行改进和推广。其实此后对文贵新式墩台的详细构造亦不可知矣。

戚继光所处的时代是明朝嘉靖、隆庆和万历时期，至于他是何时萌生了关于空心敌楼的构想，有一种说法是他于嘉靖三十六年（1557年）抗倭期间重修了浙江台州府的城墙，在城上建有类似建筑，成为以后的蓝本。还有一种说法是戚继光在嘉靖三十八年（1559年）率军解除了倭寇对桃渚之围后，在那里的城墙上修建过两座敌台，在他奉调到蓟州镇来练兵和修建长城时，就将其应用于燕山山脉的崇山峻岭之中。

《明史·戚继光传》记载：自从嘉靖以来，长城虽然修筑，但未建墩台。继光巡行塞上，议建敌台，略言："蓟州镇边垣，延袤二千里，一瑕则百坚皆瑕，比来岁修岁圮，徒费无益。请跨墙为台，睥睨四达。台高五丈，虚中为三层，台宿百人，铠仗糗粮具备。令戍卒画地受工，先建千二百座。"这里提到了修建敌楼的主体为戍边的兵卒，按照所守御的地段分派修筑敌楼的任务。

戚继光在《练兵实纪》中云："先年边墙低薄、倾圮，间有砖石小台，与墙各峙，势不相救。军士暴立暑雨霜雾之下，无所藉庇。军火器具如临时起发，则运送不前。如收贮墙上，则无可藏处。敌势众大，乘高四射，守卒难立，一堵攻溃，相望奔走，大势突入，莫之能御。今建空心敌台，尽将通人马冲处堵塞。其制高三四丈不等，周围阔十二，有十七八丈不等者。凡冲处数十步或一百步一台，缓处或百四五十步或二百余步不等者为一台，两台相应，左右相救，骑墙而立。"

关于敌楼的建造和使用方法还说道："下筑基与城墙平，外出一丈四、五尺有余，内出五尺有余，中层空豁，四面箭窗，上层建楼橹，环以垛口，内卫战卒，下发火炮外击敌人。敌矢不能及，敌骑不敢近。每台百总一名，专管调度攻打。台头、副二名，专管台内军器辎重，两旁主客军士三、五十名不等。五台一把总，十台一千总，节节而制之。"

通常认为，蓟州镇的第一座空心敌楼是嘉靖四十四年（1565年）在山海关老龙头建的靖虏一号台。戚继光的弟弟、沂州把总戚继美也奉调到蓟州镇，协助戚继光修筑敌楼，最先在密云大水峪筑楼7座，成为各军的样板工程。戚继光计划第一期敌楼共修建1200座，当时还有人散布谣言，说"徒累军逃死，且砍伐树木，为后藩篱之损。众议将欲止工，事体未便，不止恐至后悔"。戚继光、谭纶据理力争，在张居正的坚定支持下，敌楼的修建工程才继续进行下去。到隆庆六年（1572年）第一期工程完成，蓟镇和昌镇一共新建空心敌楼1206座。万历元年（1573年），蓟、昌两镇又开始兴建第二期敌楼，至万历三年（1575年）完工，增建敌楼200座，蓟昌面貌焕然一新。

朝廷派遣到蓟州镇阅视的大臣汪道昆为敌楼算过一笔账："沿边筑空心台一千二百余座，大约每座工费千金，合而计之，不啻百二十万，县官所发不过十万……一何省也。"民间仿建此台者，常花费千金也难建成，而蓟州镇每座敌楼初时只给50两工料犒赏银，完工后进行评比，得获上上等的，可再得赏银50两，上等得40两，中等25两，这就是每座敌楼所耗的费用。一千多座敌楼不过十万多两银子，比之劳师远征动辄数百万的军费更显微不足道，却可数十年乃至上百年常为所用，真是无比的经济实惠了。

　　之后沿边各镇争相效法，在绵亘万里的边塞之上，一座座或雄伟高巨或纤秀精巧的空心敌楼就逐渐拔地而起了。而在此之前的历代长城上一直都只是建有一些实心的墩台类建筑，士卒在上边风吹日晒和雨淋都无处可避，若逢敌军箭矢如雨之际，更是只能蜷缩于雉堞之内，可谓凄凄惨惨。至于军械粮秣乃至后来逐渐广泛应用的枪铳炮子和火药，尤为难于存放和储藏。在宣大一线翁万达曾经主张在"台上建铺屋，以处戍卒"，可对提升墩台的作战功能效果有限。空心敌楼的建造不但使得这些问题得到了很好的解

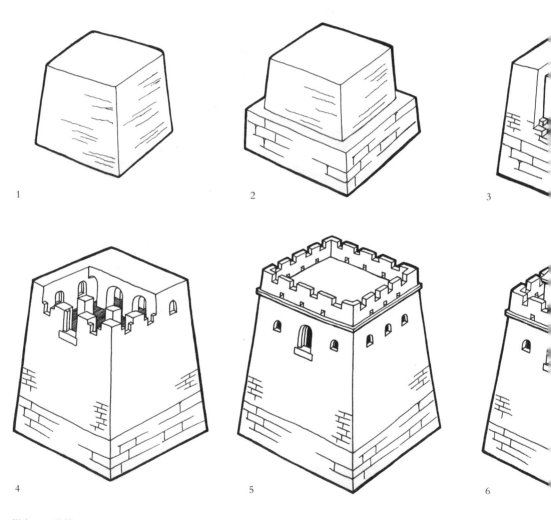

墩台——敌楼

决，更使原本显得单调的万里防线有了全新的面貌，不仅更利于对敌作战，也令这条巨龙获得了一种更加恢弘磅礴的气度，乃至今天被人们尊奉为中华民族的象征或者说是精神图腾。更不能忘记戚继光和谭纶等人所为之付出的心血和努力，没有他们力主建造的空心敌楼，也就没有我们今天的万里长城，他们堪称是不朽于史册的英雄。

明代中后期，随着制砖技术的普及和成本的降低，砖这种材料在各类建筑中被更广泛地应用普及，许多原本以夯土版筑的城墙开始全面进行"砖甃"。空心敌楼的建造是遵循着利于防御，一切为了实战的原则，在地势低缓之处，敌楼的间距相对密集，通常以火器和弓箭的射程为间隔。在起伏较大，视线易受阻挡的地方，敌楼会更多一些，以弥补地形造成的防御漏洞。在高山之巅或艰险难登之地，敌楼便修得相对稀疏，甚至只修敌楼而不筑城墙，这种敌楼多半仅起到瞭望和警戒的作用，毕竟险峻之地令敌人大军也难于越过，仅防范小股敌军的渗透和袭扰即可，或者能够监视特别远地方的敌军活动状况。这样的敌楼在东部燕山和太行山脉里较多，本章节后面提到的如苇子峪东南孤楼、铁门关东高楼、司马台望京楼、仙女楼等，都是兼有此类功能。

明朝在大规模推广增建空心敌楼的时候，也对许多旧有的墩台进行敌楼化的改造。如图所示，许多敌楼基座内部的核心都是用夯土或者毛石砌筑的实心台子，敌楼诞生前长城上大多数墩台和马面便是如此。在这些实心台子外侧下部垒砌条石基础，上面包砌青砖，待到与台顶高度持平时，大多会打很厚的三合土地面，上建砖拱券砌筑的空心楼身，再用坚厚的三合土层封顶，铺设墁地砖，四周立垛墙，中央建一座三间小瓦房。这几乎是明代空心敌楼的标准修建方式了。新建敌楼以填补防线上的薄弱环节为主，把旧有实心墩台改造成敌楼，显然更加省工省料，所以现存的许多空心敌楼实际是在旧墩台、马面上建起来的。

1. 孤楼

2. 骑墙楼

3. 端点楼

4. 出墙楼

空心敌楼分类

空心敌楼根据其与城墙的相对位置大致有以下几类：

1. 孤楼 这个名字说明了此类敌楼的状态，就是离开城墙单独存在。或建在主线城墙的附近，与主线城墙形成交叉火力，以减缓敌军对主线的压力；或建在高岭险峰之巅，起瞭望警戒的作用；抑或建在一些不便全线修筑城墙的山沟和隘口处，以楼守沟。这种孤楼在山区有很多，比如北京的雾灵山北麓许多沟谷里都可见这样孤独守卫并遥相呼应的敌楼。

2. 骑墙楼 就是跨建在城墙上的空心敌楼。楼两侧都开门，士兵可以沿着城墙穿过敌楼迅速行动转移，此类敌楼在蓟州镇长城上是最常见的。这种楼还会出现在长城上的三岔路口处，以加强防御能力，但现存实例不多。当然这类骑墙楼也有"此门不通"的情况，即楼门距离城墙较高，在城墙上想进到楼内，也需要爬梯子。或者一侧的门与城墙持平，可以方便进入，但另一侧无门或者门距地特别高，根本下不去，只能原路返回，从楼外侧绕过。猜想凡如此修筑的敌楼或是为了御敌考虑，防止敌人冲上来后能够迅速沿城墙追杀守军，并很快进占每座敌楼，这种看起来不靠谱的敌楼门与城墙的衔接方式等于不断地给敌人设置了障碍。再者也有可能是借着旧有墩台进行包砖，改建成敌楼，因原来的墩台过高，导致新建的敌楼门无法降低高度，便形成了门与城墙衔接不畅的情况。

3. 端点楼 在一些地方的长城线上会伸出一段距离的支墙用于抢占附近的制高点或者保护主线长城的侧翼，这种楼便建于支线城墙的尽头处，既是一个远伸在外的单独堡垒，也是一段城墙尽头的终端。这样的支墙和敌楼在今天著名的长城旅游区如金山岭、慕田峪即可看到。

4. 出墙楼 这种形式的敌楼与马面的情况十分相似，都是凸出于城墙的外侧，增加了对敌射击的角度，但敌楼显然可以更有效地遮蔽来自于敌方的射击。这种凸出在城墙外侧的敌楼现多见于山西的内长城上，如新广武长城、阳方口长城，很可能当时就是在原有马面的基础上改造成的敌楼。

在许多人眼中，这些敌楼从外观到细节都没什么区别，属于千篇一律的单调重复性建筑。但前面我们提到了诸如射孔砖这样的细节上都会有很多的差异与匠心，现在我们再来看看那成百上千的敌楼在外观上真的是一成不变的吗？

大部分敌楼都会开设有砖拱券的门和窗，许多敌楼的门会成为工匠或守军进行美化和装饰的重要部位。有一些地区的敌楼会在门窗处使用石雕构件，这样既坚固又能够进一步加以雕琢。当然不同敌楼在装饰风格上也存在着巨大的地区和习俗方面的差异。

通常敌楼最下层都会有坚厚的条石台基，但不同地区敌楼的台基高度也存在很大差异，有些敌楼只在根部铺设很少几层条石，有的敌楼的条石台基则高达楼身的一半。

垛墙

垛口

水嘴

箭窗

窗台石

石台基

登城

顶层的望亭也称为楼橹，大多就是三开间硬山顶的小砖房，有砖木结构的，也有全砖拱券结构的。昔日每座敌楼上都要修建望亭，可惜到了今天，还能够健在的望亭大约用两只手都能够数得过来了。而木结构的望亭也损失殆尽，现存者都是以一个大拱券支撑屋顶的"无梁殿"。

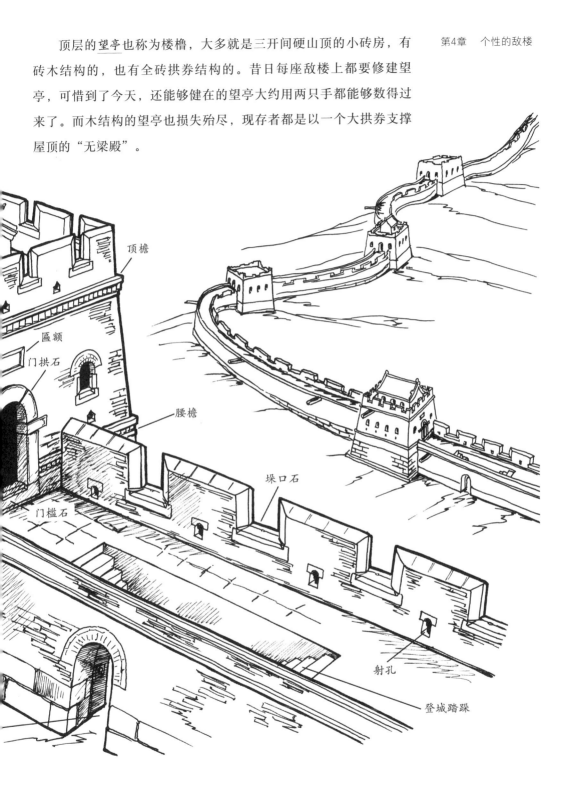

在城墙内侧每隔大约七八十个垛口的距离都会修建一个登城口，也称为登城便门，明代时称为里门，以供士卒随时就近登上城墙，战时可以快速反应，及时御敌和增援。

匾额 先了解一下敌楼的匾额。许多敌楼并没有镶嵌过匾额，至少在今天河北和北京大部地区现存的敌楼上来看，有匾额的敌楼属于少数。根据现存的一些碑刻来分析，早在戚继光兴建第一批敌楼时起，将敌楼的编号刻在石碑上加以标记，碑大多立在楼旁或楼内，后来碑刻被毁，我们现在也就不知道楼子曾经的名字和编号了。而上述地区现在有匾额的敌楼大部分都是万历时期以后增建的，时间上要晚于戚继光初创敌楼的年代，应当是一种为敌楼取名字做标记的新思路和新办法。今天仍保存有匾额的敌楼大部分分布在河北省西部地区以及山西省的长城上，这些敌楼的情况都属于建造年代较晚，直接在楼匾上镌刻了敌楼编号和名称。

河北和北京一带的敌楼匾额绝大多数刻的是敌楼所归属的地区、关隘及自身的编号，如"石白石浒沟五十二号台"，就是石塘路白马关下辖的第五十二号敌楼。石塘路是蓟州镇下辖的十二路之一，白马关又是石塘路管辖的一个关口，石浒沟是今天北京市密云区黄峪口所在的山沟，这个敌楼是从白马关向西排过来的第52座楼。

"石白石浒沟五十二号台"匾

"沿字拾贰号台"又是另一种记数形式，这是北京市门头沟区沿河口的敌楼，归属昌平镇横岭路沿河城统辖，其下的敌楼都在前边冠以"沿字"，并不写所属哪一路，这与前边的"石白石浒沟五十二号台"的表述方式又有所不同了。

"沿字拾贰号台"匾

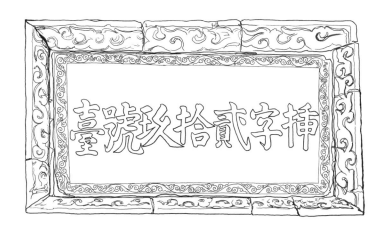

"插字贰拾玖号台" 匾

　　"插字贰拾玖号台"是涞源县插箭岭的敌楼，基本与"沿字"敌楼的记数方式一致，在这一地区还有"龙字""马字""乌字""浮字""白字"等类型的敌楼，都是以所属山口的头一个字来命名的。这些敌楼匾额大都会选择较为坚硬的石料镌刻，许多石匾的边缘会加上一圈连续的花纹以装饰。石匾周围通常会用专门烧制的砖砌成一个外框，有些外框上还特意做出砖雕花纹，尽量使简洁的楼匾显得美观华丽一些。

　　以上的几种敌楼匾额都是北京和河北等地的特点，当进入山西地区，敌楼匾额的风格也随之一变。

　　山西的长城上现存完整的砖敌楼已经很少了，但尚存的敌楼大部分都有匾额，并且这些匾额周边都被极力进行了装饰，其中一大特色就是砖雕。

　　以现存的山阴县猴岭长城敌楼匾额为例，这里的石匾四周都镶嵌着砖雕花卉的凸出的外边框，做成一个斗匾的式样。在匾额上部以砖雕仿木结构建筑做出了形如悬山顶的浮雕门面，鸱吻、屋檐、斗栱、垂柱等元素一应俱全，惟妙惟肖，各构件上镌刻和雕琢的花卉图案也是繁缛华丽，精美异常，简直比匾额本身更吸引人和具有观赏性。从这一段长城上的5块匾额来说，也并无什么关隘名称和编号之类的内容，除了上下款都刻着"万历丙午（1606年）中秋之吉巡抚都御史李景元""兵备副使李茂春、左参将陈天爵、管粮通判蒲嘉轮立"外，这些石匾上分别镌刻有双勾线刻的大字"鍼扄""控阸""壮橹""天山""雄皋"。都是一些豪言壮语和美好词汇，就好像长辈给孩子取名字一样，尽是祈愿和祝福。所以，这里的每一座敌楼都有自己的名字，而不是那种冷冰冰的第几号，也显得有了更浓的文化底蕴。

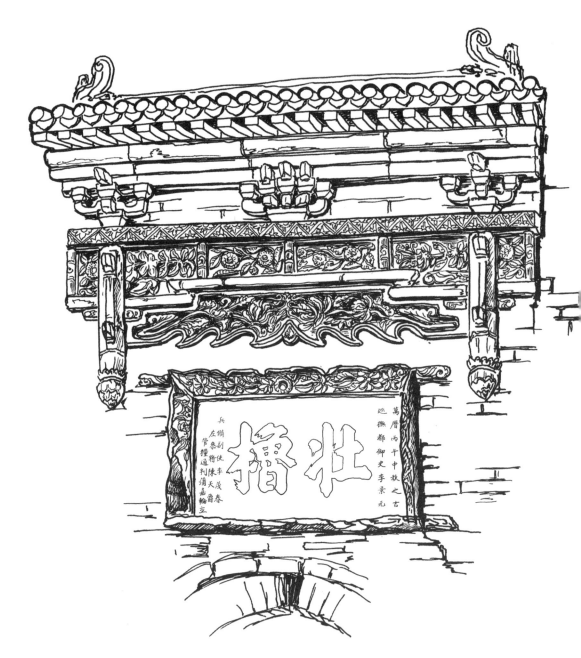

山西省山阴县猴岭长城"壮橹"楼砖雕门面与匾额

　　山西的建筑文化和技艺不仅体现在长城装饰方面，在历朝历代的建筑上都有所建树，许多明清时期的庙宇、牌坊和民居上也都有特别令人赞叹的华丽砖雕装饰。反映在常年戍守的敌楼上，下如此功夫进行美化，应该能够说明一些当时经济条件上的宽裕、上下对所在长城的热爱以及这一地区建筑风格对长城深深的影响，同样也多少能从侧面印证修筑长城并不一定是充满了痛苦的。

山西省宁武县阳方口长城敌楼砖雕门面

山西省大同市得胜堡南门

　　山西人对用砖雕装饰长城真算得上是情有独钟了，除了上面所列举的猴岭和阳方口长城的敌楼砖雕装饰外，许多城堡的城门上也镶嵌了大面积的砖雕，比如著名的大同得胜堡南门砖雕就堪称山西长城上大型砖雕的代表作，真是山西长城上一道璀璨独特的风景。

现存的许多敌楼砖雕大多年久破败，残损严重，倒是山西省河曲县的护城楼上保存着一套特别完整的砖雕门面。这是一座体量巨大的敌楼，因位于清代河曲县城的北墙外，被俗称作护城楼，其实楼匾上镌刻有"镇虏"二字，说明它原名镇虏台。这座敌楼我们在后面还会提到，现在仅说一下它门面的装饰情况。最上边的悬山顶砖雕屋檐下还设有五攒单昂三踩的斗栱，简直与真实的木结构屋檐无异。檐下两根长长的垂柱间是镶嵌在斗式砖框中的"镇虏"匾额。可惜石料为质地疏松的砂岩，有很大一部分已经风化模糊，上下款也基本看不清了。匾额下边是一座常见的拱券式敌楼门，也是用砂岩雕凿而成，但这又是不寻常的一座门，因为它是我在山西现存的敌楼中看到的唯一一座门拱和门框上也带有浮雕图案的门。

山西省河曲县护城楼砖雕门面和石雕拱门

　　其实石头雕凿的敌楼门并不少见，但真正肯于费大力气给这些坚硬的石头门框雕花的人应该不多，否则现在能够看到的雕花石门框就不会那么稀少了。山西现存的敌楼已所剩无几，能够遇到这样一个，十分侥幸。

　　敌楼大多会选择石头作为门框，坚硬的石头和坚固的拱券造型使得石门框特别受青睐。通常的敌楼门大致有图中这几种式样，可见大多数都是石头雕凿的，直接用砖砌拱券做的门并不多，而能够有雕花装饰的敌楼门框同样是凤毛麟角。

　　现存的长城雕花石门框大多集中在蓟州镇东部，也就是今天河北省秦皇岛市一带。通常进行雕琢的主要部位是最上部的门拱石，其次才是下部的两根立柱。图案多为藤蔓勾连的花卉、宝瓶或者有吉祥寓意的神兽，还有以"忠义报国"这类文字镌刻的，大多并不算很复杂。这些图案和文字又多集中出现于秦皇岛市的东部地区，有些图案的风格也较为相似，因此我感觉会是同一地区的部队在相近的时间段内进行修造的，也有可能是该地区的屯戍军卒在和平无事的寂寞守望之中，转而把多余的精力用在了对自己所守卫的敌楼进行装饰上面。

敌楼门的式样

河北省秦皇岛市大毛山长城石雕门拱

河北省秦皇岛市黄土岭长城石雕敌楼门

辽宁省绥中县小河口长城石雕门拱

河北省秦皇岛市董家口长城石雕门拱

河北省秦皇岛市苇子峪长城石雕门拱

河北省涞源县唐子沟明长城
敌楼石门拱浮雕神兽

121

与历史上那些著名的石雕作品相较，长城石雕门框也许并算不得多么精美，因为许多都是在质地粗粝的岩石上雕刻的，经过数百年的时间，已经风化破损很严重了，甚至有一些生满了青苔，变得日渐模糊。但这是长城建筑中的一种宝贵元素，是凝结了修长城的人们心血的作品，既消磨了当年无尽的戍边寂寞，寄托了思乡之苦和美好的祈愿，也又一次证明了修建长城不只是痛苦和劳役，是可以同美好与艺术相联系的，哪怕简单的门框也能够成为美的源泉。

河北省卢龙县桃林口长城敌楼石门柱线刻人物

敌楼的石门框下都会垫着一块门槛石，平时压在下边不怎么引人注意，我曾经在一座已经坍塌的敌楼废墟上看见这么一块石构件，当时都没想明白是做什么用的，后来才恍然大悟，这个不起眼的笨重大石块还是敌楼门很重要的组成部分呢。

现存的敌楼早已没有门板了，但有些门上的石雕横梁还在，门内两侧也大多设置有门栓孔，可以想象昔日关门后再插上门栓的情景，还是很严密的。

在敌楼的窗台位置还多会镶嵌一块窗台石，墙壁内侧大多曾经安插着木质的窗框和横梁。我推测因为塞上风大以及防御的需要，窗扇应该也是木板的，而不大可能是格子窗，否则防风与防冷箭都是问题。窗台石内侧有个扁孔应该是插销孔，用来插住窗户。也有在两侧墙上开栓孔插横栓的。窗台前部中心处的圆孔应该和垛口石上的圆孔功能一致，用来架设佛郎机类火器进行射击。每个窗口实际上既可以是瞭望口，也是碉堡的射击口。

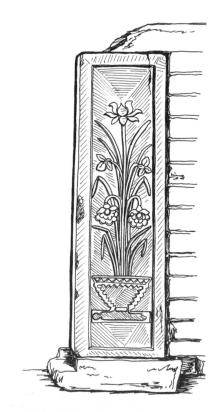

辽宁省绥中县小河口媳妇楼门柱石刻

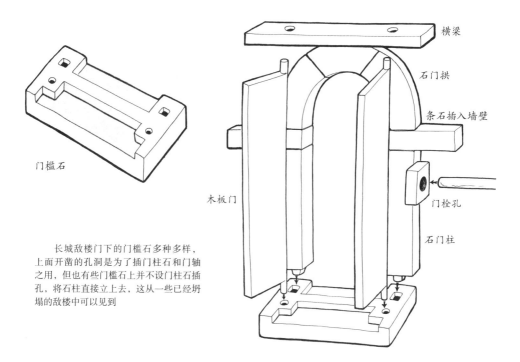

横梁

石门拱

条石插入墙壁

门栓孔

石门柱

木板门

门槛石

长城敌楼门下的门槛石多种多样，上面开凿的孔洞是为了插门柱石和门轴之用，但也有些门槛石上并不设门柱石插孔，将石柱直接立上去，这从一些已经坍塌的敌楼中可以见到

门槛石式样

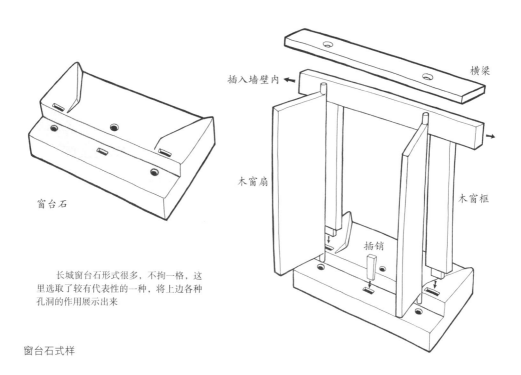

横梁

插入墙壁内

木窗扇

木窗框

插销

窗台石

长城窗台石形式很多，不拘一格，这里选取了较有代表性的一种，将上边各种孔洞的作用展示出来

窗台石式样

接下来说一说空心敌楼内部的格局。

热爱长城的人习惯地称呼空心敌楼为"楼子",充满着亲切感,好像在说自己家最熟识的亲朋一般。空心敌楼这个名字其实也只是一个宽泛的概念,在长城城墙上有中空的敌楼,也有实心的敌台或是墩台,还有介乎于两者之间的仅设一条楼梯、大部分为实心的台子,完全实心的墩台则靠绳梯上下。前面提到过敌楼有跨建在城墙上的,有凸出于墙面外侧的,也有不连接城墙而完全独立的。如果空心敌楼不连接在城墙上或者处在城墙相对单薄的地段,敌楼的门常会修在距离地面特别高的位置,以增强防御能力,防止敌人轻易偷袭。这类敌楼也以绳梯上下,甚至有的楼内从下层登上顶部也靠绳梯,敌军一旦攻入楼内,守军可撤至顶层,将绳梯扯到上面,能够对敌人起到最后的阻碍作用。

常见的空心敌楼多为平面近乎方形,每个外立面开辟有三个门窗,因而通常被称为三眼楼。这些楼子内部也常常开设有三条并列的拱券形廊道,俗称"三通道"。各通道间开有拱门相通,门窗也多为拱券形,全楼以大大小小的各种拱券支撑,更为坚固耐久。这类敌楼也是通常设砖梯、木梯或敞口开天井挂绳梯。楼顶上大多曾建有一所小砖房,根据明代保存下来的鼎建碑记载,这类房子名为"望亭",也称楼橹,是戍卒居住和存放物品的地方,有木结构框架者,也有通体为一个大砖拱券者,现存原貌的望亭则几乎都是后者。

楼顶建房,这在明代是敌楼的一种标准制式,应该是对翁万达"台上建铺屋"的一种延续。参看明代书中所绘边城之图,大多如是,这就涉及另一个问题,人们常常把敌楼和烽火台的名字与功能混为一谈,认为每座敌楼在敌军迫近时都会点起烽火来报警,这就是个严重的误解了。且不说敌楼修建密集的地方,在敌人来犯时,许多楼上都可以同时看到敌情,每一座楼都点燃烽火便没有意义了。再者既然楼顶上有房屋,又该怎样点火呢,万一烧到房子怎么办?汉唐时期的烽火台顶上倒是建有房屋,但也设置有单独的点火设施,所以明长城的空心敌楼和烽火台并非一回事,其功能与用途差异也是巨大的。只是日久年深,现存的许多敌楼顶上的望亭已经坍塌或者被毁,远观多是光秃秃的,让人觉得和同样平顶的烽火台差别不大,但登临许多敌楼顶部则常可见到房屋的遗址,甚至较高的墙基或一两堵残存的墙壁也并不罕见。地上也常可找到残存的瓦片,更早些年运气好时候还能遇到瓦当,这一切都证明了昔日敌楼顶上望亭的存在。

　　在著名的八达岭、慕田峪之类长城旅游景区内被修缮整齐的长城上，这种<u>常见的三眼敌楼</u>很多，基本上成了大众对长城的一个固化印象，甚至我在很长时间里也曾认为长城楼子都是千篇一律的，没多大意思。但随着我走过的长城越来越多，散布在崇山峻岭间那些不为人知的敌楼令我大开眼界，让我明白了敌楼的多样性和不同地域的建造队伍倾注在敌楼上的匠心与巧思，因此选择了其中一些布局独特和罕见的实例，以图解的形式展示出来，以供大家参考。

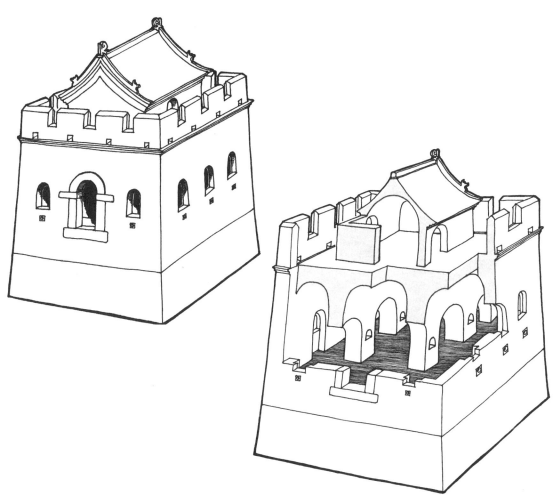

常见三眼空心敌楼

    在明辽东镇长城的西端起点无名口以东尚存有八座砖砌空心敌楼，其中在蔓芝草村东山腰上有一座三眼楼布局甚为特别者。内部中心有一个小室，仅开东西相对的两个拱门，南北墙无门窗，因此更加避风保暖，室内一角开设梯道可登上楼顶。小室四周设有环绕式回廊一周，这样的布局使得中心室独立而封闭，比之别处也设有中心室但四面开拱门的敌楼显得更加适于戍卒居住，也更能抵挡烈烈塞风的侵袭。这样构造的敌楼在其余各镇长城上均未再见过，从目前尚存的实例来看，堪称是辽东镇长城的独创设计。

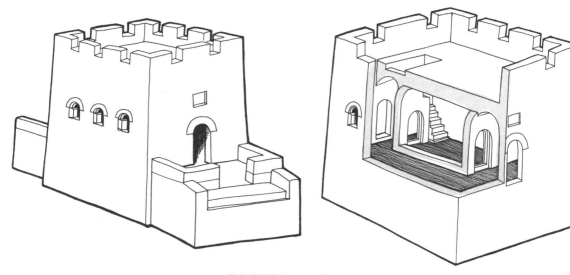

蔓芝草村东山腰三眼楼

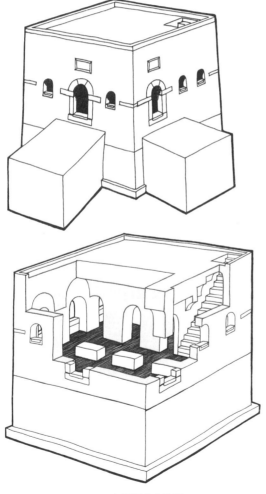

九门口属于山海关防御体系，在九门口北山上有一座外观基本完整的四面三眼空心敌楼，位于长城的拐弯处，堪称一个重要的节点。这座敌楼虽然损坏较重，但主体结构基本都保留下来了。楼内为南北向三通道，在南墙内设有向东的楼梯，入口巧妙地隐藏在中间箭窗旁。此楼在南墙西侧和西墙中部开门，其余皆为窗，窗台和门框都以石料精雕而成，至今坚固完整，这样的敌楼在蓟州镇东部较有代表性。两门上方都镶嵌有石雕匾额，可惜南门上的匾额已经风化得无法辨认了，西门匾额虽然风化严重，但字迹尚且清晰可辨，为"石黄第拾壹號"，在本书第8章中还会提及。

九门口北山敌楼

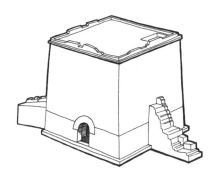

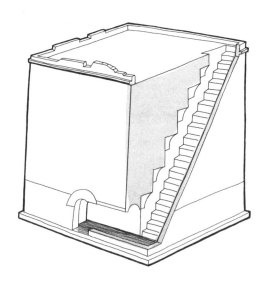

黄土岭北实心台

在秦皇岛市黄土岭以北的长城上有一座体量高大的墩台，远看并不开窗，走近则可见西墙底部开有拱门一座，台身大部分为实心构造，进门后向右一拐，仅设有一条梯道。这座大台位置较高，又连接在长城墙体上，因而既有作战功能，又有瞭望功能，很可能原是一座烽火台。连接在城墙上的烽火台现存并不太多，如此高巨严整的则更少。蓟州镇东部许多烽火台都建于长城线外侧的制高点上，不设固定梯道，仅用绳梯上下，大约是因为所处位置孤立，如果遭到围攻，守台士卒能够尽可能多坚持一段时间。而此台因为连接在长城主线上，拥有防御和掩护作用，才建了这样的固定楼梯。

拿子峪位于河北省秦皇岛市义院口的西侧，是一个很小的隘口。口子两侧保存有大段的包砖长城，堪称是这一带的精品段落。沿长城向西南一直走到砖墙变为石墙的地段，在山崖的凸出部耸立着一座看起来还很完整的三眼空心敌楼。因为两侧的石城墙已经坍塌成一片石堆，此楼看起来更像是一座孤楼。楼仅在南墙中部开有一座距

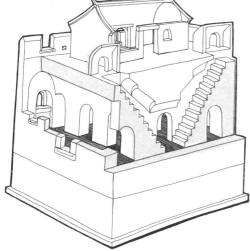

拿子峪媳妇楼

地面较高的门，门两侧各设一窗，其余各面皆开三个箭窗。楼内也是三通道，但在东墙内侧设有梯道夹层，两道石梯相对组成了一个倒三角形，在楼顶梯口处各建有一座类似雨棚功能的小砖屋，其内侧开拱门，外侧设箭窗和射孔以瞭望作战。楼上建硬山顶望亭一座，里边也是一个大的拱券结构，西墙开一个拱门，东墙上有一个平顶门和两个拱形窗。与此类似的敌楼在秦皇岛市董家口、平顶峪、苇子峪等处还有一些，但这座拿子峪媳妇楼算得上是现存同类敌楼中的代表作。

关于为何被称为媳妇楼，只能从民间传说中来寻找答案，因为这种名字就是当地乡亲们口口相传下来的，而且在秦皇岛一带现存叫媳妇楼的地方有好几处。这些楼子都有一个相似的传说，因守楼的士卒多为随戚继光北调的浙江义乌军人，且是全家迁来北方，并在长城下扎根屯垦，战时上城御敌，平时务农耕作，当有人战死或去世后，常常由妻子接替丈夫的职责继续登楼戍卫，因而楼子也被称作"媳妇楼"了。

在河北省秦皇岛市苇子峪东南方长城线以内有一座孤绝的山峰，顶上建有一座远离长城的孤楼。此楼的作用应该是烽火台，因为这里所在位置正好弥补了西北苇子峪关口因东边山峦的遮挡而无法望见花场峪、拿子峪和义院口方向烽火的不足，起到了中转传递敌情的作用。但此楼又不同于寻常的实心大墩台，而是一座空心楼子。

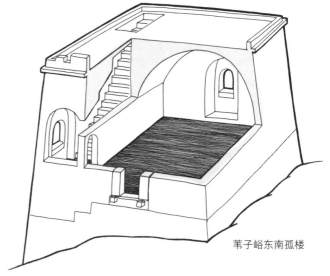

苇子峪东南孤楼

楼北墙上开有一座拱门，内部是一个很宽敞的大拱形券室，好像客厅一般，南墙开一个箭窗。在这个券室的东北角另有一个小拱门，里面巧妙地隐藏着楼梯间，与拱门相对的外墙上还开有一个箭窗，保证了楼梯间里的采光。来到楼顶极目远眺，正可将东北方几座关口周边的动静尽收眼底。在这里燃起的烽火会瞬间被群山阻隔的两个方向上的关口所看到，所以这个孤楼特别重要。它的结构虽然简单，却也十分独特和罕见。

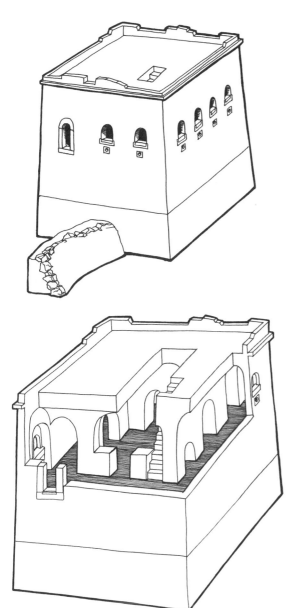

秦皇岛市箭杆岭口北山上有几座很棒的空心敌楼，半山腰的这一座高大坚实，结构也很有特色。此楼西墙开3个箭窗，东墙开4个箭窗，南北墙上都是两窗一门，门开在西侧，距地面很高。楼内为"回"字布局，四周回廊环绕着中心室。中心室四面开辟拱门与回廊相通，在东南角朝向回廊的墙壁里巧妙地嵌入了梯道。为了增加使用空间，在梯道下边还见缝插针地设置了拱形的壁龛。这一带的敌楼质量都特别过硬，经过几百年的洗礼，下边的石城墙都已经化为碎石堆，但楼体大部分还硬朗如昔，除了风化水浸和人为破坏外，墙壁和石基依旧像刀切一般的整齐。

箭杆岭北敌楼

　　河北省卢龙县刘家口关楼是万里长城上唯一保存了明代原貌的关口建筑。诸如山海关、嘉峪关等地都经过许多次战乱损毁和重建，而更多的关口则因阻碍了现代的交通而被拆毁，万幸的是现在的公路从刘家口关楼西侧通过，所以虽然关楼两侧连接的城墙被全都拆毁，但关楼却侥幸留存了下来。也有一种说法是此楼在"文化大革命"时期中被村里以存放柴草为名占用而未拆毁，也是一种巧妙地保护。在下边目测关楼高度足有13米以上，体量宏大魁伟，墙体坚厚，门洞幽深，跨建在山谷里的一条季节河上。昔日旱季可通行车马，若在雨季则会有河水从门洞穿过，关楼也就变成一座水关。门洞内侧上方镶嵌有一块双钩线刻石匾"刘家口关"。楼南北两面墙壁上各开设一排六个拱形箭窗，窗下开有射孔。东西两侧原本连接长城墙体，各开有一门一窗。楼内中心为左中右三座券室，以拱门连通。外侧有回廊环绕，共设有两组梯道，方向相对，入口分别开在回廊的东南角和西北角。楼顶原建有一座巨大的砖砌城楼，实际上就是放大版的望亭，这座房屋东西两山墙特别厚，两组登楼梯道就巧妙地夹建于山墙之内，这样的构造实在是少见。楼内南回廊的北墙中部镶嵌着一块近乎方形的青石碑刻《万历六年岁次戊寅重建刘家口关》，无论从内容、书法、刻工上都堪称长城名碑，在本书第8章关于长城碑刻的部分会详细介绍。

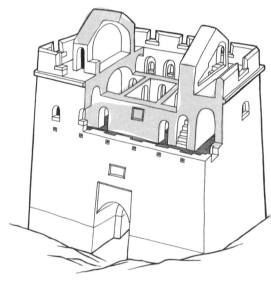

刘家口关楼

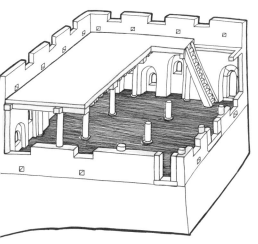

徐流口西三楼

从河北省卢龙县刘家口关向西不远就进入了迁安市境内，第一座关口名叫徐流口，是个山间小口，现在已经毁坏。徐流口西面的第三座敌楼是个仅存四壁的空壳楼，虽然内部一片瓦砾堆，但四周的墙壁却是较为完整的，甚至顶部的宇墙也大多还在。敌楼的东西两侧连接城墙，开有相对的拱门，都在南侧，南墙中部也有一座门，但距离下边的地面特别高，不知有何用意。此楼四面墙上都是上2下3共设有5个拱形门或窗，北墙无门。墙壁内侧间或有许多圆木柱与墙体契合留下的凹槽，楼身和宇墙之间也留存有很明显的安插楼板的痕迹，满地碎砖中还能看到几个石柱础。我参考博物馆中关于此类敌楼的剖面复原展示可以确认此楼是一座内部靠木结构梁架支撑的空心敌楼。楼内柱网形成一个"井"字布局，并靠木梯上下，日久天长，木结构或朽坏或被人为拆毁，就只剩下空壳状的四壁了。我所走过的长城中，并无一座此类敌楼是完整保存至今的，但这种砖木结合的楼子又着实不少，也多集中出现在河北省东部的几个县市辖区内。通过实地走访我发现，这种木构架的敌楼不仅是后世毁坏，在明朝当时就曾经有过许多改建的痕迹，比如抚宁县有几个楼子，外墙门窗的排布特征与这座楼十分相似，但内部却是砖拱券的，而且有的砖拱竟然很不合理地直接顶住、遮挡或半遮挡住一些窗户，这就很明显地证实了内部拱券与外墙不是同时修筑的。大概是后来将木构架改为砖结构时，砖墙的厚度和拱券跨度无法同原来的门窗完全吻合，也就顾不得是否遮挡了。

我感觉这样的敌楼算得上是实心墩台向全砖敌楼过渡的一种产物。

河北省迁安市白羊峪西山上现存一座"神威楼"。说是楼，其实与通常的敌楼并不相同，只是一个在凸出于城墙外侧的马面上加盖的硬山顶砖房。这一段城墙都是包砖的，大部分保存尚可，再加上白羊峪东山也有一段城墙构造与此相同，都在垛墙下部设有"悬眼"，这在冀东一带特别少见。

神威楼的三面垛墙下边原各设有两个悬眼，加建砖房后，每面墙的两垛间与悬眼呈"品"字排列开有一个箭窗。房子本身也是大拱券构造，南面开有一座拱门，门上镶嵌石匾，上刻"神威楼"三个大字，关于这块匾的情况在第8章还会专门提到。神威楼门前还建有一堵影壁墙，上面曾镶嵌一大块石碑，但早已不知所踪。

神威楼虽然不是通常的敌楼，但形式独特，直接将望亭建在了马面上，而且这样形式的敌楼，现存者仅此一例，堪称珍稀。

白羊峪神威楼

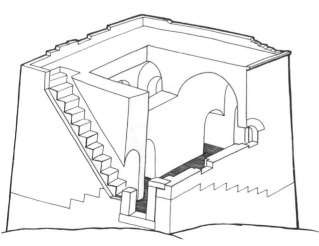

擦崖子西两眼楼

擦崖子口位于河北省迁西县东部，隔将军帽山与迁安市毗邻。擦崖子口原来规模不小，但今天已经损毁殆尽，关口建筑早已片瓦无存，两侧长城也被拆成一道石埂，但在口西的山顶上神奇地保存下来一座两眼空心敌楼。此楼修筑在一座锥形的山峰顶部，外观好像一个被削尖的楔子斜插进山崖里。楼子南墙仅设一座拱门开在东侧，其余各面均辟两个箭窗。楼门内左侧设有夹层，梯道就巧妙地隐藏在其间。楼里为南北向两通道结构，中部以坚厚的墙壁分隔，前后各有拱门洞连通。从楼的南墙外看，这只是一个低矮如小砖房般的建筑，但到楼侧面向下看，楼子另外三面墙好像伸出的长腿，足有十几米高，威武雄壮。

这种由于地形因素没有平坦楼基的敌楼通常要耗费大量精力先在山顶上修起一座平台，然后再于其上进一步建设，似擦崖子这座两眼楼很显然花费在修建平台上的功夫十分巨大。也曾有将楼基直接与山顶巨石交错修筑的楼子，使人工的条石台基和嶙峋的山岩咬合在一起，令楼子的基础无比牢固，坚若磐石。

城子岭在擦崖子口以西，两地之间的大山梁上有这样一座类似双层结构的敌楼十分特别。现在的长城线上，这样的敌楼极少，在结构上可谓颇具颠覆性。此楼为东西向长方形，东西两面连接城墙，各有一门两窗，南北两面墙都是一字排开四个箭窗，但在南墙下部又开有一座拱门，位置比楼内空间整整降低了约一层的高度。门内空间狭小，仅有几步台阶，便转向左右两侧的楼梯通到二层，所以这个所谓一层实际上是假的。楼内是并列的东西向三通道结构，最南侧的通道内就是跃层的楼梯。这样全楼就一共开设有三个门，尤其南门所在的位置标新立异，与绝大多数敌楼截然不同，实际上把通常开设在城墙内侧的登城便门开在了楼子上。

城子岭双层楼

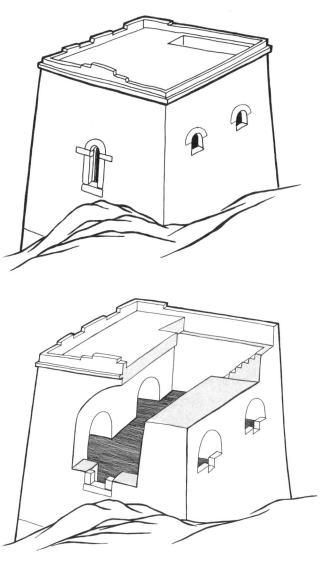

在河北省迁西县铁门关东侧有一座直插青天的锥形山，山顶上耸立着一座两眼的空心敌楼，但这座楼与擦崖子口的两眼楼又完全不同。此楼西墙正中开一门，东墙则无门无窗，南北两面墙极厚，其上各开两个箭窗，形成四个幽深的券洞。楼内为整体的大拱券，宛如一个宽敞的厅堂式格局，楼梯开在东南角上。这和擦崖子的两眼楼比起来，空间利用率显得更高一些，在同样地势险要且面积不大的敌楼设计方案中，当然必须遵循更简洁实用的原则，这两座两眼楼是两种理解和两份答卷，400多年后仍然在相距遥远的两座高山顶上并峙遥望，各展风采。

铁门关东高楼

河北省迁西县李家峪到喜峰口一带的长城上，常见这种5眼的**扁楼**，堪称这一地段长城上的特色。此类扁楼内部通常无遮无拦，是一座贯通两头的巨大棚券，因为楼子面积本就很大，使得空间得到极致拓展，如同一个小礼堂般宽敞。这样的楼子通常将楼梯设置在窄边的一端，山墙内的夹层中，都极其巧妙隐秘，几乎不容易发觉。这些扁楼的长边前后都开设一排5个箭窗，但李家峪北山上这座扁楼建于长城线外侧的一个凸出部上，与众不同地在南墙中间开设一座拱门同城墙连接，这也是该地区唯一在长边开门的扁楼。如果论起来敌楼的空间使用率，这种单棚的大楼子绝对堪称力拔头筹了。

李家峪北扁楼

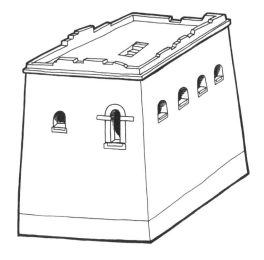

河北省遵化市罗文峪西边有个小隘口叫口门子，这里西南的山上有两座结构相似的敌楼，两个长边为4窗，短边为一门一窗，位置相对，门都距离地面特别高。内部是两通道结构，中间用一堵墙进行分隔。这堵墙上又开有3个拱门洞连通两侧。夹在其中两个门洞之间还有一个瘦高的门洞，是楼梯口，台阶进去后立即右转，就来到了楼顶。这也是个巧妙利用空间安设楼梯的好例子。并且楼内许多地方都见缝插针地开设有拱形的壁橱或小的储物空间，比如箭窗旁边的墙垛上，在触手可及的位置就砌有很小的拱形壁橱，在作战时可放置弹丸之类物品以供随时取用。

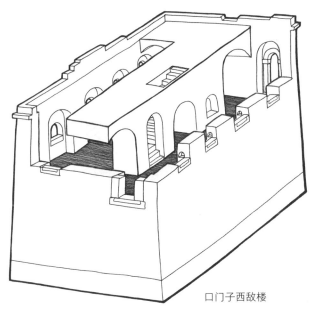

口门子西敌楼

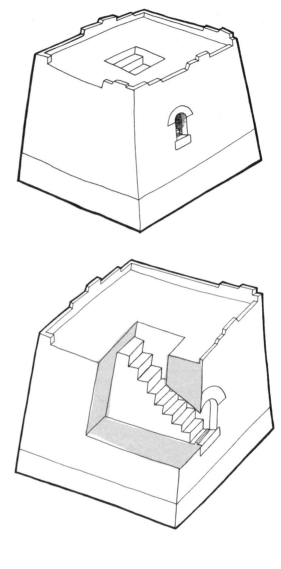

在北京市平谷区的小黄岩口长城上，多是这种单眼敌台，整个台子只有这一座门，进门就是台阶，直接上到台顶，相当于给一个实心墩台中间开辟出了一道楼梯而已。类似这种台子就没有达到戚继光修筑空心敌楼时候的初衷，与早期的实心台没太大区别，也谈不上什么构思和设计。我在这类台子顶上还发现过瓦片，因此判断台上曾经建有铺屋之类房子。这种台子在明长城众多的敌台中应该算是最简单的一类了。

小黄岩口单眼台

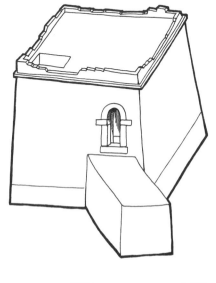

北京市平谷区的大黄岩口长城上，建有几座这样的单眼敌台，其体量特别巨大，但也仅在一侧开设一个拱门，进门左拐为梯道，直通楼顶，除此之外，就是一个实心墩台，倒是与前边提到的抚宁县黄土岭北实心台十分类似。但大黄岩口的这几个台子很显然又不是烽火台的作用，其相互关系和所在位置都应该是出于作战用途的，之间也都以城墙相串联。

我感觉这里与小黄岩口的台子一样，是在蓟州镇长城大规模包砖和增建、改建空心敌楼时候，或是没能明白戚继光的意图，或是贪图省心省事，换汤不换药地把台子安设了楼梯，包砌青砖了事，实在太敷衍了，倒算是蓟州镇长城敌楼中的一股极简风格。

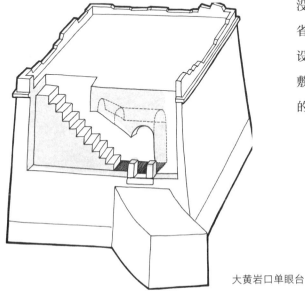

大黄岩口单眼台

北京市密云区雾灵山西南一条支脉上有座高峰，上建一座三眼敌楼，当地人说因为这里实在太高也太险，只有老鹰才能飞上去筑巢，所以都叫鹰窝楼。这里处在大山深处，离村庄很远，原来山沟里有很多溪水汇聚成潭，俗称九龙十八潭，可惜现在水也快断流了。

这座雄踞于山巅的三眼楼只在东墙中部开一个门，其余全部是箭窗。内部为东西向三通道结构，似乎和普通三眼楼没什么区别，但其独特之处在于南北两个通道内又以墙壁分隔成3个单间，相互以拱门连通，这样既增强了各间的封闭能力，也使得楼体更加坚固。楼梯口开在北侧中小间的顶棚角上，既像天井般高悬于空中，又简单地砌了几步台阶，需要人先爬上梯口，才能登顶。楼内还有两铺火炕，但却无法确定是明代修建还是后世所为，因为明代以后也有人在战乱时期躲进深山避祸并住在敌楼里的情况。

能把敌楼修建到这样人迹罕至的绝险山崖上，真是要付出难以想象的艰辛和努力，直至今天此地也还是不容易到达，更不要说400多年前该有多么吃力了。这座孤绝的敌楼堪称明代军卒顽强不屈精神的一种写照，其独特的结构也在别处再未曾遇到，真是令人印象特别深刻。

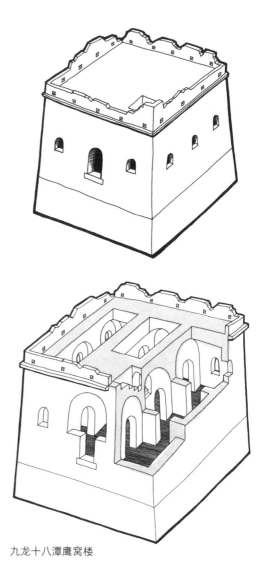

九龙十八潭鹰窝楼

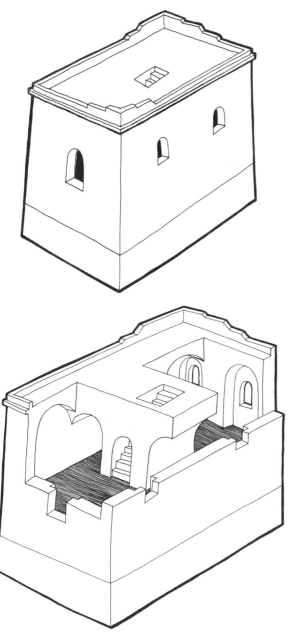

在北京市密云区大虫峪旁的雾灵西峰上有座两眼敌楼，此楼西墙只开一个门，距地很高，东墙为一门一窗，南墙开两个箭窗，北墙无门无窗。楼内为南北向两通道，中间用一堵很厚的墙壁分隔，又以两个拱门相连通。但因楼里空间狭窄，两个通道间的隔墙更像一个方形的大柱子，梯道就开在这个柱子上。于是全楼内形成了一个回廊结构，回廊就簇拥着占据核心位置的楼梯。北墙之所以什么门窗都不设，应该是为了抵御北风之故。这是与擦崖子、铁门关的两眼楼又大不相同的一种设计方案，真是在同一道命题前，每个地方的官兵都会给出不同的答案。

雾灵西峰两眼楼

在北京市密云区大角峪以东的长城上有这样一座敌楼，因其所在山崖的地形限制，楼子南墙是倾斜的，使敌楼的平面呈现梯形，我称之为"梯形楼"。楼基以条石砌在嶙峋的山崖上，宛若从山峰里生长出来一般。楼内结构倒是常见的回廊环绕中心室的"回"字形布局，因为有一边是斜的，令人总有点迷失方向的错觉。在南墙的东部和西墙中间各开有一座门，都离地面很高，南墙外就是万丈深渊，不知在那里开门是何用途。楼梯设在中心室外侧的西北角上，直接通到楼上的望亭里，望亭四面墙壁还都有残存。

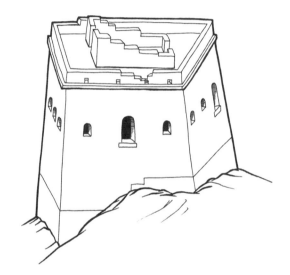

梯形楼完美地体现了修筑长城的因地制宜原则，把陡峭的山崖也变成了可以宿卫的堡垒，真是让我感受到其中有一种大无畏的气概，和藐视一切困难的霸气。我爬上山来早已是气喘吁吁，双腿发软，站在悬崖边上更觉提心吊胆，而明军将士却把十几米高如此庞大的一座敌楼紧靠深渊修建起来，真是让我心中生出无比的钦佩之情。

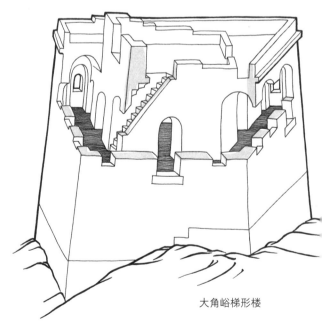

大角峪梯形楼

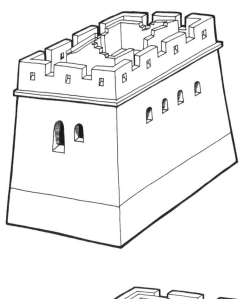

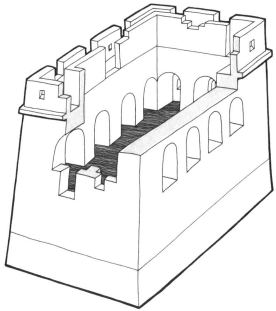

过了大角峪向西的长城内有个五道梁村，村东面高山顶上有这样一座四眼敌楼，整体给人的感觉就是敦厚，四壁都厚重到沉闷的程度，各面墙上的门和窗都被墙壁向中间挤压和聚集，这种外观与八达岭一带的某些敌楼颇为神似。楼子南北两面相对各开四个箭窗，东西两墙上也有两眼相对，东墙南侧是一个门，因为墙壁厚重，每个箭窗内都是很深的券洞。楼中心格局倒是宽敞，是个上下贯通的天井，看起来原先曾架设有木楼板，只是朽毁了。二层的望亭四壁还大多残存，塌掉的部分把一层淤积了大半。

这是另一种砖木结构相混合的敌楼，现在同类的敌楼中，木结构也基本都不在了，尤其延庆一线的长城上，这类敌楼中部的天井全都如同张着的大嘴巴一样朝向天空。

五道梁东四眼楼

北京市密云区的司马台长城享誉中外，以其雄奇险峻著称于世，实际上最险要的地段并不在景区内，而是景区以东的天梯至仙女楼、再过单边墙至望京楼这一线，尤其以修建在峭壁边缘的单边墙最是凶险，而单边墙东端尽头处高耸于山峰顶上的望京楼更是几乎成了北京长城的象征。传说在晴朗的夜里，楼内的守军能够望见北京城的万家灯火。

望京楼平面大致是一个方形，全部高度的一半都是台基，南墙无窗，北墙开两个箭窗，东西墙均为一门一窗，都是中央开门，北侧开窗。门距地极高，原来应该是以绳梯上下。楼内大致分为南北两部分，南部是楼梯间，北部是一个单独的大券室，堪称真正的空中楼阁。这一线的山势实在太过险峻了，长城修筑上去真不知耗费了多少心血，比如望京楼所在的山峰上，三面临渊，面积本就不大，却建起了这座十几米高的大楼子，简直就是用生命在与自然相搏击。想想每座楼子只有50两银子的材料费，将士们几乎是在进行着义务劳动，还不知道建完后能不能评得上等级，这是怎样的一种勇气与豪气啊，我想那一定是一种人人争先、不甘落后的蓬勃之气，才能将这样堪称震撼天地的建筑修上山巅。

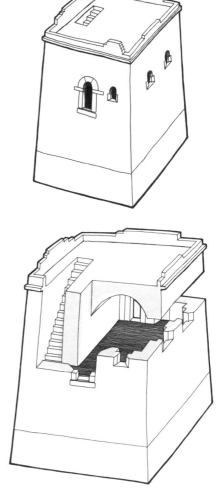

司马台望京楼

司马台长城的仙女楼也是源于民间传说，把这座纤细苗条的小楼子附会成临渊而立的下凡仙女。从这里前往望京楼的山岩怪石突兀，南侧就是数十米深的断崖，只有大约2块砖宽的单薄城墙起起伏伏、战战兢兢地从上面跨过，一直通到望京楼脚下。这段几百米的简陋薄墙就被称为单边，每年都会有人试图从上面走过去以挑战勇气和极限，当初我也曾如此尝试，的确令人血脉偾张，极度兴奋。但后来每每听闻有在此失足跌落崖下殒命者，才明白所谓自豪感与死亡曾经是如此之近。再想到修起这单墙的明军将士，更是无比敬佩。仙女楼就位于这段墙的西端，真是身形高挑，挺拔秀气。此楼平面为方形，好像一根楔子钉在了窄窄的山脊崖畔，楼子南墙无门窗，东西两墙各开一门，都距地极高，北墙为两窗。楼内仅有一个单独的棚券，是个无遮无拦的小单间，在顶上开设一个天井。这算是另一种两眼楼的设计方案吧，仙女楼和望京楼几乎是长城上最著名的两座两眼楼了。

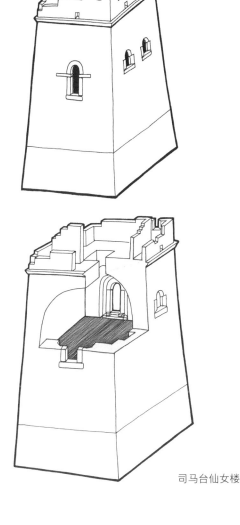

司马台仙女楼

古北口是明长城上著名的关口，也是北京北部两大要塞之一，这一段长城更是戚继光所督修的重点地区。从卧虎山开始，经古北口、蟠龙山到现在的金山岭、司马台长城，堪称现存明代长城的代表与精华。这段长城上现存两座24眼楼，设计独特，我在别处从未见过。这种楼每面墙上开上3下3共6个箭窗，4个面一共为24眼，因此而得名。楼内部早已毁坏，但看墙壁上的遗迹，应该也曾设有木梁架和木楼板，并大胆地做出两层的结构，真是勇于创新。可惜现在诸如梁架、楼梯等布置的细节情况已经无法搞清了。不过24眼楼的设计出发点与前边讲过的徐流口西三楼之类砖墙木架敌楼是一致的，但双层的构造不仅使得楼体更加高大威猛，楼内空间更加宽敞舒适，也能存储更多军械物资和屯驻更多士卒。在敌人袭来时，能发挥立体射击的无上效能进行防御，真是超级大堡垒啊。但不知何种原因，这样的敌楼却并未得到推广，仅在古北口附近建了两座而已。现在分析，也许是成本超标和木料易损吧。

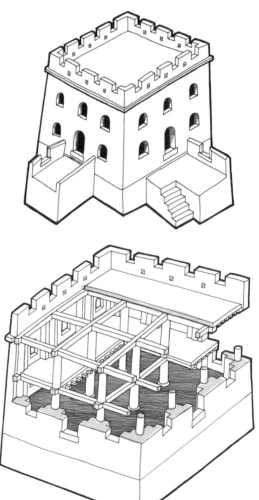

古北口24眼楼

长城主线从古北口潮河西岸向西北还单独延伸出一道支线，这段城墙不长，串联起3座敌楼，最南边的敌楼早已拆毁，仅存一个土丘，其余2座尚且完整，其中最北面的敌楼高大威猛，体量为这一带敌楼之冠。此楼是一座罕见的3层空心敌楼，在现存的万里长城全线上堪称特例。我虽不敢说仅此一座，但以我走长城多年的经历来看，这种砖砌的3层敌楼在别处再未曾遇到过。

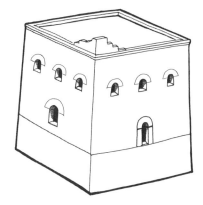

此楼平面大致呈方形，最下面是高大的条石台基，其上四面墙都是下层1个箭窗，上层3个箭窗，只有南墙下部是楼门。楼内一层有一条南北向的主券室，中部又开设了东西向两条小券室，使得一层形成十字形平面布局，每一条券室尽头都开1个箭窗。十字形券室分隔成的4块田字格实心墙体正好支撑了二层的重量。在门内左侧有一条梯道通上楼去，二层是南北向三通道的寻常三眼楼格局，每面都是3个箭窗，在西南角上开有天井，昔日的军卒应该是通过木梯或绳梯登上楼顶，但现在则无法攀登了。按惯例，楼顶很可能还建有望亭，因此这座敌楼是一座货真价实的砖砌3层空心敌楼，并且极有可能已是孤品。

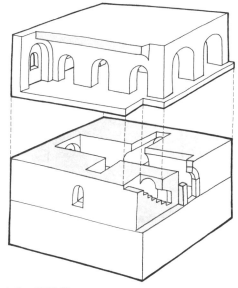

古北口3层敌楼

　　从古北口向西过八大楼子，就到了龙潭沟地界，确切地说这里一共有东、北、西3条山沟，都是丛林密布、峡谷幽深的地方。在北沟东坡的半山腰处有一座纤瘦的两眼楼，因其外观看起来与司马台的仙女楼颇有几分神似，于是我称之为"龙潭北沟仙女楼"。

　　虽然外观看起来有点像，但内部结构还是不同的。此楼除了东墙上开有一门外，其余三面墙上都各设两个箭窗。楼内横向有一堵墙壁把空间分隔为东、西两个券室，中间以拱门相通。东券室顶上有梯口，直接开在楼顶的望亭里。同样是两眼楼，仅就空间分割和梯口位置就已经有了这么多种不同的组合，一路沿着长城探寻下去，仿佛在逐一拜读明朝各营将士风格各异的答卷一般，真实的历史细节和丰富的变化让我感受到了更多的与概念中不一样的长城。

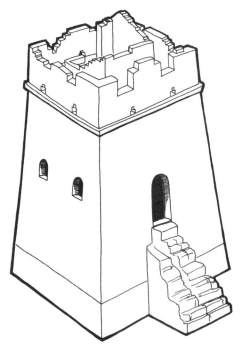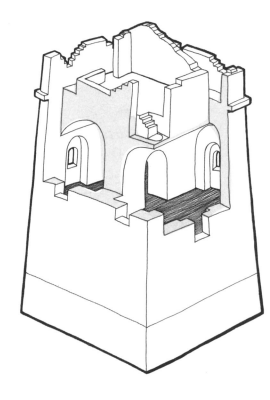

龙潭北沟仙女楼

北京市延庆区火焰山九眼楼是明长城的一个重要节点，这里通常被认为是明朝内外两线长城的东端交汇点和宣府镇长城的东起点。《北京延庆地名志》载："九眼楼为明嘉靖二十年（1543年）巡抚都御使王仪始建，中间有大小红门，西至岔道羊头山，东至四海冶，长160华里，设五口，红门左右修墩14座。九眼楼在该边垣最东端四海乡石窑村南5里火焰山，高7.8米，有九个瞭望孔，连接三道边墙，四海若有警，南山边垣举炮火，顷刻可以达居庸关。"这里的南山边垣指的就是宣府镇在八达岭北侧修建的南山连墩，其东端也在九眼楼附近。

这是一个万里长城上绝对敢称唯一的大型敌楼，体量巨大，规格最高，每面开辟有9个箭窗，门开在西墙中央。楼内为"回"字布局，一周回廊环绕在中心的砖拱券大厅周围。回廊应为木结构，木柱原本被包砌在外层的砖墙中，虽然现在所有的木构件均已毁掉，从已经坍塌的残垣上仍可看到圆形的柱洞。据推测，昔日楼顶上也曾建有望亭。在这里可总览东来的蓟州镇外长城、西去居庸关的蓟州镇内长城、北上独石口的宣府镇外长城，真是枢纽要冲之地，有雄霸万方的气势。在现存的所有明代敌楼中，开辟九眼的仅此一座，无可超越。

从九眼楼明确的创建时间来看，它诞生在文贵新式墩台和戚继光空心敌楼之间的时段，这引起了我的一种猜想。会不会文贵的所谓新式墩台就是这种砖木混搭的形式，因不耐久，才被全砖的拱券式敌楼所取代？如果确实如此，也印证了我前面关于砖木敌楼是实心墩台向空心敌楼过渡阶段产物的判断。

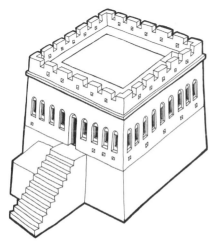

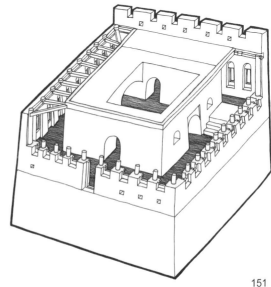

延庆火焰山九眼楼

比起河北省的蓟州镇、昌镇、真保镇长城，山西省北部的大同镇长城破坏得尤其严重，原有砖敌楼百不存一，但有一座位于左云县宁鲁口的"镇宁楼"却奇迹般地保存至今，堪称整个晋北最好的砖楼子。

镇宁楼的高度有14米以上，宽度也近7米，平面呈正方形，在空旷的黄土台地上显得格外挺拔宏伟。南墙底部正中央开一个拱门，门楣上镶嵌一块雕花砖框装饰的青石匾额，上书两个大字"镇宁"。进门洞即是斜向上的拱形梯道，漫长陡峭的石阶直通楼子顶层，好像地铁里的扶梯，实际上也把楼子下部的超级高台劈成了两半。楼内为回字形布局，东、西两面墙上都设有四个箭窗，南、北墙为三窗，其中南墙中部的窗口格外高大，好像高悬于空中的门。回廊环绕的中心是一个相对严实的小房间，仅设一北窗和一南门。在回廊西南角上有梯道可登上敌楼顶部，因为被修整过，所以除了平整的地砖和四周残缺不全的垛墙，也看不出更多的痕迹了。

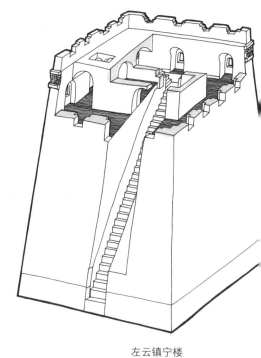

左云镇宁楼

镇宁楼

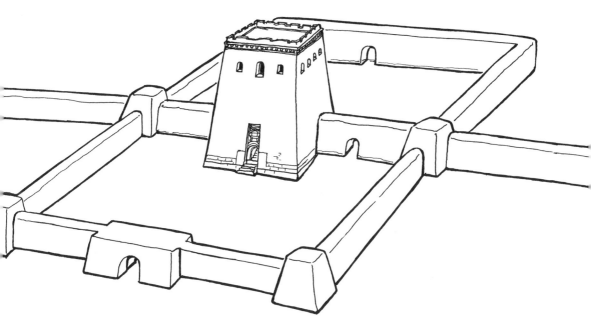

镇宁楼下小城布局示意图

　　镇宁楼下还有一圈长方形的小城，虽然砖石大都被拆掉，但正南的城门洞尚存。楼的东墙根下还有一个低矮的小拱门通向外侧，我仔细查看，楼北原也有一圈小围城，但土墙损毁成堆状，已经不完整了，很可能是隆庆议和后明朝同蒙古进行互市的地方。镇宁楼则是一座瞭望和监管互市的大型敌楼，就如同榆林的镇北台一样。后经查证，镇宁楼的俗名就叫"马市楼"，而马市正是明蒙两方进行物资贸易的场所。隆庆议和后，在长城沿线许多地方都设有这样的马市城、马市口，至今许多叫马市的村庄地名犹存。

　　这种交易必须在指定的场所进行，以便于监管和征税，尤其也要提防蒙古人进行军事上的突袭等，因此场所多是在长城墙外再建一处小小城圈，在指定的时间宣布开市，明蒙两方的互市人员分别从小城的两个方向鱼贯进入，旁边长城和城堡里的守军则进行监视与戒备，以防不测。市场旁都会建有类似镇宁楼这种又高又大的瞭望塔楼式建筑，既是岗哨，也是市场监督管理所。在明朝人的主观表述里，虽然和蒙古人是平等贸易，但却要算作蒙古来天朝上国纳款朝贡，多将进行贸易的小城称为"款贡城"。

我尝试着对镇宁楼下内外的小城布局进行了复原，忽然觉得怎么如此眼熟，一下子想起了这不正与大同助马堡西侧长城上的那座小城如出一辙嘛。那个城也是内外呈"日"字形格局，中心残存的两半状墩台应该曾经与镇宁楼一样，两半墩台之间就是楼梯的位置，可惜已经全部被拆毁了。但两相对比还是一目了然的。这些相距不远的马市遗址说明了当时的互市贸易已经在长城沿线全面铺开，并成为了明蒙间由战争转为相对和平关系的重要见证。马市遗址既是长城的一部分，也是内外经贸交流与文化交往的历史遗迹，在中国的经济发展史上留下了重要的足迹。马市的建立标志着明蒙间和平时期的到来，从此大举入寇和劫掠屠杀的千军万马变成了驱赶着牛羊来做生意的商队。草原的牛、羊、骏马和毛皮、乳制品等货物在这里换取到中原的盐、茶、铁器、丝绸和布匹等草原上缺少的重要生活物资，双方从此真的化干戈为玉帛，使得长城的贸易口岸功能格外彰显出来。

壁垒森严的长城从前既防范蒙军入寇，也兼有对草原进行经济和物资封锁的作用，在双方关系紧张的时候，明朝可随时关闭长城上的口岸对草原进行经济制裁和物资禁运。但封锁也是把双刃剑，既使草原上陷入困境，也使得因边贸繁荣起来

的沿边各城镇和军堡开始变得萧瑟寂寞，甚至人口离散。严密的边防又令追逐走私的商人们越发艰难和无所作为。物资的封锁在短时间内对草原经济和人民生存确实造成沉重打击，但也更加激化了长城内外的矛盾与仇恨，促使蒙军更加狂暴地动辄十万骑南下寇边，大肆抢掠屠杀，形成了恶性的循环。嘉靖年间俺答汗几乎年年进犯，寇大同，入古北，大掠北京周边地区就是这种矛盾爆发的一个体现。同样在隆庆议和后，明朝封俺答汗为顺义王，双方全面展开互市，明蒙之间二百多年的战火和硝烟也就此告一段落了。

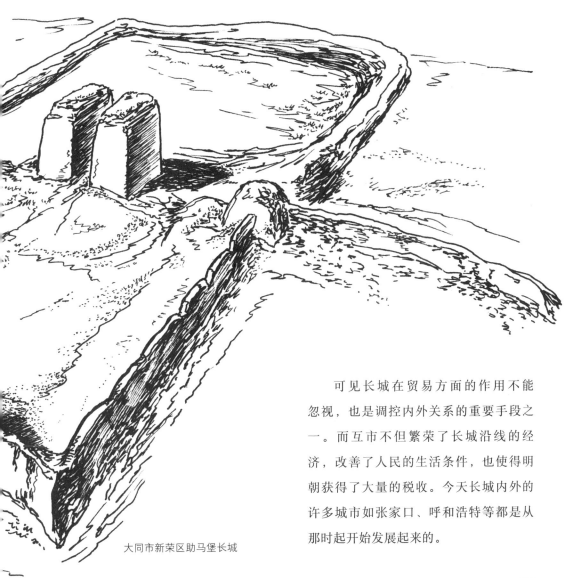

大同市新荣区助马堡长城

可见长城在贸易方面的作用不能忽视，也是调控内外关系的重要手段之一。而互市不但繁荣了长城沿线的经济，改善了人民的生活条件，也使得明朝获得了大量的税收。今天长城内外的许多城市如张家口、呼和浩特等都是从那时起开始发展起来的。

山西省山阴县新广武长城是山西镇内长城的重要段落，也是雁门关下辖的前哨防线，如同居庸关和八达岭的关系一样。一条季节河南北向穿城而过，在河东岸的高坡顶部现存一座较为完整的空心敌楼，结构也很有特点。此楼内部有东西向三个通道，最南通道为梯道，仅在东北角以一个拱门与中间通道连通，门旁有很明显的门框和栓孔痕迹，说明此门原来可以单独封闭。中间通道是楼子的核心区，两端有东、西两个楼门相对。北通道北墙上开设3个箭窗，东西墙上各1窗，与中间通道以隔墙中央的拱门连通，此门也曾安装过门板。这种布局的优点是三个通道的空间都相对封闭，尤其南北两通道仅需关闭那唯一的一扇门，就成为了私密空间，也能免受穿堂风的袭扰，这与蓟州镇的敌楼内各通道都无障碍连通相比，显然更加进步。

此楼造型是特别明显的梯台形，东侧连接东来的长城，西门外只有一小截城墙，形成一个小平台，再向前即是断崖。楼子的两座门上都镶嵌有匾额，但字迹均已风化得无可辨认。楼下所包砌的条石已经全部被扒走，甚至还有人在楼基的夯土内挖出了一个地下室，即使这样折腾，楼子依旧巍然挺立，似乎没受到任何影响。

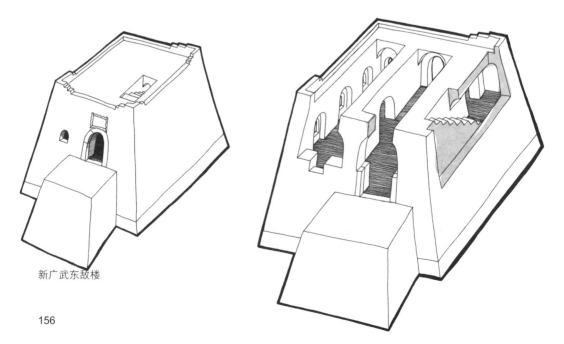

新广武东敌楼

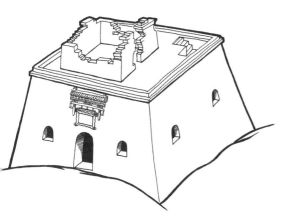

猴岭长城壮橹楼

内长城从新广武向西爬上猴岭，在山顶现存有6座较完整的砖敌楼，这也是山西长城现存的精华部分。现选取其中最有代表性的两座敌楼进行剖析。这一线尚存的敌楼拱门上部均镶嵌有石匾，上边还装饰有砖雕仿木结构的屋檐、斗栱和垂花柱。此楼跨建在城墙上，因此开有东西向相对的两座门，东门匾上有字为"壮橹"，西门匾上刻"雄皋"，我们就暂将其称为"壮橹楼"吧。

此楼内部为东西向三通道，北通道的北墙上开3个箭窗，东西两面各1窗，与中间通道的门开在隔墙的最东端，也曾经安装门板。南侧通道在南墙上开2个箭窗，东西各1窗，与中间通道的门开在隔墙的最西端，并在西南窗内建有单独的梯道。楼顶望亭的四面墙壁大多残存，屋前还有较宽敞的空地。这座楼的特点是单独空间封闭更加严密，南北两通道的门相错甚远，更好地避免了风害，因为楼子面积很大，各通道也均显得格外宽敞。壮橹楼与新广武东敌楼一样，外观都是特别明显的梯形台，看起来胖墩墩更加稳固。其匾额上所刻时间为"万历丙午"，即万历三十四年（1606年），这时距离戚继光最初推广敌楼已经过去了近40年，各地对敌楼的设计和建造早已经过无数的摸索与尝试，变得更加成熟和适应日常生活的需要。

在壮橹楼西面的长城上还有一座敌楼格局也很有特色，因其匾额上镌刻着"天山"二字，因此我称之为"天山楼"。

此楼为东西向长方形，属于凸出城墙外的马面型敌楼，也很可能就是在原有马面的基础上改建成的敌楼。楼南墙开一门，东西墙各2窗，北墙3窗。整体为东西向两通道，长长的隔墙把南北两通道间遮挡得严严实实，只在与东西山墙相连的位置各开了一座拱门，这样强劲的北风就根本干扰不到南侧通道内了。在北通道西北角窗旁设有单独的梯道，直通楼顶望亭的背后。望亭竟然大体完整，拱券屋顶尚在，这大概是山西省长城上仅存的2个完整望亭之一了。

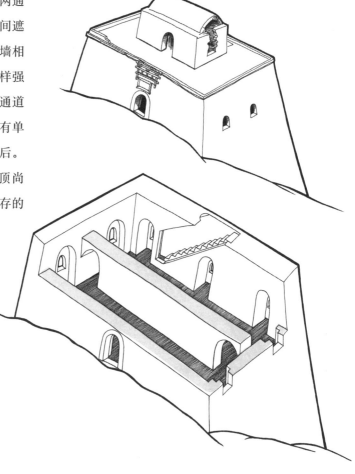

猴岭长城天山楼

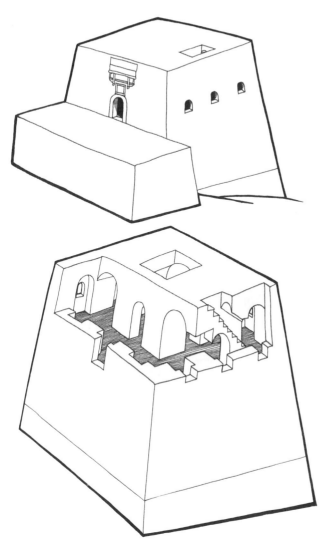

阳方口东敌楼1

山西省宁武县北面的阳方口长城就是昔日宁武关下辖的长城，这里的长城大部分被拆得仅存残缺的夯土墙，但在阳方口东侧的一片矿场内却完整地保存下了一段砖长城和两座砖楼，皆因矿场以长城作为院墙之故，真是令人苦笑。

这里的砖楼都属于出墙式楼子，门上原有匾额已经丢失，这座只能以1号称之。楼南墙开一门，其余三面各3个箭窗，楼内为"回"字中心室布局，梯道开在东北角箭窗内侧。这种形式的敌楼在河北省的长城上很常见，但在山西长城上却不太容易碰到，因为山西长城的楼子几乎快拆光了，仅存的山西本地风格敌楼主要都在新广武、猴岭、阳方口这一带了。其实在繁峙县、灵丘县还有几座敌楼，不过那都是真保镇一带长城的建筑风格，与这里迥然相异。

阳方口东的第2座砖敌楼形式
几乎与1号一样，只是楼梯设在了
西北角箭窗内侧。我在楼内转了几
圈才吃惊地发现，这座楼内回廊所
环绕的并不是什么中心室，竟然是
一座实心的超级大方柱，把那么大
的空间都给浪费掉了，真不知当时
的设计者是出于什么目的，失去好
端端的大厅，仅保留了走廊。

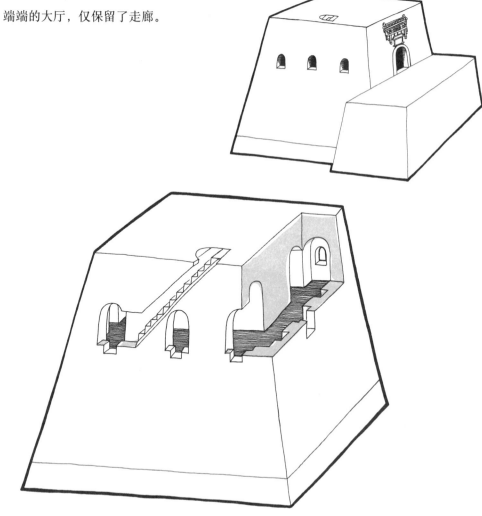

阳方口东敌楼2

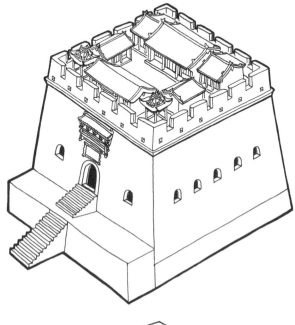

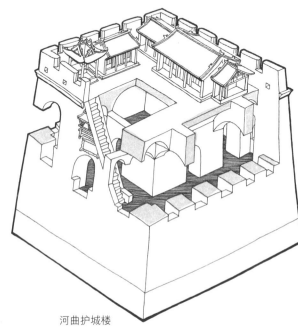

河曲护城楼

山西省河曲县护城楼处在沿黄长城线上，位于清代河曲县城北墙的外侧，是一座平面近乎方形的巨大空心敌楼。高度至少在12米以上，南墙上中间开拱门，两侧各有一个箭窗，其余各面均一字排开设5个箭窗。南门为石门拱，浮雕复杂的花纹。门洞上方镶嵌有华丽的砖雕仿木结构斗栱和悬山式屋檐，檐下有一块石匾，上刻"镇虏"两个大字，上下款小字大多漫漶不清（见111–112页）。楼内拱顶特别高大，中部为三间宽的超级中心室，周围回廊环绕，四壁墙体坚厚，窗洞幽深，现在被改造成一座佛堂。楼东南角上设有梯道，宽大的楼顶建有一座四合院式庙宇，名为玉皇阁，正殿、垛殿、配殿以及钟鼓楼等标配建筑一应俱全，使得楼顶飞檐叠起，美轮美奂。

据残存明代碑刻记载，早在万历三年（1575年）即已经在楼上建庙，当时处在隆庆议和后的明蒙和平时期，此楼也由原来的沿黄河防御作战功能改为监管护市之用，并迁庙于楼上，以示太平。经过数百年沧桑，现存的庙宇已是近些年重建。在现存明代长城敌楼上，建有庙宇的，仅此一处，堪称独特。

陕西省府谷县新民镇龙王庙村西南的山上保存着一座很完整的砖敌楼，因楼前连接着一个与楼身等宽的小平台，使外观看起来像一把椅子，所以老乡都称之为"椅子楼"。平台下开辟门洞石阶，爬上来就到了楼门前。此楼南墙上为两窗夹一门，其余三面墙都各开4个箭窗。主体为东西向三通道，前后两通道各跨一窗，中通道跨度为两窗，使得中心厅堂分外宽敞。梯道巧妙地设在中心厅堂的墙外侧。楼顶上有望亭的遗址，四面的墙上还有悬眼的凹槽。楼四周尚存一圈方形围墙的夯土残垣，说明椅子楼昔日也是建在围坞之内的。

陕北保存下来的砖敌楼也特别少，椅子楼算是其中的代表作了。

从榆林再向西，空心敌楼就基本绝迹了。

通过对以上众多不同地区的不同敌楼进行剖析和对比，可以更加直观地明白作为明长城重要组成部分的空心敌楼是有着很明显的造型与结构差异的，看起来千篇一律的敌楼其实是不一样的。

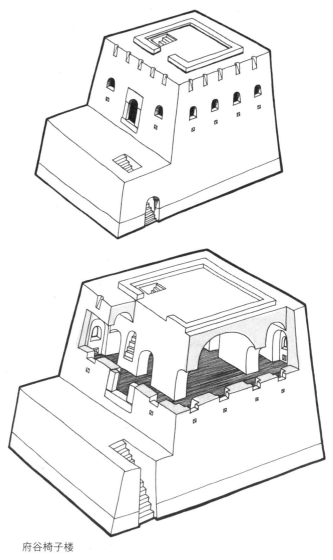

府谷椅子楼

齐长城　楚长城　魏长城　中山长城　　赵长城　燕长城　秦长城

暴秦万里长城

金长城　　　宋长城　　　　　　　汉长城

北魏长城

唐长城　　　北齐长城

隋长城

靖长城

挖掘取石
人为拆毁
盗窃碑刻
开矿炸山
野蛮修缮
植物生长

辽东镇　蓟州镇　宣府镇　大同镇　山西镇　延绥镇　宁夏镇　固原镇　甘肃镇

石刻
铭碑
文字碑

记事碑
分界碑
匾额
施工碑
鼎建碑
阅视碑

第5章
迅捷的警报

建造构成

镇城
路城
卫城
所城
堡城
关城

军备装备

战车　盔甲　火器　冷兵器

敌楼　　　　　城墙

来历　分类　剖析

夯土城墙　石砌城墙　砖砌城墙

构件　石雕　砖雕　匾额

烽火台　与敌楼的区别　预警方式

嘉峪关长城　镇北台　广武长城　新广武长城　紫荆关长城　居庸关长城　古北口长城　黄崖关长城　喜峰口长城　青山关长城　冷口关长城　刘家口长城　界岭口长城　九门口长城　山海关长城

埃　埃　墙　排水　水　射　悬　暗
顶砖　地方砖　水槽　嘴石　口　孔砖　障墙眼　门

　　经常听到人们在说起长城时，指着那一座座砖敌楼皆称为烽火台，甚至在许多场合被当成标准答案进行讲解和传播，但这是个误解。烽火台与敌楼的作用是不一样的，仅从现存烽火台和敌楼的建筑形式以及选址位置上对比，都有巨大差异。敌楼的作用是驻扎戍卒、囤积武器和物资、与进攻之敌进行战斗的哨所与堡垒。因此越是地势平缓、低洼易被攻击和突破的关防要隘，也越需要多建造敌楼以加强防守。而烽火台肩负的是瞭望敌军动向、提早预警和及时向关隘与边内发出警报的职责，因此要尽可能修建在更高的地方，能够眺望见更远处的动向，以便天边扬起敌军马队的烟尘时，立即燃起烽烟，通知沿边守军进入战备状态。所以烽火台选址的先决条件必须是视野好的制高点，以最先瞭得敌情为原则。

　　有时候合适的制高点在长城以外很远的地方，那就只能把烽火台也孤独地修到长城外面去了，孤军前出，确实很危险，随时存在着被敌人偷袭消灭的可能。这种台凸出于敌前，常被称作"冲台"，因在沿边，也称"边冲台"。

　　还有一种建在长城线上的烽火台被称作"边台"，也是本着登高瞭望的原则，所以首要是选址在高处，同鱼贯而建的空心敌楼相比，数量少、海拔高是显著差别。

　　长城线以内如果有比长城更高的合适位置，也会建有烽火台，既可以瞭望敌情，又能够接续和传递边台燃起的烽火警报。一般将长城之内比喻为"腹里"，此类烽火台便属于"腹里接火台"。这种台通常数量会较多，一路相望地延伸到内地，也正是通过这些腹里台的传递，距离边塞很远的城池和中枢机构才能够快速得到警报和掌握敌情并做出反应。

　　在长城之内串联起驿站和递运所的驿路也是一张四通八达的庞大网络，通常在驿路旁也会建有烽火台以保护驿传，这类烽火台称为"路台"。与汉代在丝绸之路沿线修筑的列燧有些类似，既是报警系统，也是驿路的标志物，好像海岸上的灯塔一般为行旅指引着方向。

　　烽火台除了功能上与空心敌楼不同外，其出现的历史也远远早于敌楼，甚至比长城出现的时间还要早。人尽皆知的周幽王烽火戏诸侯的故事便从侧面说明了早在西周后期就已经用烽火台这种建筑进行警报的传递了，至于其出现时间，只能是更早。但也有人考证说这则故事存在着虚构的成分。即便如此，在春秋战国时代，诸侯们修筑的早期长城上也有了烽火台的身影。那时候没有空心敌楼，与长城相关联的各种墩台

新疆维吾尔自治区克孜尔尕哈汉代烽燧

的构造全部是实心台，无外乎石砌和夯土两种，功能上也基本就是连接在城墙上用来作战的墙台和修到高处用于报信的烽火台而已。

漫长的发展史给烽火台积累了众多的名字，比如烽燧、烽堠、烟墩、火路墩、接火台以及前边提到过的边台、路台等。

汉代以后，因为疆域大举北扩和西进，需要戍守的地区不断增加，烽火台的数量也就急速膨胀。今天在甘肃省玉门关至新疆维吾尔自治区罗布泊一线的荒漠和戈壁上，因为气候干旱和人迹罕至，仍然保留下了许多2000年前的汉代烽火台遗迹。其中如库车县的克孜尔尕哈烽燧至今残高仍在15米左右，宛若荒野上的巨人。现存汉代烽燧大多都是高度在10米以上的方锥状建筑，顶上曾建有房屋，四周安置木栏杆。烽燧外面还建有一座大小不固定的坞堡，称为障。堡内有马厩、羊圈、柴草棚、粮仓以及常用的武器等物资。堡墙外设置堑壕和陷阱，有的地区还铺设大面积的平整细沙，称作"天田"，用于观察夜间潜入敌军的足迹以确定其规模数量和行进方向。

汉代的传烽制度已经相当完善，关于传递烽火中可能遭遇的种种情况都有相应的预案。在居延塞出土的汉简中曾提到台与障的尺寸和戍守人数等信息，"高四丈二尺，广丈六尺，积六百七十二尺，率人二百三十七"。从上面所提及的面积和屯驻人数都可知这是一处较大型的亭障。其中专职负责守卫烽燧的在6～10人规模，并有专职的头目称燧长。其中平日必须有一个专门的瞭望哨，一名专职炊事员，其余人要负责维护保养烽燧和收集燃烽所需的柴草。

台顶有房屋，就不能像我们平时想象的那样直接在台上点燃大火了。

《史记·魏公子列传》载"公子与魏王博，而北境传举烽"，南朝裴骃在《史记集解》中引用汉朝文颖之言注曰："作高木橹，橹上作桔槔，桔槔头兜零，以薪置其中，谓之烽。常低之，有寇即火燃举之以相告。"

唐高宗之子李贤在批注《后汉书·光武帝纪》中说："〈前书音义曰〉：边方备警急，作高土台，台上作桔皋，桔皋头有兜零，以薪草置其中，常低之，有寇即燃之举之以相告，曰烽……"

前段中的高木橹和后段里的高土台都是指烽火台，桔皋即桔槔，俗称吊杆，兜零应该类似于一个笼子或网筐，也就是在台顶设置一个头上挂着网筐的长杆，筐中装满柴草，平时低垂，遇警即点燃网筐内的柴草并升起吊杆，向邻近的烽火台报警。

《墨子》曰："昼则举烽，夜则举火。"

《史记》云："昼日燃烽，以望火烟，夜举燧以望火光。烽，土橹也；燧，炬火也。皆山上安之，有寇则举之。"

《说文解字》载："烽见敌则举，燧有难则焚，烽主昼，燧主夜。"这便是白天燃放的烟被称作"烽"，夜间举的火是为"燧"。

通常我们讲到烽火台都知道遇有警报，就要点燃狼烟，但为何要叫狼烟？相传即是狼粪所燃之烟，又黑又直，风吹而经久不散。

晚唐段成式《酉阳杂俎》中称"狼粪烟直上，烽火用之"。北宋陆佃《埤雅》中云"古之烽火用狼粪，取其烟直而聚，虽风吹之不斜"。

唐代杜佑《通典·守拒法》所记录的每座烽火台所需储备物资中就有狼粪和牛粪。但想来狼粪并不易多得，只是烽烟的一种指代之意，寻常燃烽点火还是会以易于获取的柴草和牛粪之类做燃料比较合理。

宋代曾公亮《武经总要》详细地记录了有关烽火台的选址、烽火的种类和释放制度等大致事项。

"唐法，凡边城候望，每三十里置一烽，须在山岭高峻处，若有山冈隔绝，地形不便，则不限里数。要三烽燧相望。若临边界，则烽火外围筑城障。"

"凡置烽火，置帅一人，副一人。每烽置烽子九人，并取谨信有家口者充副帅。往来检校烽子九人，分更刻望视。一个人掌牒符，并二年一代。"

"置烽之法，每烽别有土筒四口，筒间火台四具，台上插橛，拟安火炬，各相去二十五步，如山狭地险不及二十五步，但取应火分明，不限远近。其烟筒各高一丈五尺。自半巳下，四面各阔一丈二尺。而上则渐锐狭。造筒先泥里后泥表，使不漏烟。筒上着无底瓦盆盖之，勿令烟出。下有乌炉灶口，去地三尺，纵横各一尺五寸，着门开闭。每岁秋前别采艾蒿茎叶，苇条草节，皆要相杂为枚烟之薪。及置麻蕴、火钻、狼粪之属。所委积处以掘堑环之，防野烧延燎。近边者，亦量给弓弩。"

"凡白日放烟，夜则放火，须先看筒里至实不错，然后相应时采火炬就坞炉灶口里，焚爇成烟，出外应灭讫。别提五尺火炬安著土台橛上。烟相应时，一炉筒烟一人开闭。二筒烟时，二人开闭。三筒烟时，三人开闭。若昼日阴晦雾起，望烟不见，原放之所即差脚力速告前烽，雾开之处依式放烟。若有一烽承两道以上烽者，用骑一人发驿，报烽来之处。若烽与驿相连者，即差驿马。"

"凡贼入境，马步兵五十人以上，不满五百人，放烽一炬。得蕃界事宜，又有烟尘，欲知南入放烽两炬。若余寇贼五百人以上不满三千人亦放两炬，蕃贼五百骑以上，不满千骑，审知南入，放烽三炬。若余寇贼三千骑以上，亦放烽三炬。若蕃贼千人以上不知头数，放烽四炬，若余贼一万人以上亦放四炬。其放烽一炬者，至所管州、县止。两炬以上者并至京。原放烟、火处州、县、镇即录状驰驿奏闻。若依式放炬至京城迨贼回者，放烽一炬报平安。凡放烽告贼者，三应三灭，报平安者两应两灭。"

关于"放烽一炬报平安"的方式，以唐代安史之乱爆发后，哥舒翰带兵镇守潼关要塞，阻敌西进，每天初夜燃放烽烟一炬向长安城报平安最为著名，被当时长安人民亲切地呼为"平安火"。

明长城传烽系统是两千多年来烽火警报系统的高度发展完善时期。火药器具的大规模应用普及和烽火台建筑形式的改观都是明代的显著特点，并为我们今天留下了大量烽火台以及覆盖了整个北方边塞的传烽网络实物。

在东边的辽东镇长城沿线，现存的烽火台以圆墩居多，或为大块的毛石垒砌，或包砌青砖，完整者通高在13米以上，用高度来弥补防御力的不足。辽西地区因大、小凌河和辽河等切割以及辽西走廊这样狭窄的天然地貌使得战略纵深狭小，大小城池与边塞相距很近，只在重要地点建烽火台，传烽网的规模则相对有限。上述大型圆台多保存在此地区，常是孤零零有如擎天柱般的巨墩，令人望楼兴叹，难以攀爬。辽东镇传烽系统中还有一项其余各镇都不具备的功能——海防预警。在辽东沿海兴建的众多备倭海防烽火台也多有遗存，其中方形墩台比重较大，如营口墩台山烽火台、金州的石河烽火台、二十里堡烽火台等，在现今经济发达，人口稠密的地方见到这些遗存，真是令人兴奋。

辽东镇目前堪称保存最完好的烽火台是位于绥中县三台子村公路边的大圆台，这里位于明代沙河驿附近，是一座警戒驿站道路的"路台"。在接近村镇的公路边能够这么完整地保留下来，真是不可思议。此台通高约12米，底围达53米，下部为条石台基，上面全部包砌青砖，最顶上设1.5米高的宇墙，向北开有一个拱形的石门洞，以绳梯上下，所以在门前伸出两根用于悬挂绳梯的石构件。台顶原建有小望亭一座。

蓟州镇长城大部分盘亘在燕山山脉中，许多地方都将敌楼建在险山之巅，既有作战功能，又可兼以瞭望预警，因此在这一地区有许多烽火台就是以空心敌楼来充任的。专职的烽火台也是形式多样，造型主要为圆台或方台，材料有包砖或石砌等，常以单独的孤立形式存在，下部较少有建造坞堡环护者。一些烽火台实际上距离长城主线也不很远，能与主线形成呼应，也能够得到相应的支援。

这与蓟州镇的地形有关，密集的高山具有先天的瞭望和防御优势，山南就是都城和各级城池堡垒密布的平原，警报传递距离短、速度快，许多烽火台只需依托于同样建在山岭上的长城即可，无须前出太远，因此并不需要专门建坞堡以加强防御。

　　山海关防线北段的旱门关位于角山脚下，外侧孤山上的镇虏台就与角山长城形成了很好的呼应关系。此台为方形，下部主要以粗大的毛石砌成，在此基础上顶部再用砖墙加高，并砌垛墙。门口向南开，原有矩形石雕门框，因年久失修，已经倒掉了。

辽宁省绥中县三台子烽火台

河北省山海关角山镇虏台

这种方形烽火台和前面提到的三台子圆形烽火台是长城沿线烽火台的两种主要造型，其使用的石砌和包砖两种构造，又是东部地区长城烽火台所最常见的形式。当然也有些因地形特殊产生的不规则形状烽火台，但数量不多。

西边的宣、大、山西等各镇，大部分处在山区和黄土台塬交错的地带，战略纵深较大，烽火台数量更多，形成了许多指向明确的传烽线相交错的网状分布局面。由边外到边墙，再到边内，然后一路继续接力式传递到其所属的卫所、镇城等机构。所以在今天的山西省、陕西省北部许多地区，我们在远离长城线的一些山顶或台地上也能看见烽火台的身影，不用疑惑是不是古人胡乱修筑的，因为一定会有一条我们看不见的线在串联着它们。这些从边塞延伸到内地的传烽线就好像人类精密的神经一样，一旦对外界的刺激有所感知，便立即开始向大脑急速传输报告，帮助大脑做出判断和反应，是抱头自保还是挥拳出击。烽火报警系统对敌军入寇的传报堪称如此般迅捷快速，这些密集的传烽线在交错重叠时，还会设置中转和接收的端点，使之不至混乱。

如《偏关志》上就记载了关西山顶曾建有一座巨大的虎头墩，成为偏关接收各路警报的一个重要端点。外接四路烽火：①"自丫角墩起，至虎头墩止，传接老营关川一带烽火"；②"自草垛山乾千墩起，至虎头墩止，传接水泉营、寺墕堡一带烽火"；③"自滑石起，至虎头墩止，传接滑石涧、大边、老牛湾一带烽火"；④"西路河曲营所辖，自阳兔墩起，至虎头墩止，传接西黄河并桦林堡一带烽火"。内接三路烽火：①"南路墩自本关虎头墩起至西卫长城墩止，东南接太原府川一带"；②"西南接汾州府一带"；③"中东路墩亦自本关虎头墩起至八角护城墩止，接神池、宁武关烽火"。

偏关一带的烽火台多建成圆台状，原来的包砖已经全部被拆走，但残余的夯土部分大体完整。该地区建在长城线上的烽火台，多会在城墙内侧连建起一个围坞，称作"墩院"。许多独处的烽火台也常建单独的墩院，如图中这座圆墩，便围以一圈圆形的外墙，方墩则建方形围墙。

嘉靖时期规定的墩台标准为："请添空心墩台二座。每座共高三丈三尺，上加女墙四尺，周围月城一道，外挑围堑一道。罗汉大墩体制与空心无异，每座一面根阔五丈，顶收三丈五尺，身高三丈，上加女墙五尺，下半截实心，平高一丈五尺，收顶四

山西省河曲县黄河岸边的火路墩

丈；上半截空心根厚八尺，收顶五尺，高一丈五尺，上加女墙五尺；月城根厚一丈，
收顶七尺，平高一丈五尺，上加女墙五尺，每面八丈，周围三十二丈。"

　　墩顶原建有铺屋以存放器具。按照明朝时候的官方要求"各处烟墩务增筑高厚，
上贮五月粮及柴薪药弩，墩旁开井，井外围墙与墩平，外望如一重门"。说明过去的
墩院内是必须挖一口井的，拥有水源以备长期坚守。上边所备的"柴薪药弩"中的药
是指火药，用于号炮的燃放，这也是明代传烽预警方式较之前朝的一项显著变化。

　　明中期即规定，"令边堠举放烽炮，若见敌一、二人至百余人举放一烽一炮，
五百人二烽二炮，千人以上三烽三炮，五千以上四烽四炮，万人以上五烽五炮"。夜
间自然是以举火为号了，所以墩院内会储备大量的柴草，也会修建房屋供墩军居住。
在墩台密集地区，还有使用旗帜、旗语传递信号的方法。一些地方还创造了夜晚用灯
笼报信的手段，以升起灯笼的数量来区分敌人入侵规模的办法也是在长期的实践中总
结出来的。

　　守墩兵士通常5人为一队，成分有军人也有平民，还有因罪被发配充军的犯人及
家属。守墩瞭望是一项单调、枯燥却又责任重大的任务，敌人随时可能入边进犯，所

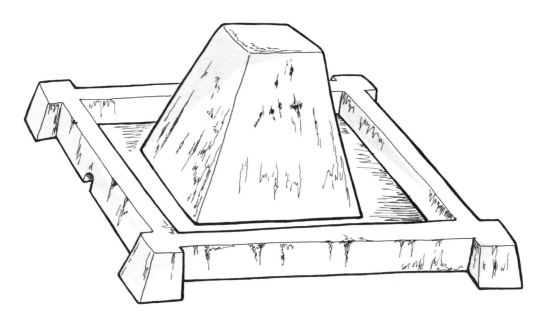

陕西省定边县明长城烽燧

以原则上墩军守望也需要昼夜、经年不可松懈。但实际上随着明朝中后期军纪逐渐败坏，各种制度的废弛加之墩军待遇低下，克扣粮饷和奴役墩军的事情也几乎成为常态，于是许多预警之墩就变得形同虚设。甚至守墩士兵为了改善生活条件，私下与蒙古人取得联系，进行走私贸易，或者出现了墩军为蒙古人放牧，蒙古人替墩军值守的不可思议场面。

在西北的延绥至甘肃各镇，因地貌多荒滩戈壁，常分外开阔，还存在一种与东部地区甚为不同的烽燧形式，<u>即以一座大墩为主，近旁间隔数米又建有多座并列小墩者。</u>其中小墩数量又不固定，常见者多为5~7个，也曾有10个以上的，甘肃省临泽县的青山口墩竟多达16个小墩，但具体如何使用并不很清晰。其分布地域也很广，虽然主要出现在西部，但东边的宣府镇独石口一带也曾发现过此类烽燧遗址。其所用材料基本是夯土和毛石，因小墩体量太小，现存者基本都已经坍塌成石碓状，因此也被人误认为是修筑长城时候的堆料处。细对比这种烽燧形式，其实与前面提到的《武经总要》中对"置烽之法"的记述颇为相似，小墩实际上便类似于书中所述的土筒，即一排空心的小烟囱。用法应当也不会有太大差异，视敌军入寇规模，点燃几股烟或是几支火

一烽五燧示意图

炬，一字排开的布局可以避免烟火数量重叠不清。

通常临边紧要之地，除了墩台瞭望之外，还结合有哨探、夜不收之类的专门情报人员出入刺探，并有巡查小队往来巡视，及以人力和驿马配合烽火传报信息，将多种方式综合运用，尽可能提前掌握敌军动向、预防敌军的偷袭与渗透，并以最快的速度将信号传递出去。

明朝除了隶属于各镇的军事用烟墩外，还有民间用的屯庄墩，也称田墩。军墩负责守望敌军动向，田墩则是各乡村屯田人民接收官方示警的墩台。一旦前方有敌军来犯，必定火速传烽至附近的城寨营堡，城中官军在继续向下一站传递信息的时候，也要立即向所辖地域内的乡镇村庄以柴烟和信炮的形式示警，各处人等立即坚壁清野，退入营垒之内，尽可能做到不让敌人抢走一根针、一粒米。

试想在400多年前的某一天，中国西陲的几股烽烟伴随着沉闷的号炮陡然升起，一路向东散布在大漠戈壁、黄土高原和苍茫群山中的座座烟墩随即燃烽接续，炮声绵延，天还没有黑，京城已经接到了几千里外的警报，其速度堪称是电话、电报等近现代通信方式出现之前人类所能达到的信息传递极限。

随着隆庆议和后，明蒙两方进入了相对和平时期，许多偏远的边防和值守的墩军更被视为可有可无，所发口粮甚至不足以果腹，经常出现边军逃亡的现象。那时候边防瞭望预警系统实际上已经逐渐瘫痪和荒废了。

第6章
强大的武备

　　无论多么坚固的城防，都要靠人来进行守御，精锐的戍卒掌握的武器结合长城的防御设施，便是长城所能达到的真正防御能力的直接体现。长城的历史很久远，各时代用于守卫长城的武器受生产力水平和技术发展等因素的影响，也是不同的，但归根结底还是两大类，即冷兵器和热兵器。

　　冷兵器是指不使用火药之类热能辅助的武器，也就是大家所熟知的大刀、长矛、弓弩以及所谓的十八般兵器之类，要靠人力在战场上与敌人进行殊死搏杀时所使用的武器。刀剑无眼，面对面的搏斗除了要技高一筹外，在千军万马之中血战，也有许多意外和运气成分。在冷兵器时代，能够尽量避免白刃格斗而杀伤敌人的便是远程武器，轻型便携的主要是弓和弩，重型的如抛石机、床弩之类，可以在不直接接敌的情况下给予敌军以杀伤，并保存己方有生力量。因此守卫长城的士兵除了刀枪外，是绝对离不开弓、弩的。

　　弓、弩是步兵克制骑兵的有效武器，弩最大的射程可以达到三四百米以上。西汉的李陵率五千步卒被匈奴八万骑兵围困，且战且走，数日内射死匈奴万余人，便是靠弩箭之功。后箭矢射尽，才被匈奴俘获。

　　北宋景德元年（1004年），辽军大举南下，直逼黄河北岸的澶州。宋真宗在寇准的劝说下，亲临前线督战，宋军见天子前来，士气大振，在城下以床弩射死了辽军统帅萧挞凛。

　　火药武器最早出现在宋朝，但还只是初步尝试阶段，到明朝时则开始逐渐完善。伴随着冶炼技术的提高，大量的火器开始被正式推广和应用于实战之中，热兵器逐步取代了弓弩等传统的远射武器成为了明军对抗游牧民族的利器。

　　明军的火器较之弓弩具有了更大的杀伤力和更远的射程，在研发和仿制中掌握了从数千斤的重炮到便携式手铳等各级别的火器的铸造和使用技术，一度曾经达到同时期的世界先进水平。明成祖朱棣五次北伐蒙元时，专门配备先进火器的"神机营"就出尽风头，甚至成为战场上的决胜因素。土木堡之变后，瓦剌大军直逼北京城下，明军在于谦的指挥下，背城列阵，在城上火器的配合掩护下，连续击败瓦剌军的进攻，大量杀伤敌军。但火器的制作和使用在当时也具有很高的技术要求，尤其当时的火器特别依赖战场协调配合和后勤保障，需要大规模的演练及娴熟的操控才能应用于实战，因此还没法普及到全军之中。

当时的火器有个很大的问题就是不能连续射击，每施放一次，便要重新装填，速度缓慢，敌军骑兵很可能在两次发射的间隙已经攻至近前，因此操控火器的士卒在战场上离不开其他兵种的协同和保护，否则在杀伤敌军的过程中，自己也会成为任敌军砍杀的靶子。所以火器虽然是明军的高科技法宝，拥有无法比拟的强大威力，但传统的冷兵器却也不可或缺，一直在军中与火器同生共存。

依托城墙进行防御的长城边军因为有了墙垣的保护，可以从容地装填和发射，火器和城墙便成了当时相得益彰的绝佳搭档。因当时的工业水平实在有限，无法像今天一样进行工厂般的标准化和批量化生产，而且明朝政府无论从财力到能力也满足不了给沿边各镇全面配发火器的需求，便准许各卫所自行铸造，虽然质量参差不齐，但枪铳、铁炮之类常用火器可以说是遍地开花了。现将古书典籍里所记录的与博物馆中所见到的明军冷热兵器粗加梳理，重新领略一下明朝在边防上曾经使用过的各种武器。

腰刀　是明军步兵普遍列装的近战武器，刀身窄而平直，背厚刃薄，属于制式装备。

倭刀　是日本武士所用的双手执握式长刀，因明朝称日本为倭，遂得名。此种刀多以精钢打制，窄而锋利，重量轻，常于劈砍，挥舞灵活。倭寇中普遍使用此类武器，明军莫敢应其锋，结果是"长兵不捷，短兵不接，身多两断"。明军原有刀剑武器在倭刀之下，难以匹敌。后来戚继光除了发明出对付倭寇的绝招"鸳鸯阵"，还通过对倭刀特点的研究和改进，也制作了大量倭刀装备军中，形成明军的常备兵器。

飞刀　并非通常所说的类似于飞镖的暗器，而是粗大沉重的砍刀，民间俗称鬼头大刀，由于笨重，并不长于实战，更多用于军队仪仗行列里的陈设，或者执行死刑时斩首之用。

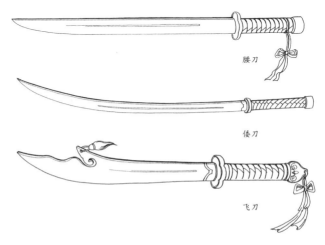

腰刀、倭刀与飞刀

藤牌

　　藤牌　作为盾牌的一种是很古老的防护兵器，相传诞生于福建地区，采用山间粗韧藤条晒干后编结而成，通常为圆盘状，大者直径可达一米左右，中部凸起，甚至近乎半球形，内部上下各编一环，一个套在肩臂，一个用于手握，重量不过10斤上下，轻便易携，士卒于战阵中腾挪舞动，更为自如。藤蔓坚韧又富有弹性，一般的兵器难以轻易击破，甚至还能抵御早期火器铁砂的打击，因此在明代成为步兵广泛使用的兵器之一。

　　著名的戚家军鸳鸯阵中的牌手所执便是藤牌，戚继光在《纪效新书》中论述，传统盾牌"主卫而不主刺，国初本加以革，重而不利步""以藤为牌，铳子虽不御，而矢石枪刀皆可蔽"。通常在牌面上绘制有凶猛的虎头或兽面，用以震慑敌军，夺其士气。

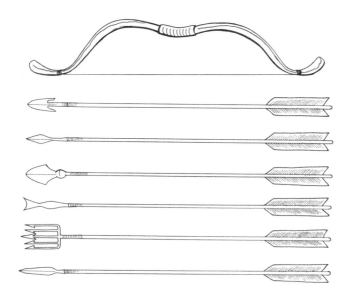

弓箭

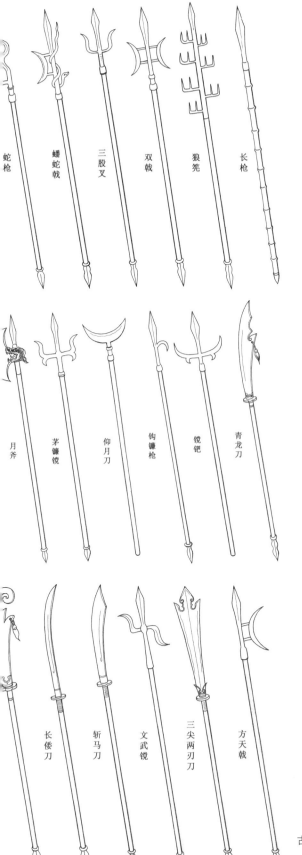

弓箭和射术 是人类最古老的狩猎生存技能之一，也是战场上令人防不胜防的夺命武器，更是古人格外看重的个人素质，是《周礼》所推崇的六艺之一。弓箭在漫长的历史中不断随着环境和用途的改变进行着自身的调整和改良，但大体组成仍与《周礼·考工记》所记录的制弓六材"干、角、筋、胶、丝、漆"变化不大。即以木或竹为骨干，以牛角贴腹，以动物胶粘合弓臂，以丝线缠绕，涂漆以防潮，弓弦通常选用牛筋。箭杆以木、芦苇或竹制皆可，箭羽用鸟的羽毛2~4片粘贴。箭杆的头部安装箭镞，这是个最具时代特征和发挥创意的部位，如扁平、三棱、锥状、扁铲、叉状、带倒钩等各种箭镞，都是以射杀敌人和增大创口为目的，有时还会给箭镞上涂抹毒药，令中者即死。强劲的弓弩配以锐利的钢铁棱锥箭镞，可以射穿坚厚的铁甲。箭杆上若安装一种骨哨，凌空而响，即是号箭，称作"鸣镝"，如捆扎油脂火药，引燃后射向敌军，便成为火攻敌人的利器。此外弓箭还可以捆绑书札投掷于敌，或谈判或劝降，作为往来投递的一种方式。

蛇枪　蟠蛇戟　三股叉　双戟　狼筅　长枪

月斧　茅镰镋　仰月刀　钩镰枪　镋钯　青龙刀

长倭刀　斩马刀　文武镋　三尖两刃刀　方天戟

以上图中诸多长兵器都是古代军中所常备，其中如青龙刀之于关羽、方天戟之于吕布、月斧之于程咬金、钩镰枪之于徐宁、三尖两刃刀之于杨戬等，更是耳熟能详的著名装备。但这其中的长枪、锐钯和狼筅则是戚家军鸳鸯阵所用的重要武器。

当年面对凶猛肆虐的倭寇，明军屡战屡败，无可奈何，戚继光根据倭寇的作战特点研创了"鸳鸯阵"以敌之。把大部队分成每组11人的小队，最前边由队长挥旗指引，身旁两人，一个用长牌，一个持藤牌，各使腰刀，为后边队友遮挡倭寇的弓箭刀枪，并可灵活与敌格斗。牌手后面有两人手持狼筅，就是将南方易得的毛竹整根取来，把叶子去掉，留下坚固的枝杈削尖，总长度大约在3米余，遇倭寇则应其锋、刺其面、扫其腿，倭寇即扑而倭刀不能近。狼筅兵之后为4名长枪兵，枪长近于狼筅，倭寇被狼筅扫倒后，即行刺杀，并随时从旁保护牌手与狼筅兵。最后为两名锐钯手，负责全队的警戒和支援，以防倭寇迂回偷袭，锐钯格挡刺杀也十分有效，可令倭刀难以近身。这一小队前后呼应，配合得当，即可完全克制倭寇之长，使得倭人不能前，倭刀无所用，常常演变成戚家军一边倒的追杀局面。鸳鸯阵对倭寇的战绩堪称骄人，常歼敌上千，自损不过数人而已，为古今之罕有，也将这些看似平常的武器之功效发挥到了极致。

戚继光到蓟州镇后，根据毛竹狼筅在干燥环境中易裂的问题，还制作了铁铸狼筅，并将这些长兵器结合改进的阵法，制定出了应对蒙军的全新战术。

火铳 普遍认为火铳最早出现在元朝，是借鉴了南宋竹制突火枪的原理进行铸造加工的最早的金属火器，通常有铁铸和铜铸两种，也称火筒，是中国武器发展史上一种划时代的产物。从此火药武器在火铳的基础上日渐发展成熟，并开始成为战场上的决定性力量。早期火铳的原理其实很简单，前部是一根平直的铳管，中部为加厚加大的药仓，可以装填更多的火药以加大发射威力，侧面开有火门，先埋设引线，后装填火药，用木马子将药压实，再装填弹丸，有效射程可达180米。铳尾部通常会设有銎，可以安插木柄，供士兵手持发射。在这种手持火铳的基础上逐渐衍生出各种尺寸和用途的铳以及火炮，这也是明代早期军队所使用的主要火器之一。

火铳

碗口炮 就是在火铳的基础上发展
而来的更大一些的中型铳炮，因其铳口像
碗一样大而得名，也称碗口铳，还有略小
些口径的，称为盏口铳。这种炮因炮口粗
大，喷射时的杀伤面积和威力也就更大，
能发射更多的弹丸或者铁屑、碎石之类填
充物，形成霰弹的效果，常被安置于战船
上用于水战或是架设在关隘处，对密集的
敌军实施覆盖性轰击。

碗口炮

铁铸手铳 这是一种巴掌大的铁铸手
铳，板状的尾部向内回卷成环，焊接在铳身插
引线的圆孔后部。整体2～3斤重，可以挂在手指
上，插线、填药、装弹、点火，就是一支简易的
单发枪，应该是用于近距离的射击。但因为装
填、点火太缓慢，如不能一枪制敌，根本来不及
再次发射，大概只有赶紧拔刀肉搏了。

铁铸手铳

虎蹲炮 是一种轻型便携式火炮，《武备
志》载"长二尺，腹内粗二寸，重三十六斤"，也
有长三尺者，是戚继光在实践中对旧有的碗口炮、
毒虎炮进行改进的式样。炮前部设虎足状支架，形
如虎蹲，因而得名，并配有长钉，用于固定。炮身
加多道铁箍，尾部设铁绊。每当施放前即将铁绊和

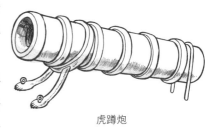

虎蹲炮

虎足支架钉于地上，以防弹起伤人，炮内填装5钱重铅子或石弹百枚，口处以大弹丸压
住或黄泥堵住，以增强喷射的爆发力，有效射程可达500米。此炮轻便灵活，两三人即
可操控，行军时夹起即走，遇敌时，停下即打，十分类似于今天的迫击炮。当年戚家军
在抗倭时大量使用虎蹲炮，每遇倭寇，先以虎蹲炮一顿狂轰，再以鸳鸯阵杀敌，无往而
不利。戚继光镇守蓟州镇时，虎蹲炮被应用于骑兵和车营的机动作战中，也远比那些笨
重的大型铁炮具有更好的效果。在之后的明朝抗倭援朝作战中，虎蹲炮也是大发神威，
"触之无不裂破，犯之无不焦烂"，展现了其优秀的作战效能和强大的杀伤力。

佛郎机 原是明朝人对葡萄牙人的称呼，大约在明朝嘉靖年间，这种能够连续射击的火铳由葡萄牙传入中国，于是得名佛郎机。该铳多为铜、铁铸就，造型狭长，细长的铳管后是槽状铳腹，可以配多个子铳。每个子铳都单独装填好火药和弹丸，战斗时可打完即换，形成近乎不间断的连续发射，射程可达500米。佛郎机中部设有支架，尾部设有转向把手，可以自如调节射击角度。这种后装式火铳以子铳方式提高了射击速度，又因铳腹和铳管前后开口，散热较快，尤其子铳如果损坏，随时更换即可，也就不存在传统火炮的炸膛问题，因而在当时很受欢迎，并被大量仿制，普遍使用。后来许多以子铳形式填装的枪炮也是按照佛郎机的原理进行设计制造的。

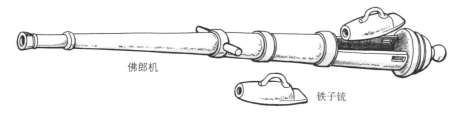

佛郎机

铁子铳

掣电铳 是明朝火器发明家赵士祯根据佛郎机和火绳枪的原理发明出的一种近似于步枪的连发铳。这种铳长约6尺，重约5斤，铳管细长，下设木托，弹仓在铳管尾部，配有火绳点火装置。每把掣电铳配有子铳5发，每个子铳长6寸，重10两，单独装药2钱5分，填铅子2钱。每当临阵，可将子铳轮流射击和替换，大大提高了射速，是当时一种较先进的步兵火器。

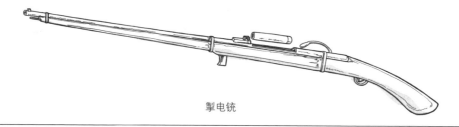

掣电铳

抬枪 是一种填装子铳的大型火绳枪，《天工开物》曾有记载，长3米，重12公斤，有效射程200米，可以击穿当时的战车。《神器谱》称为九头鸟，意为特别大的鸟铳。前部也是铁铸枪管，后边为弹仓，最后加木质枪托，是加大版的佛郎机和火绳枪的结合体。因太长太重，需要一人半蹲在前抗托，一人在后施放，因此被称作抬枪，民间也俗称抬炮、大抬杆，直到抗日战争时期还被民间武装用来打击日寇。

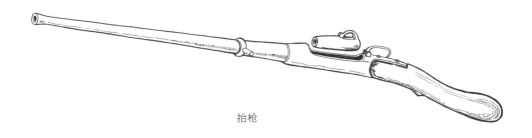

抬枪

鸟铳 也称鸟嘴铳,明朝范景文的《师律》中说:"后手不用弃把点火,则不摇动,故十发有八九中,即飞鸟之在林,皆可射落,因是得名。"又因其点火结构如鸟嘴啄水,也名鸟嘴铳。这其实是对嘉靖年间传入中国的火绳枪的称呼,其铳管细长,下置木托,造型与现代的步枪已经很相似了。但还需从前部装填火药和弹子,在铳管后部药池处装引药,扣动扳机,用火绳点燃引药使得铳管内的弹子射出,有效射程在150米左右。鸟铳通常1米余长,重五六斤,可以左手托铳身进行瞄准,右手扣扳机点火,因而稳定性和射击精度大为提高,是嘉靖以后明朝步兵大量装备的枪支。

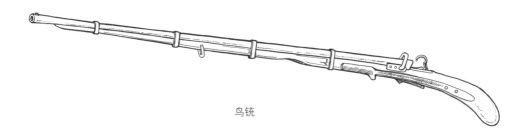

鸟铳

快枪 这种快枪实际上也是一种单发火铳,前部为铁铸铳管,后部的銎插有很长的木杆,全长通常在2米有余,并配有一柄口径与铳口相当的矛头。每当临阵遇敌,则先填药、装弹,对敌射击,然后插上矛头,就变成一柄长枪,可以与敌短兵相接进行搏斗。

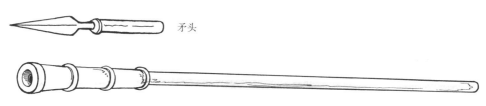

矛头

快枪

迅雷铳 迅雷铳的意思就是快速，如同雷霆一般地对敌人射击。传统的火铳和鸟铳等火器的最大问题就是射速不够，哪怕佛郎机也需要不断更换子铳，所以还是无法实现真正的不间断射击。明朝火器发明家赵士祯研发的这种迅雷铳将5～18个铳管固定在前后两个圆牌上，圆心以一柄矛头向后的长枪穿起。每根铳管前面都有准星，后部设有单独的火门，在长枪杆上安装有火绳点火扳机。每当临敌，在迅雷铳前套一个圆形盾牌，下面以一柄斧头支撑，扣动扳机，逐一点燃每根铳管上的火门，便形成了连续射击的效果。将全部弹药打完，即可拔掉铳管，调转长枪刺杀敌人。这是一种很好的创意，若大量列装部队，在临阵时便可打出密集扫射的弹雨，初步具备了机枪的一些特征。不足也显而易见，就是更多的铳管集中在一起，变得笨重，每次装填也更麻烦缓慢，在战场上仍然只能进行一次性射击。

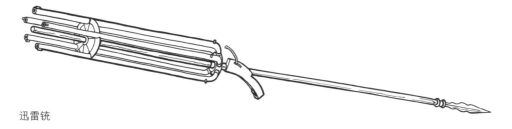

迅雷铳

戚继光在《纪效新书》中对"火箭"做如是解："夫火箭亦水陆利器，其功不在鸟铳下，但造者无法，放者无法，人鲜知此器之利也……"

"此箭即三飞中之小者……镞锋长可四寸，三棱头，柄粗二分，飞入后队，人人自危，莫测所向。"所谓"三飞"即飞枪、飞刀、飞剑，"三种飞器，不过一法，即一大火箭也""所造之法，其镞长五寸，横阔八分，或如剑形，或如刀形，或三棱如火箭头。"

通常"造用径六、七分荆木为柄，长可五尺，后秒三棱，大翎如箭，矢头用纸筒实以火药……通计连身重二斤……有余燃火发之，可去三百步，中者人马皆倒……敌人畏此，甚如神枪铅子"。

火箭盘枪 就是一个类似迅雷铳一般的发射装置，以一杆倒置长矛串联起两个圆牌，上面插放多支火箭，临阵施放，可形成集束射击的效果，对付敌群最为有效。施放完毕，亦可拔矛搏斗。

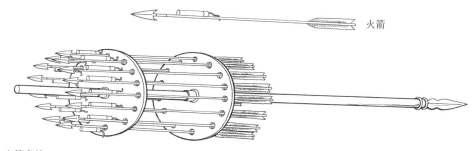

火箭

火箭盘枪

"此器其声如雷,则马惊跳跃不敢前,又高飞深入,则后行皆不可避,使敌未测所向也。凡有枝杈之物,皆可架放。"

三眼铳、四眼铳乃至多眼铳 实际上也是一种早期的连发枪,将多个火铳捆绑于一体,可单发也可连发,有效射程大约在50米,能单独射击,也适合作为军阵炮火的补充和掩护火力。射击完毕后,用铳头为锤,上阵击敌,也是所向披靡,自从装备到明军中,一直广受北方边军的青睐,尤其适合骑兵于马上施射,挥舞杀敌,曾在入朝对日作战中,大显神威。这些看起来构造简单的三、四眼铳,直至明末还在使用。

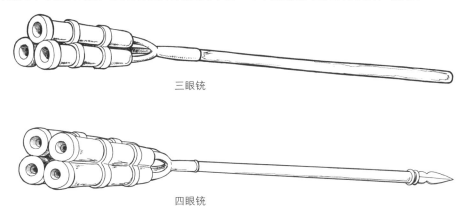

三眼铳

四眼铳

木神枪 所谓木神枪其实也可以称作木炮,属于就地取材的一种,以粗大坚硬的树木作为炮身,直接掏挖中空,外以多道铁箍加固,一如其他火器一般填药、装弹和发射。这种木神枪可以适当填补一些偏远地区所调拨火器数量的不足,又无力自己铸造的问题。但因材料的缺陷,木神枪不够坚固耐用,多次发射后,内壁会变得越发薄而脆,容易炸膛,因此每次填装火药也不敢太多,威力便更受限制。

木神枪

将军炮 明军中还装备许多将军炮，也称灭虏炮，根据其大小尺寸、重量分为大将军炮、二将军炮、三将军炮，皆为铜铁铸造，"威猛无敌，破敌可成血路，攻城可使立碎"。明代兵部尚书叶梦熊将这种炮改铸为锻，在《神铳议》中云："塞上火器之大者，莫过于大将军……以其势大，人莫敢放也……余熟思之，改铳身为二百五十斤……（长）六尺……发之，可及八百弓内……势如霹雳，可伤人马数百。"并说明这种炮所用的弹丸为"大铅弹七斤，次者三斤，又次者一斤，三钱、二钱者二百"。将军炮所用这种子孙弹喷射远，覆盖面大，杀伤力强，在大将军炮过于暴烈，军卒不敢施放的情况下，叶梦熊适当将其改小并制造了多种规格，使之更便于操控，后来在沿边地区得以广为添铸。史载这种将军炮仅在万历抗日援朝期间，就运往前线1244门之多，强大火力对日军形成了绝对的压制。后人不解其用途，仅看炮身上的道道铁箍，宛若竹子，便笼统地称为竹节炮。经过400多年后，近年仍能在新闻中看到诸如河北省某县长城下挖出十余门古炮的新闻，细看都是各种规格的将军炮，可见其当时应用之广，铸造之多了。

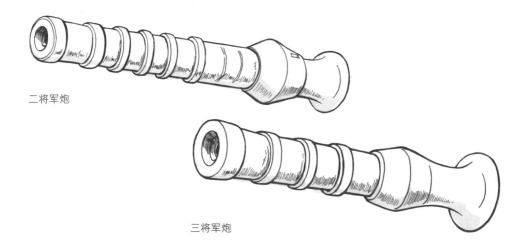

二将军炮

三将军炮

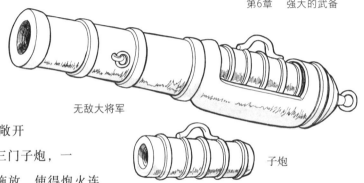

无敌大将军

戚继光在蓟州镇时，
参考佛郎机的构造，
将大将军炮后部改装成敞开
式炮膛，每门炮再配装三门子炮，一
如佛郎机般可进行逐次施放，使得炮火连

无敌大将军

子炮

续不断，因而也称佛郎机炮。改造后母炮和子炮共重1500斤，可用车辆转运。这种炮射程可达1000米，有效射程也在500多米，一次性能发射500多枚铅子，横扫阵前60米宽的正面，对付敌军的密集冲锋队形最为有效。敌骑每闻大将军炮响，无不心胆俱裂，因而也称无敌大将军。

红衣大炮

红衣大炮也是明代后期从荷兰和葡萄牙引进的一种火炮，一说是源自英国的舰载炮，因明朝称这些西洋人为红夷，所以将此炮称为红夷大炮，清朝为避讳"夷"字，遂改称红衣大炮。这种炮长度往往在3米左右，重1吨有余，最重者可达万斤。炮口在10～13厘米，从头到尾内壁逐渐加厚，降低了炸膛的风险，使得发射时的威力更大。炮身中部左右各凸出有横轴状炮耳，可以用于在支架上调节射击角度。这种炮可发射实心弹丸、开花弹和霰弹，最大射程可达2500米，有效射程也在1500米左右，威力巨大，远超以往之炮，时人称"火星所及，无不糜烂"。明天启六年（1626年），后金军包围辽东的宁远卫城，袁崇焕率明军死战不降，在城上以红衣炮轰击敌群，八旗军血肉飞溅，死者枕藉，一说后金汗努尔哈赤也在此役被炮火击伤，回去后

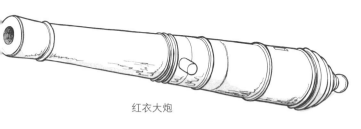

红衣大炮

不久即死去。皇太极即位后，再次发动了对宁远和锦州的攻击，明军依旧凭借坚城利炮，又一次重创八旗军。这两座城也成为一直坚持到明朝灭亡前后才停止抵抗的辽东卫城。但红衣大炮也有其弱点，就是实在太过沉重，在野战中转运不便，所以大多用于城防坚守或者在占据战场主动权时以固定炮位对城池进行攻击。当后金也就是后来的清朝掌握了仿制红衣大炮的技术后，明朝在火炮方面的优势也就逐渐瓦解了。

石炮 这种石炮与木神枪一样，属于就地取材的一种权宜之计，选择合适的石料雕凿成炮形，一定要厚壁，以免炸膛，尾部也凿出安放引线的槽孔，装药、填弹的发射方式与铁炮无异，可在城防时弥补火力的不足。取材易，近乎无成本，毁坏也无甚损失。但炮身短，威力有限，只能用于近距离射击。

石炮

石雷 是一种就地取材以石头雕凿的爆炸装置，外壳多为筒状和罐状，内壁有一条凹槽用于埋设引线，填装火药和碎石、铁屑之类能够增大杀伤力的填充物，口部以石块和黄泥封严。可在敌人攻城时点燃投入敌群，也可在敌人经过的道路旁埋设，以拉线方式引爆。这种原始的炸弹在明朝时也称石炮，因制作简便，原料近乎无限，闲时能够大量的凿制储备，也就成为了明朝边军数量最多的火药武器。至今在长城下

石雷

的许多田埂上还能够看到此类明代石雷。抗日战争时期，许多装备落后的中国军民就是靠自制的石雷打击日本侵略者，无处不在的爆炸曾经令日寇心惊肉跳、苦不堪言。

陶雷 也称火蒺藜，造型已经有点像近代的炸弹了，其外壁上的锥状凸起能够增加杀伤力，烧制过程中还会在表面涂釉，就是一种用于战场上的小巧陶制火药罐，通常和小酒坛尺寸相仿或更小一些。上部的小圆孔即填火药和插引线的位置，其点燃和投掷也类似于近代的手雷。

陶雷

铁炸炮　更接近于近代的铁壳炸弹和地雷，大致呈球形，可以装填更多爆炸物，杀伤力也更强。与石雷、陶雷属于不同材料制作的同类武器。

铁炸炮

铁、石弹丸

弹丸　就是各种火铳、火炮的子弹和炮弹，当时火器发射的大部分为实心的铁球、石球和铅子，大的弹丸达数斤，小的只有几钱，还有可以凌空爆炸的开花弹，形式多种多样，尺寸也千差万别。

灰瓶　就是装石灰的陶瓶，在敌军攻城时扔下去，瓶子炸碎后，石灰便会四处弥散，令敌人根本睁不开眼，以便减缓攻击压力。

明代边军所使用的各种冷、热兵器数不胜数，在此只能择其要者大略敷述，以管中窥豹的方式感受一下那常被今人误以为落后的时代曾经强大的武器装备。

灰瓶

戚继光曾自信地对众将说："敌马远来，五十步内外不过弓箭射我。我今有鸟铳、快枪、火箭、虎蹲炮、佛郎机，皆远过木箭，狠过木箭，中人多过木箭。以此五种当他箭，诸君思之，孰胜孰败？敌马近身，惟有短刀，长不过三尺。我今有钯、棍、长枪、钩镰、大棒、皆七八尺长。兵法云'短不接长，一寸长，一寸强'，是以得五件当他刀。诸君思之，孰胜孰败？"

明朝边军除了有坚厚的墙垣、高大的敌楼、犀利的火器，自身防护也甚为讲究，仅铠甲就颇有名堂。明代的铠甲上承宋制，是中国传统甲胄发展和转型的重要时期，按照用途大致分两种类型，一类是偏重装饰性的象征着穿着人身份和地位的礼仪式甲胄，另一类便是应用在实战中的盔甲了。礼仪性甲胄顾名思义，更注重于体现穿用人的身份和增强穿戴后的威仪，如元帅、将军等身份在阅兵或者参加国家隆重活动时，所着衣甲力求华丽美观，彰显本人应有的尊贵地位，在众多士卒面前展现凛然的威风，所以主要在装饰性上下功夫。

将军甲　通常这一类铠甲的头部配凤翅盔，盔下连缀保护颈部和肩部的顿项。身甲按照防护位置分成掩膊、身甲和腿群几部分，以皮革做衬里，镶制严密叠压的各种造型甲片，如山文、鱼鳞和柳叶等，材料有鎏金、银、铁不等。每一块身甲外缘都做细致的包边，并巧妙地添加各种装饰图案和陪衬元素。最后用丝绦或皮带将这些分体的身甲捆扎固定在身上。明代将军甲大多有个抱肚的部分，以沉重的兽面吞口造型将上部的胸甲和下面的腿群紧密固定在腰间，抱肚下还会垂挂三角形的鹘尾，既保护裆部，又起到匀称装饰效果。腿群通常垂及脚踝，以便骑马时候也能将双

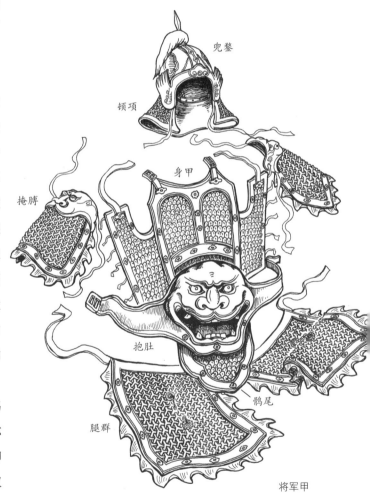

兜鍪

顿项

掩膊

身甲

抱肚

鹘尾

腿群

将军甲

腿全面遮蔽起来，但步行时则显得不便，因此在腿裙上部还设有吊挂的钩子，可以将腿裙折叠挂起。这类铠甲雍容华贵，常成为民间美术作品描绘的对象，如年画中的神将、寺庙中壁画和塑像所表现的天王等。但实战中，这种甲胄则穿戴比较烦琐，因太过华丽，又会成为队伍中最显眼的目标而遭到敌军的重点打击，因此并不是真正意义上大将军上阵杀敌时所穿用的戎装。

实战甲胄 实战用的甲胄发展到明代，已经开始变得尽量追求简洁方便，盔多为铁铸的半球形或盂形，周围或出宽檐，似明代大帽式样，后面垂挂护颈顿项。掩膊和身甲连缀缝制成一体，如平时穿戴的短襟上衣或长款对襟大氅般可一次性穿在身上。也有无掩膊的长款甲衣，双臂捆扎单独的"臂手"，即以符合手臂轮廓的板甲串联起来的臂套，从肩头到手腕全部得到防护。

随着火器的发展和普及，对铠甲抵御火药和弹丸的作用也提出了新的要求。最先的转变是诞生于元代的布面甲，将原来粗厚作为铁甲内衬的棉布反置于外，将铁甲片用铆钉固定在内，这样的表面对于弓箭和早期火器有较好的阻挡效果。

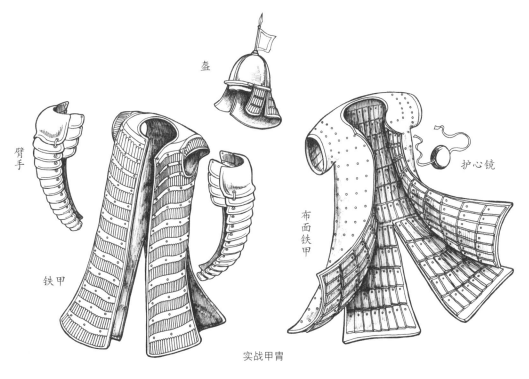

盔

臂手

护心镜

布面铁甲

铁甲

实战甲胄

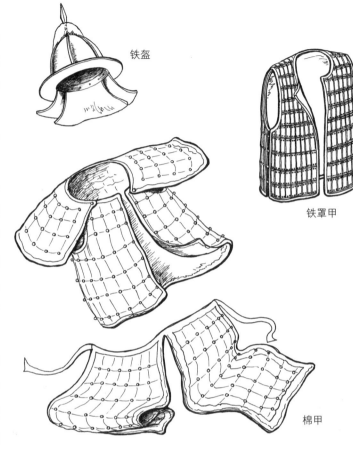

铁盔

铁罩甲

棉甲

棉甲 后来又衍生出了棉甲，"绵甲以绵花七斤，用布缝如夹袄，两臂过肩五寸，下长掩膝，粗线逐行横直。缝紧入水，浸透取起，铺地，用脚踹实，以不胖胀为度，晒干收用。见雨不重，熏蒸不烂，鸟铳不能大伤。"铁甲缝隙较多，很容易被火铳弹丸穿透，相比之下，如同一件棉大衣的棉甲没有缝隙，就严实多了。棉甲的另一个好处是轻便，比起动辄数十斤重的铁甲来，棉甲就好比多穿了件棉衣，并无大碍，而且还特别保暖，客观上解决了士卒冬衣的问题。后来也有将棉甲罩在铁甲外的，或者在棉甲里面穿锁子甲，以解决冷兵器劈刺的威胁。总之随着火器逐渐成为战场上的主角，棉甲也渐渐淘汰了传统沉重的铁甲，成为发展传承了2000多年的盔甲文化留下的最后形态。

明军对火器的配备不可谓不早，在明朝建立的过程中就已经用火器打天下了，永乐年间即创立了神机营，但在全军中所占比例不过10%。边军中并没有设立专门的火器部队，严重缺乏这方面的训练和协调，御敌的火器施放常是各自为战，杂乱无章，甚至敌人未进入射程内便提前射击，然后即仓皇溃退，所以火器虽置，却并未发挥出应有的效力。戚继光到蓟州镇后，在步兵营中大量扩充火铳手和火箭手，使火器的使用比例超过60%，车营的火器配比更高，达到近80%，使明军加速从冷兵器为主全面向火器为主的部队转变。

明军甲胄

戚继光曾在《请兵破虏疏》中提出"须驻重兵以当其长驱，而又乘边墙以防其出没，方为完策"的御敌主张。他认为虽有长城为依托抵挡蒙古骑兵的袭扰，但还需建立一支机动有力的重兵集团，用以"御冲突之虏于原野之间"，即能够在野战中打败和歼灭敌人。他所组建的重兵集团包含有步兵、骑兵、车营和辎重营，步兵、骑兵每营各有2600人，但车营和辎重营的作用最为关键。

车营的战车种类繁多，有人力推动的鼓车、轻车，也有用双骡马拉的炮车和偏箱车，还有部队统帅指挥用的元戎车、瞭望敌情的望杆车等，林林总总。在戚继光的车、步、骑联合战法之中，战车起到了至关重要的作用。"车步骑三者具备，而相须为用。故御冲以车，卫车以步。而车以步卒为用，步卒以车为强。骑为奇兵，随时指麾，无定形也。"说明了步兵、骑兵和战车在战场上相互依存的关系和主要作用。车营额编3100余人，重车营每营有车128辆，轻车营每营有车216辆，配备大将军炮8门、佛朗机216支，火箭15316支。重车有兵卒20人，10人牵御骡马和负责发炮，10人执鸟铳、藤牌、镋钯，策应炮火适时出击，属于一种早期的步炮协同作战单位。

当大军在离开长城的旷野上与蒙古骑兵对阵时，战车迅速结成首尾衔接的严密阵型，车上的火器在敌骑突近时按射程进行多层次的轮番射击，鸟铳、快枪、佛郎机可终日不停。若敌不畏死，极力向前，则以虎蹲炮进行轰击，再以大将军炮和密集的火箭进行覆盖式打击，则敌必定死伤惨重。然后以步卒出击砍杀，敌若退却，即令骑兵冲出去追歼敌人。戚继光云："虏以数万之众，势如山崩河决，径突我军。我有车营，车有火器，终日打放不乏，不用挑壕而壕之险在我，不用依城而城已在营，要行则行，欲止则止。"

这其中，战车便是旷野上明军可依托的移动堡垒，便如同城墙和堑壕一般抵消了敌军骑兵的机动性优势。有了车体的阻挡，便能减缓敌军骑兵冲击的势头，弥补当时火器再次填装缓慢的不足和步兵对阵骑兵时产生的恐惧心理，然后发挥己方的火力优势，不断削弱和打击敌人的有生力量。

"其战法，将车上为女墙以捍矢石，且取轻便，下有活裙以出战卒。如虏以数十骑挑我则不应，或虏势大至五十步时，火器齐举；虏近车丈余，步卒于车下出战。第一行，卒持长刀，用平日习法，伏地向前，至远不离车五步，车即随步卒缓进，而步兵齐砍马足。第二行，木棍打仆马之贼，只在仆时，乘其跌落，身体仰覆，屈伸未得，乃可着力。第三、四行，钯枪杂上，以打戳之。如或力倦，退保车内，又用火器冲放一次。"

戚继光清醒地认识到后勤保障对于部队作战的重要性，他说："蓟镇每遇虏人，军人骑一马，即盔甲什物已极力难前，别无驮载马骡。往往枵腹数日，徒具人形，莫能荷戈，焉望鏖战？"在缺乏保障的时候，出击御敌的士兵身披重甲手持武器数日奔走于战场，往往人困马乏，甚至连饭都吃不上，早已疲惫不堪，根本无力作战，又怎能取胜。于是他力主建立辎重营，使得作战部队的粮秣、武器、弹药随时有所补给，以保持旺盛的战斗力。"无事则牧放骡头，操练火器，晒曝辎重。有事则随营而发，粮尽则就近运取。遇虏则依大军为势，以车为营。"辎重营每营有大车80辆，每车以8头骡马拖拽，士兵也配备有鸟铳和刀枪。有了随同车营一同转运物资的辎重营，便等于给部队以无限的作战潜力，甚至不用担心被敌人合围和切断交通线了。

隆庆六年（1572年），蓟州镇已经组建了6个车营和3个辎重营，初步具备了大兵团出击的作战能力，也是戚继光所主张的依托长城、主动出击的战略和战术逐步走向落实的重要标志。

综合以上各章所述的修墙垣、建敌楼、通烽火、精武备等种种举措，戚继光统辖下的蓟州镇防御形成了一套攻守结合的完整作战体系，并制定了翔实可操作的御敌方案。

第一，情报战，以熟悉敌情并通晓敌语言的人前去打探消息，活动范围可达数百里，获得真正敌情的人有重赏，谎报敌情的人要严惩。还准备了明、暗两组哨探，相互间并不认识，以他们刺探的情报相印证，以得到最终可信的判断。

第二，烽火信息传递。"有警，依协路放炮举旗，因旗以识路，用炮以分协。夜则加火于旗上，或两烽交至，亦设有不易之规。千里之遥，瞬息可达。"

第三，士卒要以边墙为依托，视敌人距离以施放枪炮和用火铳、雷石打击。并结合空心敌楼对敌人形成多角度的立体射击。若敌人逼近墙下，还可以命勇士利用暗门突然杀出，给敌人以突袭。如果敌军攻上城墙，数百人规模的，则迅速组织以义乌兵为主的戚家军老骨干部队进行快速反击。

第四，万一城防被突破，要立即组织车营和步、骑兵等多兵种的重兵集团与敌决战。

第五，当敌人撤退时，诸军要在各个险要之处节节阻击，断其退路。将帅则带领机动的骑兵部队坚决追击，"各拼一死，一齐砍杀，务获奇功"。

最后，如果敌军在长城以外水草丰茂之地屯扎放牧，要趁其不备，用精兵进行夜袭，务求痛歼。

在戚继光的治理下，长城变得更加坚不可摧，而更重要的是充分调动起了守御长城的人的作用，制定出了翔实具体易于操作的在各种情况下的御敌之法，使得长城不仅是被动防御的壁垒，也可成为主动出击的依托，最终确立了以积极应战的态度和灵活多变的战术手段达到固守长城与保卫边境和平的根本目的。

孙武云："不战而屈人之兵，善之善者也。"现代人认为，和平是军人最高的荣誉。戚继光镇守蓟州镇十六年几乎无边患，使得他修筑的长城和敌楼以及组建的重兵集团没有多少机会在实战中进行检验与施展，但蒙古各部不敢再侵犯蓟州镇的事实便是对这一切努力的最好肯定。

鼓车 是安置和转运军鼓的两轮车辆，古代军队都是闻鼓而进的，所以战鼓对于部队的行动与士气有着至关重要的作用。车前有凸出的矛头和遮挡箭矢的板墙，墙上通常绘制有凶猛的狮头虎面，显得威严庄重。

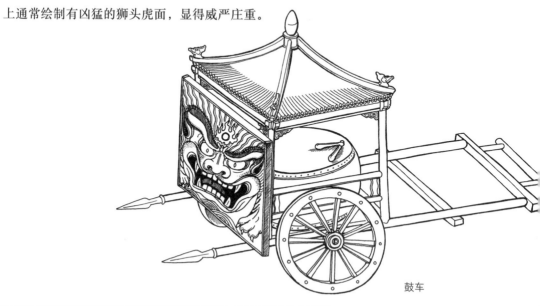

鼓车

轻车 是车营战车的一种，平时转运炮、铳，临敌则可结阵防御，前部凸出的矛头用于对抗敌骑兵的冲击。车身重量较轻，3、4人即可推动，因此得名。

轻车

偏箱车　是传统的重型战车，也是车营的主力战车，重600余斤，因沉重，需要两匹骡马拉动，临敌则结合成车阵。车上载佛郎机、虎蹲炮等多种火器，每车用卒二十名，一半负责驾车和施放火器，另一半随时准备增援和出击。车厢一侧开有射击口，宛若碉堡一般，既可避敌军箭矢，又能轮番施放火器。

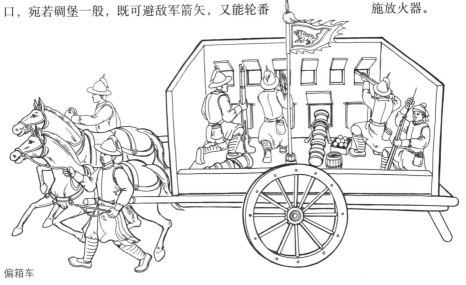

偏箱车

火药车　就是运送火药的两轮大车。明代所使用的是传统的黑火药，是古代术士在炼丹时意外发明的，唐代中期已经有明确的记载了，成分大致是硝、木炭、硫磺。火药是中国古代的四大发明之一，是各种火器所依赖的原动力。因为原料易得，制作简单，民间皆可自制，也是鞭炮的主要原料。

火药车

197

火箭车　就是装载和发射火箭的车辆。火箭的种类"三飞"和制作原料、方式在前边提到过。《火龙神器阵法》中记载过四十九矢飞廉箭、万胜神毒火屏风、神火万全铁围营等几种火箭阵法，皆是将火箭装于车上，数十辆车并列成排，所有火箭串联点火。"总线一燃，众矢齐发，势若雷霆之击，莫敢当其锋者。"那种场面大约类似于二战时期的喀秋莎火箭炮吧，对于万骑奔突而来的敌军简直就是毁灭性的打击。

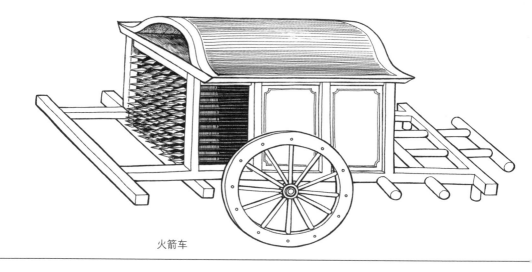

火箭车

无敌大将军车　就是用来转运无敌大将军炮的车辆，使得这种一千多斤的笨重杀器能够随军转战，在荒野上建立功勋。这种炮威力大，射程远，又有多个子炮可以实现连续发射，通常都作为战场上的杀手锏使用。

无敌大将军车

望杆车　就是在四轮大车中竖立一根粗壮高杆，上面设置吊斗，士卒可以随时爬上去瞭望周围动静和敌军动态，使得大军在脱离了长城和山区等有利地形后，无论是行进还是停驻，都尽可能随时掌握周遭的敌情变化。在两军交战时也能率先看清敌军阵型和部署，以及敌军部队的调动变化等，是可以移动的瞭望塔。

望杆车

元戎车 就是部队主帅所乘坐的车，这种车高两层，后部为木梯，二层四周设有围栏，顶上立四柱卷棚，实际上是军阵中的指挥车。

元戎车

春秋战国长城

齐长城　楚长城　魏长城　中山长城　赵长城　燕长城　秦长城

秦朝万里长城

明长城　　金长城　　宋长城　　　　　　　汉长城

北魏长城

秦长城　　　　　　唐长城　　　隋长城　　北齐长城

挖掘取石
人为拆毁
盗窃碑刻
开矿炸山
野蛮修缮
植物生长

军镇划分

辽 蓟 宣 大 山 延 宁 固 甘
东 州 府 同 西 绥 夏 原 肃
镇 镇 镇 镇 镇 镇 镇 镇 镇

散轶文物　　石刻
碑刻
文字碑

记事碑
分界碑
匾额
施工碑
鼎建碑
阅视碑

被毁因素

第7章
不凡的关隘

防御层级

镇城
路城
卫城
所城
堡城
关城

武器装备

战 盔 火 冷
车 甲 器 兵
　　　 器

建造构成

敌楼　　　城墙　　烽火台

来 分 构 剖　　包 石 夯　与
历 类 成 析　　砖 砌 土　敌
　　　　　　城 城 城　楼
　　　　　　墙 墙 墙　的
　　　　　　　　　　 区
　　　　　　　　　　 别

雄关要塞

构 石 砖 匾
件 雕 雕 额

嘉 镇 新 紫 居 古 黄 喜 青 冷 刘 界 九 山
峪 北 广 荆 庸 北 崖 峰 山 口 家 岭 门 海
关 台 武 关 关 口 关 口 关 关 口 口 口 关
长 长 长 长 长 长 长 长 长 长 长 长 长 长
城 城 城 城 城 城 城 城 城 城 城 城 城 城

垛 垛 堞 排 水 垛 射 悬 障 暗
顶 尖 地 水 道 口 孔 眼 墙 门
砖 砖 方 槽 嘴 石 砖
　　 砖 砖

明代的万里长城上，曾经有数以百计的雄关险隘，但400多年后的今天，许多曾经的名关重镇都已经湮灭在历史的烟尘之中，逐渐变得不为人知了。关于这些关隘的历史和往事亦真亦幻，扑朔迷离。其实因历史背景与地理位置的不同，每一座关口的布局和形态都是迥然相异的，在它们身上都曾经发生过不平凡的故事，在此对其中几座稍加梳理，以加深大家对长城历史的了解。

7.1 山海关长城

山海关也许是把中国历代所有长城加在一起后仍然最有名气的一座关隘。这里南挽渤海，北靠角山，是明代万里长城与大海相会的地方，也正因此关依山傍海，遂得名山海关。人们最熟悉的是山海关"天下第一关"的美誉，至今仍愿意将它称为万里长城最东边的起点。近代中原各省人民迁至东北的大移民和大垦荒被称为闯关东，闯过的就是这道山海关。

天下第一关城楼

　　山海关的建关史最早可追溯到隋朝开皇三年（583年），那时候在今天山海关西六十里的地方第一次建立了榆关。五代以后，榆关沦落辽、金之手，从此中原王朝便失去了这山海的屏障。直到明朝初年，徐达率军重新收复这里，才在洪武十四年（1381年）于今址修筑了山海关，将辽西走廊的出口，这段山海之间最狭窄的门户守卫起来。

　　山海关城大致呈不规则的长方形，北面短，南面长，东墙是倾斜的。这里南门为望洋，北门曰威远，西门名迎恩，东门就是大名鼎鼎的"天下第一关"城楼——镇东门。其余三门原也各有城楼和瓮城，但北门城楼屡建屡毁，后来便索性不再建了。城中十字街心有钟鼓楼，东西门外又各建有一座罗城，就是主城外的小城，为主城门又增加了一重防护。东罗城的东门名曰服远，门额就刻着"山海关"三个大字，西罗城门曰"拱辰"。因为山海关的东墙也是明长城的主墙，这里的防御责任最为重大，墙高都在13米以上，简直是高不可攀。"天下第一关"城楼的南边有牧营楼，北侧有临闾楼，关城东南角和长城相衔接处建靖边楼，东北角建威远楼，五座城楼和箭楼都面朝着东方敌人可能来犯的方向而矗立，被誉为"五虎镇东"。明代设立的山海卫就位于山海关城，清代改成临榆县，所以也把山海关城称作临榆县城。

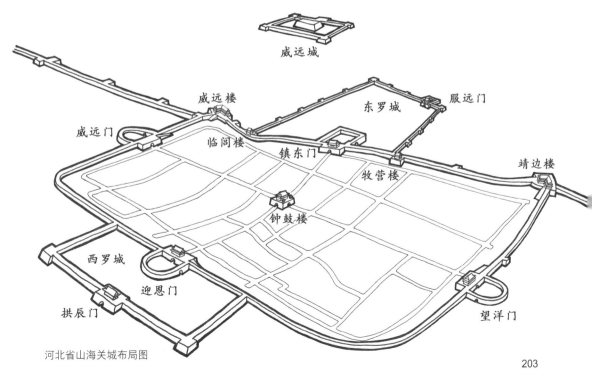

河北省山海关城布局图

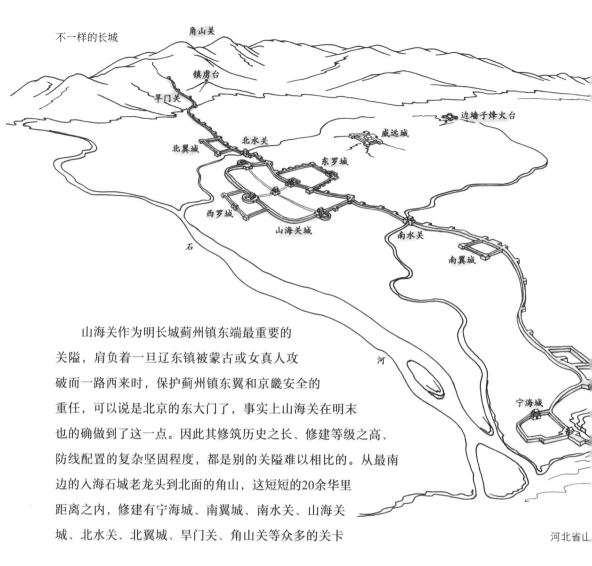

角山关

镇房台

旱门关

北水关

威远城

边墙子烽火台

北翼城

东罗城

西罗城

山海关城

南水关

南翼城

石

河

宁海城

河北省山

山海关作为明长城蓟州镇东端最重要的
关隘，肩负着一旦辽东镇被蒙古或女真人攻
破而一路西来时，保护蓟州镇东翼和京畿安全的
重任，可以说是北京的东大门了，事实上山海关在明末
也的确做到了这一点。因此其修筑历史之长、修建等级之高、
防线配置的复杂坚固程度，都是别的关隘难以相比的。从最南
边的入海石城老龙头到北面的角山，这短短的20余华里
距离之内，修建有宁海城、南翼城、南水关、山海关
城、北水关、北翼城、旱门关、角山关等众多的关卡

和堡垒，把这条辽西走廊的西出口封堵得严严实实，风雨不透，也把这山海之间像铁锁链一般紧紧地联系在了一起。山海关城东边的高岗上有一座仅剩夯土残垣的小城，城中心还残存有一座巨大的墩台基址，这就是威远城，一处明代的超大烽火台。再向东还有多座烽火台遗址，如边墙子烽火台等，使山海关一路与辽东镇声势相连，信息相通，成为辽西诸城堡坚强的后盾。

历史上山海关曾发生过多次大规模的战争，最著名的就是吴三桂引清军入关了。明崇祯十七年（1644年），李自成在西安称帝，国号大顺，同年率军攻入北京，崇祯帝自杀殉国，明朝灭亡。山海关总兵吴三桂本来已经接受了李自成的招安，忽然听说自己留在北京的爱妾陈圆圆被霸占，一怒之下在山海关重新举起明朝旗号，迎战李自

成的讨伐。与此同时，辽东的清军在睿亲王多尔衮率领下正一路西来，准备与李自成争夺天下。吴三桂见马上就要腹背受敌，遂决定投靠清朝。他在威远城秘密会见了多尔衮，为表明真心归降，当即剃发。之后吴三桂与李自成在山海关前激战正酣时，清军忽然杀入，李自成旋即全军崩溃。吴三桂不但向清朝献出了他们一直也没能攻破的山海关，也给清朝献上了一份逐鹿中原、问鼎天下的大礼，从此明长城所抵御的游牧民族正式越过长城，成为中原的主人。

1933年1月1日，已经占领了东北全境的侵华日军忽然向山海关发起猛攻，驻守山海关的东北军何柱国部进行了殊死抵抗，给予日寇以迎头痛击，揭开了长城抗战的序幕。之后占领了承德一线的日军试图从长城各口一起南下进军华北，中国军队依靠这条古老的防线进行了坚决的抵抗，大量歼灭日寇，也使得已经被人们遗忘的万里长城重新回到了公众视野里，并成为寄托着中华民族不屈反抗精神的图腾和象征。

7.2 九门口长城

现在的九门口长城属于辽宁省绥中县管辖，因横跨在河面上的城桥有九个门洞而得名。这里在明代是蓟州镇山海关所管辖的一处要塞，曾名一片石关。从山海关的角山关向北，在起伏的山峦间还有雄险绝伦的三道关、窄如石门的寺儿峪关，至九门口处山势豁然开朗。在九门口南侧是壁立万仞的南山，山下有一条宽阔的九江河自西向东流过，明长城从南山山腰一路向下来到河边，修建了沟通南北两山的九孔城桥，这也是明长城保存下来的最大一座过水城桥。

城桥前后建有用以分散减弱河水冲击力的船头形桥墩，远看就好似一条架设在大河上的浮桥。城桥下的河床以平整的巨石铺就，石缝间用银锭铁串联加固，使之连接成一体，因此得名一片石。

　　城桥北面的城墙上另有一个旱门洞，内侧便是九门口城了。城堡受地形所限，建在山脚下东西向狭长的河滩上，分为南北两部分，南部狭窄，北部则很长。并在西北的山脊上建有一条支线城墙，与主线长城交汇后，形成了保护九门口城侧翼的套城。主线长城在北山坡上的"石黄第十一号"敌楼处向北拐，与西边的支线城墙汇合，又一路继续向北前往庙山口、夕阳口等诸多隘口。"石黄第十一号"敌楼东侧不远处有一座魁梧的实心烽火台，再向东的高山顶上又建有一座端正的三眼空心敌楼，因在此能望见远方的渤海，得名"望海楼"。这是九门口一带的制高点，可将九门口内外乃至西南寺儿峪、三道关方向的情况尽收眼底。向东北望去，还能监控庙山口方向的敌情。

　　因其位置重要，也必定是攻击方所要重点拔除的钉子，我就在楼子的南墙上看见过三个深深的弹坑，甚至把箭窗都打豁了。应该是被近代的火炮所伤，很可能是直奉大战留下的弹痕。站在这里才会真正体会到祖国山川的壮美和历史积淀的深厚与沧桑。

　　据记载，古老的北齐长城就是从九门口经过，东去绥中入海的。现在的九门口长城是明朝洪武十四年（1381年）徐达奉旨修永平、界岭等32关时，与山海关一起修建

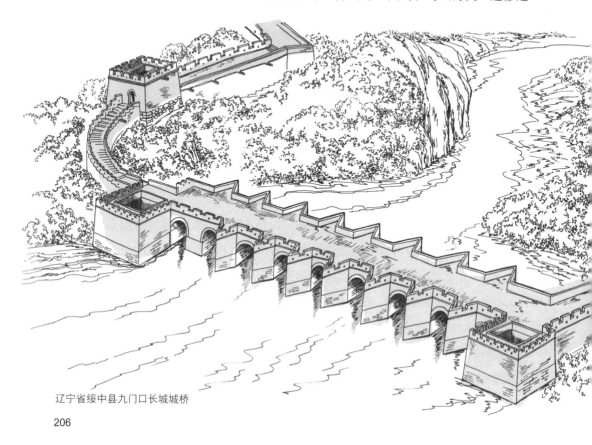

辽宁省绥中县九门口长城城桥

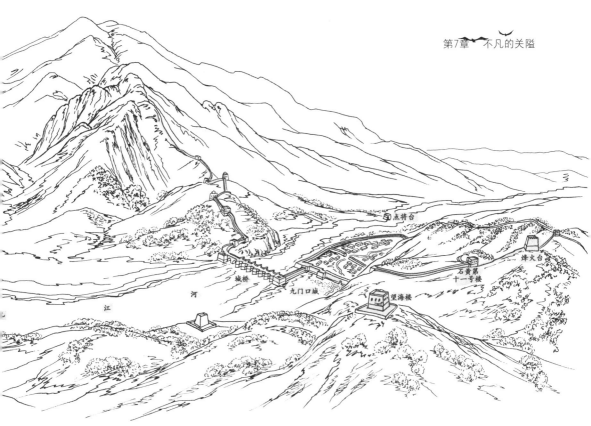

辽宁省绥中县九门口长城

的。因为这里的相对位置比山海关更加偏东，所以也有"京东首关"之称。相传李自成大战吴三桂的时候，主战场就在九门口，因而民间俗称一片石大战。1922~1924年期间，直、奉两系军阀也曾在九门口展开过激烈的拉锯战。

7.3　界岭口长城

界岭口位于河北省秦皇岛市抚宁区大新寨镇北部，是扼守洋河川的重要关隘，也是徐达最早修建的关隘之一。这里山势并不高大，属于连绵的丘陵地区，洋河从北向南穿过。长城向东直驱箭杆岭，向西过罗汉洞爬上程山，在河川的东西两山顶上相对各建有一座平面近似于长方形的高大月台，东西并峙，巍峨壮观，号称金、银台。两台朝向河川的方向都开有门洞，从这里可以登临台顶。以这两个月台为节点，均向外连接着长城主线，向内左右各有一道分支城墙从山坡上延伸到河川旁，最后与沿河而建的南北向城墙合围成两个近乎三角形的套城，这就是界岭口的东、西月城。东月城面积最大，是界岭口关城所在地，也就是今天的界岭口村。西月城地势略高，内部现在开垦成梯田。据说两城之间原来跨河建有城桥和木栅栏，现在已经完全毁掉，无影无踪。东月城的西门尚存，老乡说原来外面还有瓮城，可一点痕迹都没有了。

明万历版《永平府志》载："燕河路界岭口关，洪武十四年（1381年）修，三十三关，此为最要。"界岭口是燕山余脉东北部重要的大关口，规模号称喜峰口以东各口之冠，明朝时是蒙古各部入犯永平府（今卢龙县）的重要通道，因此战事频仍。《明史》载"正统九年（1444年）秋七月，兀良哈入寇，命成国公朱勇等率诸军二十万，分道出塞击之。……左都督马谅同太监刘永诚由北路，出界岭口；都督刘怀……经大小兴州，过神树，破福余于全宁，复破泰宁、朵颜于虎头山，出所掠万计。"

　河北省秦皇岛抚宁区界岭口长城布局图

河北省秦皇岛市抚宁区
界岭口长城东月台

"嘉靖三十六年（1557年），（马充芳）迁蓟州镇
副总兵，分守建昌。土蛮十万骑薄界岭口，芳与总兵官
欧阳安斩首数十，获骁骑猛克兔等六人。"

"穆宗隆庆元年（1567年）九月，朵颜董狐狸纠土
蛮数万骑入界岭口，援师四集，引还失道，坠崖死者甚
众。"清康熙年《抚宁县志》也记载了此事："隆庆元
年秋九月，毛家营大柳树鸣三日，甚悲。不一二日，土
蛮自界岭口入，杀抚宁、昌黎两县人民十余万。"

《明史·戚继光传》载："万历元年（1573年）
春，二寇（朵颜卫董狐狸、长昂）谋入犯。驰喜峰口，
索赏不得，则肆杀掠，猎傍塞，以诱官军。继光掩击，
几获狐狸。其夏，复犯桃林，不得志去。长昂亦犯界
岭。官军斩获多，边吏讽之降，狐狸乃款关请贡。"

明清交替之际，清军也曾从界岭口杀掠而入。《清
史稿》载："崇德八年（1643年）……至界岭口诇明
兵，与战，斩裨将一、步骑三百余。"

长城抗战期间，日寇于1933年3月16日进犯界岭口，
中国军队在这一带的古长城上与日寇激战数日，双方均
死伤惨重，至今界岭口两侧多座敌楼上仍然残留着累累
弹痕。一些楼子里还有日军题刻的字迹，有记时间的，
有记录部队番号的，也有纪念战死者名字的。

7.4 刘家口长城

河北省卢龙县刘家口关也是徐达最早修建的32关之一，东接桃林口，西连徐流口，南面是刘家营。这里东西两山相对，中间山谷狭窄，有一条季节河在此穿过，关口就卡建在两山间最窄处，跨河而建，形势险要。

早在明惠帝朱允炆即位后，便开始大力削藩，朱元璋所封诸子，原本身高位隆，手握重兵，一朝或沦为阶下囚，或蹈火而死，余者人人自危。这其中一直被惠帝视为大患的是镇守北平的燕王朱棣，也就是后来的明成祖。朱棣自知难逃劫数，先是以装疯骗过朝廷使者，后来又干脆起兵反抗，经过四年的战争，终于南下夺取都城南京，自己做了皇帝。但在他起兵之初，一直担心率重兵驻扎在长城以北大宁卫（今内蒙古宁城县）的宁王朱权给自己背后捅上一刀，只要朱权表示拥护惠帝，自己立即就会腹背受敌。为了消除这个隐患，朱棣亲自率兵从刘家口出塞，袭占大宁，擒获宁王，稳定了局势，为自己南下靖难做好了准备。

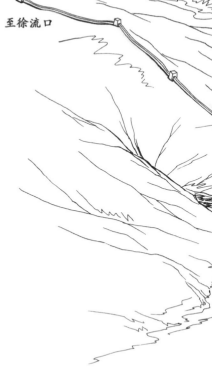

至徐流口

顾祖禹的《读史方舆纪要》里还记载了"嘉靖三十六年（1557年），蒙古犯冷口，转攻刘家口，遂陷桃林营，大掠县境及卢龙之双望堡。"

现在的刘家口关是在明万历六年（1578年）全面重

河北省卢龙县刘家口关楼

建的，高大的关楼正建在关口的最窄处，关于这座关楼的结构我们在前面已经讲过，不再复述。（见124页）关楼两侧原来的长城高大坚厚，东侧紧靠关楼处还建有关城。关城东端也如界岭口的月城一样以三角形的收尾交汇在山坡顶上的一个月台上。只不过这个月台更大，实际上是一座近乎圆形的小城圈，北侧还卡建有一座完整的三眼敌楼。从这里继续向东，由于地势平缓，长城上敌楼和马面特别密集，甚至几十米就有一座。城墙外侧铲削偏坡、挑挖堑壕，还筑有部分拦马墙，可惜现在这里的敌楼大部分已经被拆毁，城墙的包砖也被扒走，内部的石城墙基本变成了一片石头堆。关口西侧的状况与东边也差不多，甚至长城线外侧山上的一座烽火台也已经被拆成了瓦砾堆。

　　但即使破坏到如此地步，刘家口长城仍然还是卢龙县境内最具气势的长城段落，尤其刘家口关楼，是唯一保持了明代原貌的关楼，弥足珍贵。

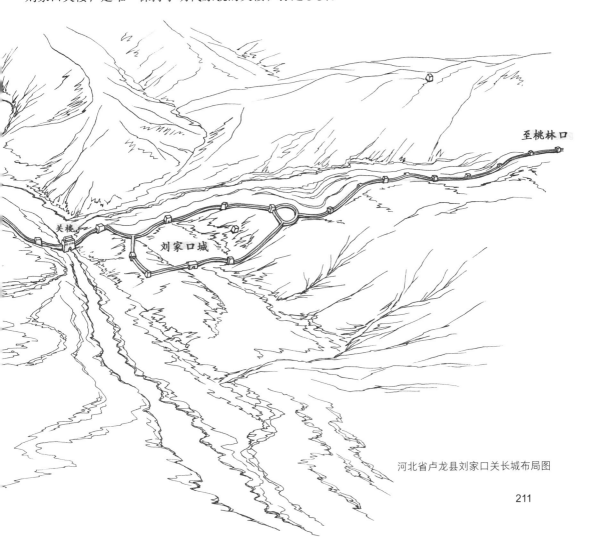

河北省卢龙县刘家口关长城布局图

7.5　冷口关长城

　　明长城从刘家口关一路向西，过徐流口、河流口就到达了冷口关。这是冀东地区界岭口以西另一处重要的大关口，也是明代初年由徐达创建。从那时起冷口便是蒙古兀良哈三卫（朵颜、泰宁、福余）进入中原的主要通道之一，他们时降时叛，变化不定，降时自此入贡，叛时则寇边杀掠。

　　《永平府志》云："嘉靖十年（1531年），三卫部长阿堆哈利赤数杀掠建昌及喜峰口太平寨一带，（冷口）关为控御要地""东方多事，冷口常为出入之冲"。

　　"蒋承勋，辽义州（今辽宁义县）人也。嘉靖三十六年（1557年）三月，大虏六万骑攻刘家口，又出精骑至河流口，通岭总兵官王思忠遁矣。承勋以副总兵率士先登，力拒，孤身而援数冲，贼登墙指为截者，不移时数百，势众不能敌，墙溃，左右邀乘马且避，承勋大呼曰：'平生臣子志籍此遂，何避焉！'遂死之。"

　　《卢龙塞略》载："隆庆三年（1569年）……七月丙戌。建昌营中军官袁勋、千总余忠裕等，督三千余军出冷口采木修边。至长岭沟遇贼夷二百余骑捉军挟赏。勋众与战。"

河北省迁安市冷口关西长城

冷口关两侧高山连绵，但至关口处却归于平缓，穿过冷口的沙河曲折迂回，河川宽阔坦荡，使得冷口关的防守压力很大。关口处建筑早已经无存，不知是毁于洪水还是人为破坏，但从遗址看，长城紧紧卡在河床两侧，似乎应该曾建有城桥。过了关口向南，河水扭动出了一条S形的曲线，把河川荡涤得更加空荡平坦，简直可以纵马狂奔了一般。很快从西南面有一座北高南低的小山向河道挤压过来，横在了肆意奔流的河水面前，把河道重新束缚起来。从关口西面的外线长城有一道分支一路向南延伸过来，再沿着这座小山的山脊向东，直抵河滨。小山内侧随着山势走向建有一座城堡，这就是冷口城，也是冷口关之内的第二道防线。一旦敌人突破外线长城关口，马上就会被冷口城这条内线再次堵住去路。当然冷口城再向南还有建昌营的支援，可谓是层层设防。

《永平府志》载："（冷口）关城为砖砌，高二丈九尺，周三百八十七丈有奇，东、南各有一门。"现在的冷口城除了山坡上的一点城墙遗址，仅剩下半座残缺的南门洞孤立未倒了。

冷口城东面是陡立的高崖，上边也有从北面外线长城分岔而来的支墙，占据河东岸的制高点，与河西岸的内线城墙以及冷口城相呼应，以防止突破外线关口的敌人向两翼拓展。现在河床边已经没什么遗址了，无法确定原来是否建有跨河城桥，但从20世纪的老照片中还是能够看到内线河东岸山崖下曾建有敌楼，可以同冷口城一起对河床进行火力封锁。这样总体来看，冷口关就是由内外两道城墙组成的一个大环形防线。

在东侧内线南端山顶的台地上，有一座临渊而建、平面近乎不规则长方形的小城，被称作"谎城"，当地人也俗称为"马圈城"。从字面上理解，或者是迷惑敌人的假城，或者是养马的城，但这都不合情理。一来此城位于内线长城里侧的悬崖顶上，敌军不会舍近求远不打更大的冷口城而去打小小的谎城，其谎与否，并无意义。二来将马匹牵上那么高的山顶，既不能放牧，又无法奔驰，等于把己方的机动力量自行束缚起来，更不合乎逻辑，所以也不该是马圈。

根据所谓谎城的位置来看，正好与冷口城东西相对峙，紧守在第二道防线河川两侧的制高点上，我认为谎城真正的目的就是囤积物资和驻扎后备兵力，用来支撑内线乃至东面外线长城侧后的防守，算是冷口城东面防御能力的重要补充，甚至可以认为是冷口的东城。

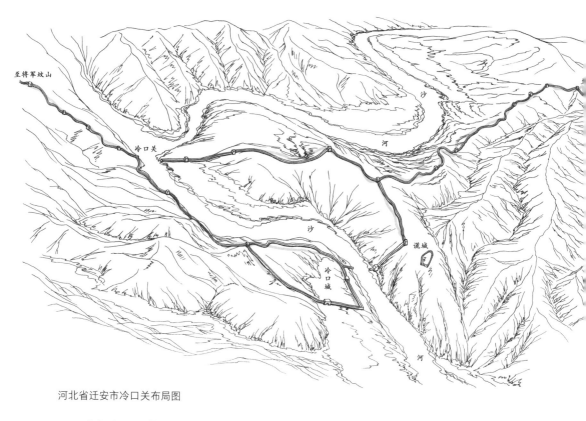

河北省迁安市冷口关布局图

类似这种双线防御的形式，在这一地区还有几处，如东边河流口内外边墙、西面的将军坟山内外边墙都是两道长城分别走南北两条山脊，形成的环形防线。

7.6 青山关长城

青山关位于河北省迁西县最北部的上营乡，与宽城县以长城为界，东面邻榆木岭，西面接董家口。这里也叫青山口关，是明初徐达所建的关隘之一。在抚宁县桃岭口以东，界岭口以西也有一个青山口，但与此相距甚远。迁西县青山关西面有个董家口，抚宁县也有个董家口，堪称奇妙。

青山关虽然不是大关口，但处在蓟州镇总兵驻地三屯营东北方，与喜峰口、铁门关、董家口一起成为了拱卫三屯营的门户要地。这里东西两侧山峦突兀，尤其西南通往董家口的一列大山，宛如天然的城墙，险不可攀，所以只建有简单的石墙，在一些略缓处筑敌楼哨望。关口就卡建在东西两山的最窄处，虽然关门已毁，但长城内侧的关城却神奇地完整留存至今。此城紧贴关口西侧而建，大致近似一个椭圆形，开有南北两个门。南门宏伟壮观，门洞上镶嵌的"青山关"青石匾额仍十分完整，题款处的"万历二年（1574年）十月吉旦创建立"字迹清晰。北城墙即为长城主墙，串联起三座空心敌楼，城内还保存有一些房屋，残碎的碑刻和石雷随处可见。北门是寻常的便门，出门不远，长城上还设有一个水门，溪水早已干涸，但看那如凌空拱桥般高悬于半空中的拱券门洞便可知山中曾经有何等规模的洪水了。青山关城虽然规模不大，结构简单，却是河北东部为数不多的基本完整的明代关城，堪称有代表性。青山关两翼的城墙大多为毛石修葺，关城附近则全面包砖，敌楼相对比较密集，向西一直延伸到八面峰下的月亮楼。八面峰是一座海拔八百多米的近乎八个面的突兀山峰，相传是擎天之柱，山北侧的月亮楼因地势之高，在此可以举杯邀明月了。

　　青山关虽非大关，也曾是蒙古各部经常出入和袭扰的地方，戚继光镇守蓟州镇

河北省迁西县青山关长城

后，虽无大战，但抵御小股袭扰也是不断见诸史书，足见青山关位置之重要。

《四镇三关志》载："正德元年（1506年），东虏犯青山口关。"

"嘉靖十七年（1538年），东虏犯青山口、李家谷关"。

《卢龙塞略》载："隆庆二年（1568年）十二月二十六日，据镇守蓟州总兵官郭琥报称：喜峰口边外有敌兵三千余骑，要抢太平寨等路地方。……又据喜峰口守备王禄报称：长昂纠领三千余骑在会州屯聚，准在二十六、七等日要犯铁门关、董家口、榆木岭、青山口、擦崖子等处，……调度防御，总理练兵都督戚继光督率兵车策应。二十七日，被各伏路家丁用滚石、弓矢、枪炮将敌兵前哨射打退散。"

"隆庆三年（1569年）十二月，青山（口）外捉侦卒二人。兵乃出口追剿，阵斩一颗，夺夷马六匹，器四十余具。"

"万历元年（1573年）五月，谍报喜峰所杀军士贼夷屯住界岭儿，待砖难等同犯。总理（戚继光）筹之，俟齐则并力乘其方至而迅雷一鼓矣，乃图列险要。令南北诸将分道而进。庚子暮，由青山、界岭口出关，期黎明进营围剿。总理同署永平道徐学古由青山口驰界岭口。辛丑，齐至，虏尚不知。遵化马兵违令出，步兵争先扑杀。虏觉，分骁骑数十来迎。余奔入山林。我军且剿且搜，虏遂北，伤死多。获（首级）十五颗，马五十三匹，器物三百五十具。"

"万历三年（1575年）正月乙巳……领骑四百余往沿边捉捕，要开马市。戊午，零贼至界岭口边外……是夜头架岭等处捉拨军十名，杀四名。壬戌，董家口谍报境有贼夷三十余骑先行，后不知数。总理命南北将领率兵出榆木岭、董家口等关，连夜抄截。……离边百五十里遇战，就阵斩获二颗，生擒贼酋一名长秃，长昂之亲叔……丁卯，步贼三十余至青山口。"

"万历八年（1580年）五月己丑五鼓，哈折卜赖窃入青山口正关，杀把总夫妇，墩军传烽即回。董家口提调张式以零贼少，率兵出青山口追之。三屯营游击刘世桂、南兵游击陈蚕随之……总理闻报调兵策应于青山。"

在明朝末期的崇祯十一年（1638年）8月，清军一路也是从青山关杀入，直抵北京近郊的。

7.7　喜峰口长城

从青山关向西过董家口、铁门关便到达喜峰口。相传汉代时曾在此地设立松亭关，是北通朔漠之道，也是从蓟州镇北去大宁卫（今内蒙古宁城）、东通兀良哈三卫的门户要道，为明初徐达所建32关之一。明成祖时，撤大宁卫，退守到今天喜峰口一线。景泰元年（1450年）至三年，提督京东军务右佥都御史邹来学主持修建喜峰营城，景泰三年（1452年）七月，修建喜峰口关城，筑镇远楼。

此地群山连绵，峰峦如簇，在喜峰山和松亭山之间有一条天然的山谷，喜峰口关就紧锁在这两山之间。目前所知的建筑有北面连接在长城上的关口重城和南面的喜峰营城堡两部分，可惜1976年的引滦入津工程在西面的滦河上建起了潘家口水库，蓄水之后，喜峰口关一带就全部被淹没在碧波之下难见真容了。偶尔有些年水位大减，关口的残垣断壁还能勉强露出一点头来，大部分时间则只能泛舟于湖面，看着两侧山坡上一头扎进水中的长城，通过想象来猜测喜峰口昔日的风采了。

河北省迁西县喜峰口长城布局图　**217**

根据历史记载和上个世纪的老照片，我大致给喜峰口长城画了复原图。

长城修建在东西两座高山之间，两端因山险阻隔，都是抵在山崖下就停止了。关口处城防分为东西两部分，西面是正关，从外向内设有三道墙，形成了一个平面为"日"字形的重城，城墙每一个交汇处都建有敌楼或墩台。最外侧的城门上曾镶嵌有"喜峰关"的石匾，最内侧为喜峰口正门，镶嵌有"喜峰麓"匾额，前边还加建瓮城，想要进入喜峰口可以说是层层设防。东侧的套城把长城外面的一大片山坡都围了进来，面积比关口处更大，显然是用来保护关口的侧翼不被敌人抢占，以免形成侧击的局面。

在关口南面约2里还有喜峰营，大致是个周长1300多米的方形城堡，与明代标准的军堡格局应该相差不大。城堡四面各开一门，其中因东城墙紧靠山崖，所以东门开在东南角。城堡外面挖有堑壕，墙垣高大，气势不凡。城内原有千总、巡检、游击将军等衙门，还有许多寺庙。在城堡南边有条益母河自东向西流过，被西面的大山阻挡，又折向北，从关城旁边的水门流出，拐向西，汇入了滦河。

喜峰口在历史上也经常受到蒙古各部侵扰，因为是大关口，平常为入贡之途，反目时自然成为寇边的首选之地。明末，辽东的清军分别于崇祯二年（1629年）和崇祯十年（1637年）两次攻入喜峰口，直扑北京城周边，饱掠而还。当然他们舍近求远地绕道蓟北，攻城略地后却又要撤回去，也说明山海关紧扼辽西的重要性，成为了他们难以逾越又随时有可能切断其后路和突袭沈阳老巢的在喉骨鲠。而在这一时期，包括界岭口、喜峰口、大安口、龙井关、黄崖关、墙子岭等众多蓟北要塞屡屡遭到清军重兵的突破，也说明了明朝国力江河日下，力不从心了。

令喜峰口名扬天下的战役是1933年3月发生的长城抗战。侵华日军疯狂向蓟东长城各口全面进攻，与中国守军在喜峰口发生了极其惨烈的血战。在武器装备落后的不利局面下，中国军队利用夜幕的掩护多次派大刀队从喜峰口、铁门关和罗文峪一带潜出，突袭日军营地，利用近战和肉搏战，对日寇进行大量砍杀，整个战役期间共歼敌5000余人，堪称日军侵华以来所从未有过的重大损失。日本《朝日新闻》哀叹"明治大帝造兵以来，皇军名誉尽丧于喜峰口外，而遭受六十年来未有之侮辱"。喜峰口大刀队此役名扬天下，《大刀进行曲》随即广为传唱，近90年后的今天，许多人还仍能哼唱一句"大刀向鬼子们的头上砍去"。

7.8　黄崖关长城

　　黄崖关也称黄崖口关，位于天津市蓟州区北部，东经船仓峪、赤霞峪与河北省遵化市的龙洞峪、马兰关相连，西边过王帽顶、前干涧，进入北京市平谷区，与彰作关和将军关相接。此关处在燕山主脉的泃河天然大裂谷之上，东面群峰耸峙，西侧陡崖壁立，只有中间的河谷处可通行人，黄崖关城就扼守于此要冲枢纽上。

　　因为此地险要的位置，早在北齐天保七年（556年）时，东来至海的长城便在这里设置了关隘，这也是黄崖关在历史上最早的建关记载。

　　《四镇三关志》载："黄崖口关，永乐年建，通大川，正关、水口、东西稍城、断头崖、安口墩、中山儿、龙扒谷砖墩，东西二空，俱通骑，冲，余缓。"

　　"嘉靖十九年（1540年），东房属夷犯黄崖口、青山岭、黄松谷关。"

　　《明实录》载："嘉靖二十三年（1544年），虏酋白通事千余骑，于正月二十七日寇黄崖口关，我军败之。至二月初九日复寇大水谷，为我军射死数人，虏遁。"

　　《四镇三关志》载："嘉靖二十四年（1545年），东房犯黄崖口关。"

　　"嘉靖三十年（1551年），东、西房陷黄崖口关。"

天津市黄崖关长城北城楼

　　戚继光镇守蓟州镇后，将这里东起太平寨、西至王帽顶的长城大面积包砖和增筑空心敌楼，把黄崖关城建成铁壁重垣的钢铁堡垒。关城近似一个不规则的"凸"字形，北墙即是长城主墙。在北墙中部宽大的城台上还建有单檐歇山顶的北极阁，城台南墙上镶嵌匾额"黄崖正关"。关城其余三面也各建有一座城门，东西两门靠近北城墙，南门在南墙的凹角之内，上建歇山顶城楼，门洞上方匾额为"黄崖口关"，门前还建有单开间木牌坊一座，上书"蓟北雄关"。

　　关城东侧河床上跨建有城桥，但是近些年修复的，并不能反映旧日面貌。河东岸的长城最东端一直抵到太平寨东山下而止，是在北齐旧边的基础上修建的，并且还保留了一座北齐时期的石砌圆形墩台。明代长城大量使用过北齐旧边，形成了许多两个时代长城相交融的局面，也说明北齐时候就已经很青睐于燕山这条天然屏障了。关城北面沟河拐弯处的山顶上建有一座罕见的圆形空心敌楼，名叫凤凰楼。楼身四面开设箭窗，上面建望亭，内部为回廊结构。说其罕见是因为现存的明长城上已经没有圆形空心楼的实例了，这一座也是在"文化大革命"时期被拆毁，近些年才复建的。此楼所在位置相当于黄崖关的最前哨，起到烽火台般的瞭望预警作用。

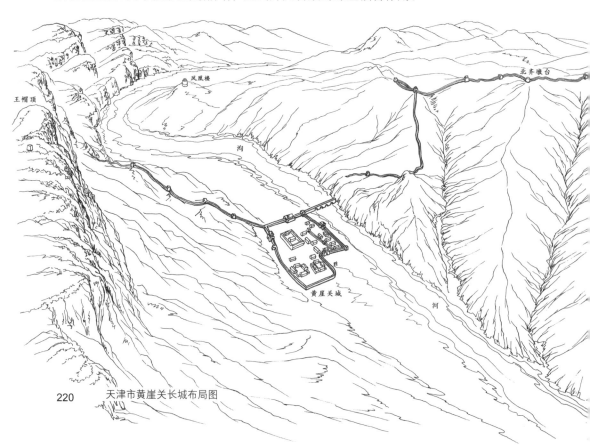

　　天津市黄崖关长城布局图

从黄崖关城向西，山势逐渐上升，到王帽顶之下，就变成斧劈般的陡直崖壁，险不可攀，石城墙顶到崖壁下便结束了，只在两山夹缝中有一条小路可攀上王帽顶。王帽顶就是一座天然的近乎于半球形的突兀孤峰，耸立在如屏般的山峦之上，好像高贵的王冠一般。在王帽顶南侧还建有一座用于瞭望的孤楼，可以俯瞰整个黄崖关峡谷的全貌，向东望去更是苍山如海，群峰若浪，甚至可以望见蓟州区与遵化市交界处的八仙山、黄花山，真是极目千里，不禁要感慨祖国壮美的山河。

7.9 古北口长城

北京城北部有两大门户要塞，即西北的居庸关和东北的古北口，都是历史悠久的千古名关，也是北方游牧骑兵蜂拥南下的天然要道。大凡游牧部族大规模南侵，动辄数万乃至几十万骑，加上备用的战马，又是成倍的数量。也有时候如放牧转场一般，部族家属和从人也一并前来，共同到中原花花世界纵情劫掠。中原人出征离不开粮草，游牧部族出征则是赶着大批牛羊，能够支应如此庞大兵团之用，数量又何止百万。这么多的战马、牛、羊要吃草饮水，人也离不开水，所以每逢这种大举进军，势必只能走大河大川之地，一路沿着水草前进和驻扎才能保证队伍的稳定供给。古北口就是这样的大川，所以注定了千百年来这里必定是内外民族激烈交锋的前线。

古北口早在西汉时期就已经建城，北齐时第一次正式在这里修筑了长城，金代建北口城和铁门关，后来大部分被明朝重修长城时所利用，加高加厚，成为明朝抵御蒙古入侵的重要依托。

古北口一带地势开阔，潮河从北向南流过，河两岸都是连绵的丘陵状山地，但过了河西不远就是陡然突立、雄险异常的卧虎山，长城直接攀上了山脊最高处。这一线长城敌楼密集，威武壮观。在潮河西岸的山崖下，还独出心裁地修建了两座几乎是紧挨在一起的空心敌楼，因位置略有高差，好像相依而立的姐妹，民间俗称"姊妹楼"。从姊妹楼向西北的山上建有一道支墙，串联起三座楼子，以掩护古北口的侧翼，抢占口外的高地，最远端就是三层楼。（见141页）

潮河发源于河北省丰宁县槽碾沟南山，一路裹挟支流滚滚南下，从北向南进入古北口河川。这条河在枯水期仅有十几米宽，但到雨季可急速膨胀到面宽几百米，而沿途多是较为狭窄的山谷，使得水流受阻，经常咆哮奔腾，所过之处摧毁无遗。明代在潮河上曾经建有一座三孔城桥，西端起于姊妹楼下，与东岸相对位置的一座敌楼相连，是为水关，但洪水狂虐，城桥屡建屡毁，无可奈何。

明成化六年（1470年）九月，"镇守密云都指挥佥事王荣奏'山水泛滥，冲塌古北口、潮河……沿边一带关城、墩寨、堤坝'"。

成化八年（1472年）"镇守密云等处内外守臣，各奏古北口南城垣并三门月城及潮白二河堤坝俱被水冲塌……"。

清乾隆三年（1738年），潮河冲垮城桥。

乾隆三十五年（1770年），潮河再次将修复后的城桥全部冲毁。

乾隆三十六年（1771年），潮河又一次暴涨，将正在重建的城桥裹挟而去。

《明实录》载："潮河一川直冲境外，川口横阔一百七十余丈。使虏骑长驱而来，亦可虑之大者""地皆流沙，土脉不坚，水势冲突，城之不便。"

《畿辅通志·河渠略》载："弘治中，抚臣洪钟拟筑堰凿渠，然浮沙无根，功久不成。"可见河沙太厚，城桥根基不牢是屡次被毁的一个重要原因。但城桥屡毁，到枯水期，蒙古骑兵万马奔突，直入潮河川，根本无可阻挡。以

北京市密云区古北口姊妹

至于后来明朝只得临时推战车以防堵。

"弘治十七年（1504年）六月，兵部奏'密云一带切临虏境，而潮河川口宽漫，无险可守，山水不时溃决，难立垣堡，独有设置车辆，可以制贼之冲'。"

河东岸自城桥东端的敌楼向北沿河修筑城墙，几十米后分岔，东去长城一路过蟠龙山的龙王峪、桃儿冲、砖垛子、沙岭儿等堡寨和小口，直抵司马台寨最高处的望京楼。向北的城墙继续沿河又走了一段，连接到一座小山顶上的敌楼前，这里也是一段凸出于关外抢占制高点的支线，同河西姊妹楼以北的支线正好东西呼应，紧守古北口正关和潮河川的两翼。

古北口的铁门关就在长城分岔处，两个方向间又斜着连接了一道墙，使这里变成了一个三角形的套城。关口的外门开在西边临河城墙即三角形的左斜边上，内门开在向东的城墙即三角形的横边上，两门位置错开，势如一座瓮城。

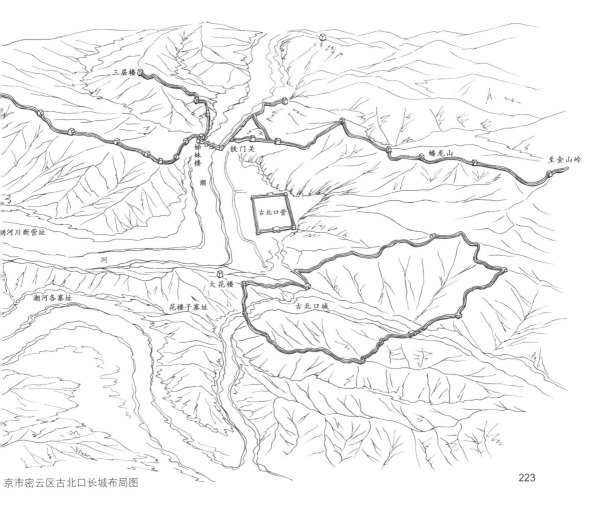

铁门关内的潮河东岸是一片开阔地，原有金代北口城旧址，明代初年在其北面建古北口营城，以支撑铁门关的防御。还在河西卧虎山南坡下建有一座潮河川新营，大致就是今天河西村的位置。古北口营城南面山顶又建了一圈很大的古北口城，把一片大山也包裹在其中。此城有东、南、北三座城门，紧守住三条山沟，其中北门就是金代北口城南门的旧址。此城既可以支援铁门关，又可阻挡突破潮河的敌军从这里向东窜犯，密云后卫就设在这里。此城的西南是一条横亘东西的漫长山梁，山脊上还建有大花楼等敌楼，明代时在此设立花楼子寨，以增强古北口城的西南防御，牢牢占据这条山梁。也正因为这条山梁，进入古北口南下的潮河受到阻挡，被迫折向西，在山梁西端拐了个大弯，再次流向东南。

明代为了防止蒙古骑兵突破铁门关一线，沿河岸向西南绕过来，还在潮河拐弯尽头处的山脚下设有一座潮河川关，建关堡，并在关堡以东的山梁内侧连续建有5～6座营寨，号称潮河第×寨，步步为营，密集防守。可惜这些堡寨时至今日大多已经毁坏无存，只有古北口城和大花楼还屹立于山巅，继续凝望着已经干涸成涓涓细流的潮河川。

不过即使这样拼命地严密防守，古北口也并非金汤不破之地，最有名的一次惨败就是明嘉靖二十九年（1550年）的"庚戌之变"。蒙古俺答汗要求明朝开放互市遭拒，于此年六月先寇大同，八月十四日再入古北口。一路掠杀怀柔、顺义、通州，在北京周边尽情屠杀蹂躏。明朝廷惊恐万状，在严嵩的授意下，紧闭北京城门，不发一枪，不放一箭，任由俺答肆意大掠，并于二十三日仍走古北口撤回。

此役将明朝嘉靖时期外强中干的实情暴露无遗，仅粗略统计，"诸州县报所残掠人畜二百万"，而数万京军和各地援军遇敌不前，不敢交战，尾随俺答而行，不似追击，更像是送行。俺答本欲走白羊口出边，又临时折回古北口方向，使得尾随明军猝不及防，仓皇溃逃，未接一战，自相践踏，死者上千人。

真正在古北口打出了骨气的则是1933年的长城抗战。从3月4日起，中国守军就在古北口至南天门一线与日寇展开了殊死搏斗，在敌人优势兵力和飞机大炮的狂轰滥炸之下，以简陋的装备和血肉之躯在古长城上与侵略者血战到5月14日，数千名中国军人牺牲在这里。战后由当地民众自发收殓漫山遍野的阵亡将士遗体，分别安葬。其中古北口城南关外有一处合葬了360人的大墓，人称"肉丘坟"，就是现在的"古北口战役阵亡将士公墓"。

7.10 居庸关长城

明长城上有外三关：偏头、宁武、雁门；内三关：居庸、紫荆、倒马。这些都是享誉古今的著名雄关险隘，但大多破坏严重。偏头关即今山西偏关县城，仅存少段城墙。宁武关是山西宁武县城，城墙也只有零星残垣断壁。雁门关在山西代县北部山中，曾经被拆得只留下南北两座城门，近些年全面修成簇新模样，已非旧观。倒马关位于河北唐县，几乎被拆毁殆尽。紫荆关和居庸关是这六大名关中至今仍能保持格局基本完整的，我们就先来说一下北京西北门户——居庸关。

居庸关位于北京市昌平区军都山的四十里关沟中，这里是太行山八陉之一的军都陉，也是游牧民族南下中原的重要通道之一。如果游牧铁骑冲破这条大峡谷，便是一马平川，可以直扑北京，因而紧守在此的居庸关就是北京安危的保障。

早在春秋时期，燕国便在此筑垒以御胡。秦始皇时，把囚犯和民夫徙居于此，取"徙居庸徒"之意，定名为"居庸"。《淮南子》曰："天下九塞，居庸其一也。"至汉代，居庸关已经初具规模。北齐时筑长城，绵延至海，始将居庸关与长城相连接。这里从建关的那一天起，就征伐不断，两千年来，烽烟不熄，历朝历代都曾经为争夺此要塞爆发过激烈的战争。

现存的居庸关始建于明朝洪武元年（1368年），由徐达、常遇春创建，后世屡经增修，形成了一圈东环翠屏山，西揽金柜山，周长4000余米的巨大围城。军都陉壁立万仞，峡谷幽深，峻秀的群峰和磅礴的关隘把这里装点得雄奇无比，充满着豪壮之气，是古"燕京八景"之一的"居庸叠翠"。关城开南、北两门，门外都设有瓮城。南门内还有元代过街云台一座，门洞内遍布精美的佛教石刻，堪称瑰宝。此台相传为金刚宝座塔的台基，昔日出入居庸关往来于内外的人们都要从云台下穿过，因此与汉式的过街楼有些类似。关城虽然横跨两座山，但真正有效面积其实都在两山间的沟谷里，过去曾因是沟通塞内外的门户，商旅常相往来，较为繁华。抗日战争时期惨遭日寇轰炸，破坏严重，好在关城大部分墙垣尚存，并于上个世纪末进行了修缮，重建城楼、庙宇等建筑，基本恢复了完整。

不一样的长城

北京市昌平区居庸关长城

　　其实居庸关不是一座孤立的山城，而是四十里关沟防御体系的核心，以此关为依托，背后的关沟最南端有南口城，向北依次还设有上关、八达岭口和北口的岔道城，岔道城北又有宣府镇的南山连墩为外线，堪称层层堵截。这些防线中，最著名的莫过于八达岭，简直是中国长城标准的形象代表。那随山脊如波浪翻腾般绵亘的全部以条石砌筑的坚固墙体和雄大高耸遥相呼应的座座敌楼，确是一道紧锁山川的铁链。但许多人大概没有注意，在不大的八达岭口南北两座城门上分别镶嵌着两块匾额"北门锁钥"和"居庸外镇"。把八达岭口比作关沟北口的一把大锁，又是居庸关的最前哨阵地，顾云"居庸之险不在关，而在八达岭"。

　　与大多长城上的关隘不同，内外三关都不与长城相连接，而是在长城以内的通衢大川和险山要隘处单独建一座大城池进行防御，长城线只是这六座关城的外围防线。著名的宁武关守在恢河谷地，而其所辖长城则在北面20多里外的阳方口。雁门关下辖的长城在关北16里的新广武至白草口。紫荆关前线在乌

226

龙沟至浮图峪一线。总之，居庸关更多的时候是以一个对八达岭长城指挥和支援的身份存在，如果八达岭有失，居庸关也就很难守得住了。

明崇祯十七年（1644年），李自成的大顺军在攻克宁武关之后，大同、宣府两镇望风归降，于是李自成长驱直入，杀到了八达岭下。但八达岭守军凭坚据守，令大顺军一筹莫展。后来改道袭取八达岭以西的石峡口，进而内外夹击才占领八达岭，居庸关守将唐通旋即投降。不久李自成即杀到北京城下，崇祯帝自缢殉国。

1937年8月7日，已经占领了北平和天津的日寇试图向西北打通居庸关，进而向张家口和山西进犯。中国军队约6万余人在这一线沿长城布防，与日寇展开了激烈的战斗，史称南口战役。日寇同时向南口城、白羊城、长峪城、横岭城和镇边城等地全面发起进攻。11日，日寇开始正式猛攻南口，13日南口陷落。中国守军依托关沟险峻的山势和居庸关坚固的城垣与日寇血肉相搏，誓死不退，连战数日，令日寇举步维艰。

北京市昌平区军都山四十里关沟长城布防示意图

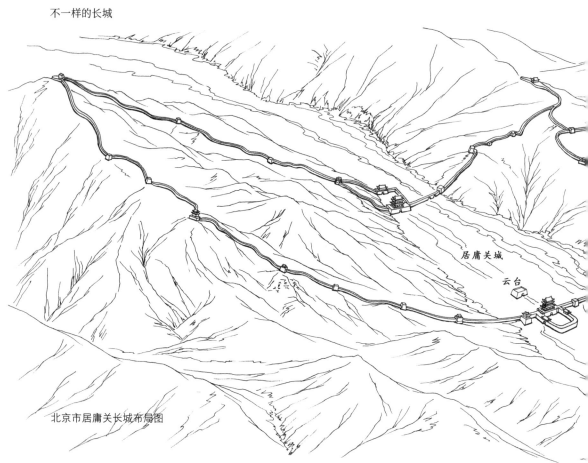

居庸关城

云台

北京市居庸关长城布局图

8月25日，日寇再次猛攻横岭城和居庸关，当天下午，凭借坦克开路终于冲入居庸关，另一路已经进抵怀来的日寇转攻八达岭，准备对关沟内的中国守军进行合围，中国军队只得全线撤退，南口战役结束。此役中国守军浴血奋战19天，损失过半，在古老的居庸关用鲜血和生命留下了不屈的抗争故事。

7.11　紫荆关长城

紫荆关是内三关之一，位于河北省易县西北的太行山蒲阴陉东口上。早在汉代便在这里设戍卫，称五阮关，宋代称金陂关，因漫山生有紫荆树，又改为"紫荆关"。此关处在北京西南方的侧背上，如果蒙古各部突破大同、宣府的外长城，则或可东去居庸关，寇北京北门，或可向东南绕道紫荆关，包抄北京后路。历史上这样的情况曾经多次发生。

"金大安元年（1209年），蒙古攻金……金兵保居庸，不得入。蒙古主……自以众趋紫荆关，拔涿、易二州。转自南口攻居庸，破之。"

明代土木堡之变后，正统十四年（1449年）十月初一，瓦剌军挟持被俘的明英宗大举南下。一路经宣府进攻居庸关，另一路由太师也先率领经大同奔紫荆关，计划两路合击夺取北京。"虏骑攻紫荆关，相持四日，副都孙祥、指挥韩清、太监阮尧民俱死于阵"，十月九日，紫荆关陷落。但瓦剌军在北京城下，遭到了于谦指挥的明朝军民的坚决抵抗，损失惨重，鉴于各地援军正日渐逼近，也先在十月十七日又由紫荆关撤退。

"嘉靖二十三年（1544年）十月，虏破宣府塞，入紫荆关。"

"嘉靖三十二年（1553年），俺答入大同。趋紫荆关，急攻插箭岭、浮图峪，官军拒却之。"

顾炎武在《天下郡国利病书》中说："居庸则吾之背也，紫荆则吾之喉也，猝有急则扼吾之喉而附吾之背。"将居庸、紫荆两关于北京之重要说得透彻无比。

明朝洪武年间即在紫荆关设千户所，正统十四年（1449年）设守备指挥，景泰三年（1452年）添设真定、神武二卫官军，春秋两班轮流操守。成化间设军"岁于关备冬"。正德三年（1508年）改守备为参将，九年（1514年）又在紫荆关设副总兵，至嘉靖二十年（1541年），常驻紫荆关的部队已达到近两千七百人。

河北省易县紫荆关北门

　　紫荆关所在位置正是群峰环绕的河湾谷地，周围太行山壁立万仞，只有拒马河曲折蜿蜒，在山间劈开一条道路，向东北方流去。从涞源县东行的古道穿越蒲阴陉，过浮图峪一带的内长城来到紫荆关后，离开河谷拐向东南，下十八盘前往华北平原。紫荆关就建在了拒马河南岸的山口处，北控河川，南扼十八盘起点，东西两翼分别抢占了孤松树梁和犀牛山两个制高点，并把真武山揽在城中，现存的关城外轮廓好像一只展翅欲飞的鹏鸟，将这条通途死死锁住。正可谓："南阻盘道之峻，北负拒马之渊，近以浮图为门户，远以宣大为藩篱。一关雄距于中，群险疵于外，规模壮丽，屹然为畿辅保障。"

　　明以前的紫荆关只是毛石砌筑的小城，自洪武、永乐后便对紫荆关逐年增修，景泰以后尤甚。现存的关墙多为规整的灰白色花岗石条石包砌墙体，顶部砌青砖垛口，这些条石都是精雕细琢，整齐如刀切豆腐一般，其工程量和细致程度堪称惊人，使得城防既整洁美观又坚不可摧。最初的关城建在紧靠拒马河岸边的山谷北口处，分为东城和西城两部分，有东、南、西、北四座城门，两城间也设一门相通。东城内建官署，西城内屯戍卒。随着明代边患日益严重，对于紫荆关的增建一直不断，直至明朝末年还在进行，但现存格局则大致成于嘉靖二十年（1541年）。

　　在拒马河北岸滩头有一座方形城堡，称小新城，建于弘治二年（1489年），用以阻敌隔河驻扎或沿河东去，与南岸主城声势呼应，中间以铁链相连，封锁河道。东城向东增建套城，直上东边高耸的孤松树梁制高点。在南门外先建有一层重城，后来又向前推进到万仞山和奇峰山之间的南天门一线。西门向西南扩建出黄土岭城，使得紫荆关呈现出大城小城环环相套的奇特布局，宛若迷宫一般。《畿辅通志》云，有"一夫当关，万夫莫开"之险。

　　北门坐西朝东，门拱上镶嵌两重匾额，上层为"河山带砺"，题款"万历丁亥（1587年）夏，聊城傅光宅书"，下层是"紫荆关"三个大字。东城和西城间的城门有匾额"表里山河"。南门朝西开，有匾额"紫塞金城"，上款为"钦差总理紫荆关兵备按察使刘东星、直隶保定府管关通判米应试"，下款是"钦差分守紫荆关等处地方参将韩光，万历十七年（1589年）岁次乙丑孟秋吉旦立"。西门外侧题"阳和门"，内侧为"草场门"。最南端的南天门有匾"畿辅第一雄关"。可惜至今这些题刻匾额中只有北门和南门保存尚好。

河北省易县紫荆关布局图

紫荆关在清代仍然是重兵把守的交通要道，康熙帝曾经在此阅兵。1900年，清军据守关城抗击八国联军向西进犯。

抗日战争爆发后，八路军晋察冀军区就在这一地区坚持同日寇进行战斗，多次主动出击，打破敌人的合围，并出紫荆关下到华北平原对日寇的交通线和后勤保障系统进行大规模破坏，一度打到北平附近。1938年3月20日，八路军在紫荆关与日寇遭遇，激战中毙伤敌六七十人。25日奇袭关西的王安镇，杀敌400余人，给侵略者以沉重的打击。

近现代随着交通方式的改变，尤其高速公路和穿山隧道的开通逐渐淡化了紫荆关的交通枢纽地位，这里的衰落和破坏日趋严重，早已不复全盛时的模样，但格局也勉强还算完整。而南面的倒马关却是几乎片瓦无存，再对比位于人烟稠密地区的偏头关、宁武关被拆毁得只剩几截残墙，紫荆关已经算很幸运了。

7.12 新广武长城

外三关之中，最著名的莫过于雁门关，这座从汉代起就是南北藩篱的雄关险隘在宋代时更是被忠烈杨家将的故事渲染得妇孺皆知。雁门关所在的大山叫勾注山，所以雁门关也曾叫勾注关，唐代改称西陉关、雁门关，其下控制着大小十八个隘口，明代中期将关城迁移到了现在的位置，形势比唐宋时期更为险要，号称外三关之首，有"三关冲要无双地，九塞尊崇第一关"的美誉。可惜到了上个世纪末，关城已经毁损殆尽，只剩下两三座残缺的城门洞，今天完整崭新的雁门关都是重建起来的仿古建筑群了。

《代州志》载："明万历二十三年（1595年）巡抚李景元筑雁门关边墙，绵十五里，坚固精好，外护雁门，内巩省会，敌不敢窥焉。"

这里说的边墙是勾注山北口，也就是今天的代县白草口村到山阴县新广武村一线的内长城，是雁门关北面的前哨阵地。敌军如果突破大同的外长城，平坦的大同盆地便无险可守，新广武的内长城立即成为前线，一旦有失，敌骑便会沿滹沱河谷地席卷南下，直逼太原。

粗略翻阅明代史书，仅嘉靖年间，蒙古俺答汗便几乎年年入寇，其中主要攻击

山西省山阴县新广武长城

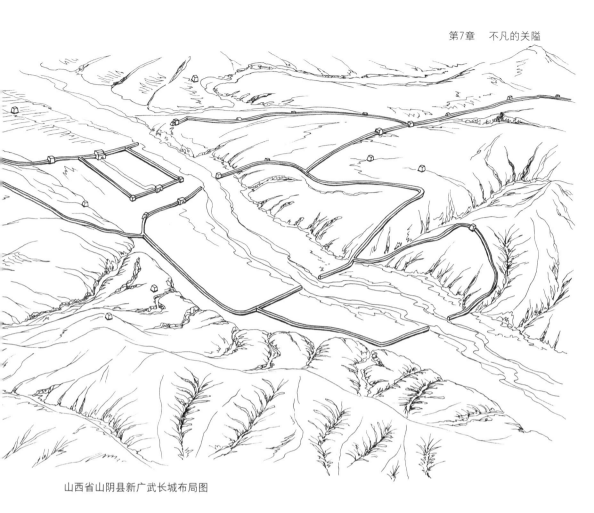

山西省山阴县新广武长城布局图

宣、大一线，常常突破大同南下，最远曾杀到今山西东南部的长治地区，雁门关和新广武一带更是屡屡血战，防不胜防。

　　"嘉靖十九年（1540年）俺答……分道入寇，越大同，度雁门，入宁武、岚静等处，杀人畜万计。"

　　"嘉靖二十一年（1542年）六月辛卯，俺答寇朔州。壬寅，入雁门关。丁未，犯太原。"

　　"嘉靖三十一年（1552年）十一月己卯，俺答犯大同，分掠朔、应、山阴、马邑。九月乙酉，犯山西三关。"

　　"嘉靖三十二年（1553年）九月丙午，俺答犯广武，巡抚都御史赵时春败绩，总兵官李涞、参将冯恩等力战死。"

　　"嘉靖三十九年（1560年）九月己巳，俺答犯朔州、广武。"

　　血淋淋的事实迫使明朝政府更加努力地修缮边防，营建墙垣以自卫。于嘉靖十九年（1540年）在广武城设守备，后设雁平兵备道，并在雁门关沿边各口增筑城堡，完善以雁门关为核心的防御体系。这一体系最北以新广武一线的长城为前线，居中的雁门关为中枢，山南的代州城为后援，坚决堵住这条勾注山南下的孔道。

　　新广武的名字来源于距此地不远的猴岭西北方长城外侧创建于辽代的广武城。明代在此地新建城堡后，仍名广武，为了加以区分，即称原来的为旧广武，此为新广武。实际上明代也重修了旧广武城，这座长方形的城堡至今保存完整，也是山西长城沿线少有的包砖尚存的古城堡了。而现在的新广武城却早已被拆得七零八落，仅剩下一些夯土残垣，东边还被河水冲掉了一部分，只有南门洞和北墙中部的护关大楼子一带尚存包砖，可惜这座巨大敌楼的北墙也已经整体坍塌，所以当地流传有"新广武不新，旧广武不旧"的说法。

　　新广武城防的布局十分复杂，关城卡在山沟中央，呈长方形，开南北两座门。关城南侧不远又建有一座更大的南城，面积是关城的数倍，好像一个不规则的大口袋套在了黄土山之间。南城南侧还凸出一座罗城，不但进一步封锁了这条山沟，还抢占了沟东南的制高点。东西两山上的长城各自分为两岔，以人字形下至沟中，北侧主线与关城北墙连接，南侧支线与南城两翼相连，好像给这一连串的城堡加上了翅膀，完全把山沟里的大路与河道卡死，给进犯之敌设置了难以逾越的重关铁镇。山沟中原有一条季节河，所以这南北共4层跨河而建的城墙上原来都应该会设有水门之类的建筑，但现在大多或被洪水冲毁，或被人为拆除，已经看不到痕迹了。城墙的包砖也大多拆掉，仅有部分地段还有少量砖墙幸存。

　　随着明代中后期新广武防线的日趋完备，雁门关实际上已经逐渐失去了曾经的重要作用，走向没落。反倒是壁垒重垣的新广武继续严守勾注山，传承着雁门关不变的使命。

　　新广武两翼的黄土山相对低缓，长城因而修建得更为高大坚固，这一带竟然尚存有近10座完整或残破的砖砌空心敌楼，至于仅存夯土台的敌楼遗址更达几十座之多。西面的猴岭远离村庄，城墙上残存大面积的包砖，这在全晋现存的长城中都是极其罕见的了。山西长城总是以黄土夯筑的形象示人，在新广武长城上则可很清晰明了地看到，山西的长城原本并不是裸露的，而且也是筑有众多空心敌楼的，只是被破坏得实在太惨烈了，以至于本来的样子反倒变得陌生，令残垣断壁的夯土成了山西长城固化的形象，真是太可惜也太讽刺了。

　　长城向西一路攀升，越高处的城墙上，幸存的包砖越多，毁坏者也基本以自然坍塌为主。有的地段砖城墙近乎完整，连顶部的垛口也还挺立着，真是奇迹。在猴岭上大约还有6座较完整的砖砌空心敌楼，它们点缀在盘亘于山岭间的古长城之上，充满了沧桑和神秘的气息。敌楼大多凸出在墙体外侧，为敦实的梯形，在城墙一侧开拱门出入，其余三面墙多是设两三个箭窗。门上设砖雕垂花，中间镶嵌匾额，上款均为"万历丙午（1606年）中秋之吉巡抚都御史李景元"，下款皆是"兵备副使李茂春、左参将陈天爵、管粮通判蒲嘉轮立"。这些匾额就是前面提到过的"鍼扃""控阨""壮橹""天山""雄皋"。（见110、148、149页）

　　新广武长城是山西境内最有代表性也保存最好的一段明代长城。

7.13　镇北台长城

　　在陕西省榆林市以北的红山上有一座高大巍峨的巨型墩台，号称"万里长城第一台"，名曰镇北台。此台平面呈正方形，是一座从下至上每层向内缩小的三层实心墩台，台子一层的边长在70米左右，通高约30米，台外又有一圈方形围城，所以外观更像是四层，台顶上原来还曾经建有一座宽大的五开间硬山顶大屋。这样的墩台在明长城上仅此一座，无论从造型到体量，的确是当之无愧的第一。

　　榆林城是明长城延绥镇的镇城所在地，处在本镇防线中部偏东的位置，直面河套平原内驻牧的蒙古各部不断的袭扰，压力甚大。明初以来直到成化年间，蒙古鞑靼部频繁进犯延绥，不胜其扰。

　　洪武九年（1376年），元将帖木耳入侵延绥，被颍川侯傅有德击败。

　　天顺元年（1457年）三月，鞑靼孛来犯延绥，征虏副将军石亨追剿之。

　　天顺二年（1458年），孛来再犯，总兵杨信、都督金事张钦与之战，均获胜。

　　天顺四年（1460年）八月甲子廿一，孛来三道入寇，宣府总兵官杨能御之。彰武伯杨信拒却之于榆林。

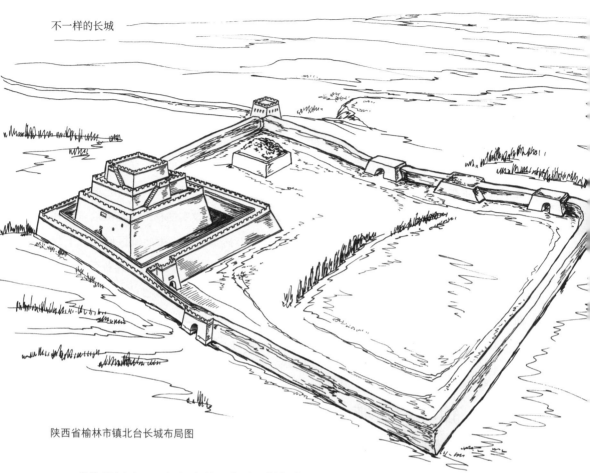

陕西省榆林市镇北台长城布局图

成化元年（1465年）八月、十月，鞑靼酋长毛里孩犯延绥，被击退。

成化二年（1466年）六月，毛里孩入侵延绥，被总兵杨信与项忠击败。十二月，毛里孩再犯延绥，参将汤允绩战死。

成化四年（1468年）十一月，毛里孩再犯延绥，都指挥佥事许宁击败之。

成化五年（1469年）春，敌再入延绥，守将许宁等辄击败之。九月，孛罗忽、癿加思兰入榆林塞，又入宁夏塞，大掠环、庆至固原。冬十一月乙未十五，毛里孩犯延绥。是年冬，阿罗出入居河套。

成化六年（1470年）一月，许宁击退毛里孩。五月，王越于延绥东路击败阿罗出。七月，朱永于双山堡击败阿罗出。

也正是因为如此，明成化九年（1473年）即将延绥镇城从偏南的绥德迁至榆林，以针锋相对的态度坚决顶住。

弘治元年（1488年）夏，小王子奉书求贡，自称大元大可汗。朝廷……许之。自是，与伯颜猛可王等屡入贡，渐往来（河）套中，出没为寇。八年（1495年），北部

亦卜剌因王等入（河）套驻牧。于是小王子及脱罗干之子火筛相倚日强，为东西诸边
患……明年，宣、大、延绥诸境俱被残。

弘治十三年（1500年）冬，小王子复居河套。十四年（1501年）秋，保国公朱晖
等以五路之师夜袭敌于河套，斩首三级，驱孳畜千余归，赏甚厚。小王子以十万骑从
花马池、盐池入，散掠固原、宁夏境，三辅震动，戕杀惨烈。

嘉靖八年（1529年）十月，吉囊、俺答寇榆林塞。总督王琼率兵御却之。

嘉靖十二年（1533年）春，吉囊拥众屯（河）套内，将犯延绥，边臣有备，乃突
以五万骑渡河西，袭亦不剌、卜儿孩两部，大破之。

嘉靖十九年（1540年）三月，虏入榆林塞，破清平堡，入米脂，杀掠人畜万计，
焚刍粮数万，长驱而出。

嘉靖二十二年（1543年）春，俺答屡入塞。秋八月，犯延绥，总兵官吴瑛等击
败之。

嘉靖二十五年（1546年）六月甲辰，犯宣府，千户汪洪战死。秋七月，是月，俺
答犯延安、庆阳。九月，俺答犯宁夏。

史书中记述的明朝延绥镇即河套地区200年间所遭受的杀掠不计其数，几乎年年
入寇，甚至一年多部多次入边蹂躏，每每可见血泪凝结成的伤亡统计数字，动辄杀伤

陕西省榆林市镇北台

以万计，各地将官多战死。明军战斗力实在有限，在不多的反击中，能杀敌数十便已算佳绩，两相对照，更反衬出了边患之炽烈，边境军民之困苦忧惧以及明朝只得依靠不断地修长城来勉强应对的尴尬局面。

蒙古各部每年不定时入边杀掠简直就是沿边军民的噩梦，时断时续的边贸互市也仅能给人民带来为数不多的相对和平时期，那么当终有一日隆庆议和使内外以长期开放互市的形式消弭刀兵之祸，对于久受荼毒之苦的边镇和百姓不啻是改天换日的重大佳音。

榆林城北10里的红山长城内侧连建有一座款贡城，是成化十年（1474年）延绥巡抚余子俊所建。此城就是明蒙进行互市交易的地方，但因战乱不断，互市也名存实亡。隆庆议和后，互市才终于稳定下来，成为常态。蒙古部民带着牛羊、骏马、骆驼、毛皮来到塞下，明朝以茶砖、美酒、丝绸、铁器、食盐进行贸易，化干戈为玉帛，使双方都获取了所需物资、经济收益与和平安宁。万历三十五年（1607年）在红山款贡城西南角筑起了高大的镇北台，巍峨地俯瞰和监管着城内外的贸易情况，也宣示着不容侵犯的主权。

每当互市日到来时，蒙古部民便从北面的两座门进入款贡城，明朝商旅从南门进入，之后城门随即关闭，城墙、敌楼和镇北台上的官吏与士卒严密地注视着城内的动静。一棒锣声响过，款贡城里立即回荡起了嘈杂的叫卖和讨价还价声，和我们今天所常见的乡间大集也相差不多，曾经杀气腾腾拿着屠刀进入长城的牧民与曾经四散奔逃的边民终于带着轻松的微笑开始为手中的商货和铜钱锱铢必较起来。互市日结束后，两方人员依然从原路退出。此后的数十年间，和平真的成了长城内外的主旋律。虽然边塞的厮杀和喧闹的互市早已成为往事，但款贡城和镇北台却依然在毛乌素沙漠日渐逼近的流沙中孑然挺立着，彰显出一种不屈而刚毅的气势。

7.14 嘉峪关长城

明长城的最西端一关就是嘉峪关，时人誉之为"天下第一雄关"，其实居庸关也悬有这样的匾额，都是文人们不遗余力夸赞关隘威严的溢美之词。不过嘉峪关也

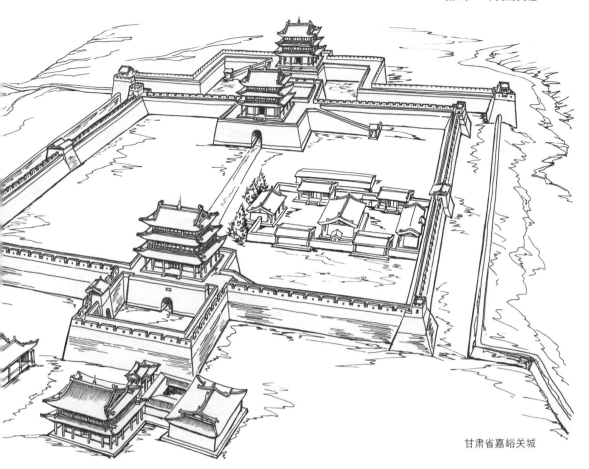

甘肃省嘉峪关城

的确当得起这样的评价，远守明长城的最西陲，孤悬瀚漠，彰显出华夏的威仪。

嘉峪关因建在嘉峪塬上而得名，这里正卡在南边的祁连山和西北的黑山之间，两山相对形成的天然孔道是西出汉代敦煌、玉门与西域的必经咽喉。明朝洪武年间，宋国公冯胜率大军从元朝手中收复河西，但却已无力再如汉、唐那样经营西域，便于洪武五年（1372年）在此处修建嘉峪关，以定明朝的最西界。

这相当于在传统的河西走廊中部偏西位置切下一刀，把由中原王朝经营了1300多年的河西走廊西段弃之不要，敦煌、玉门、阳关、瓜州等地从此皆在边外。为了保护明朝在西面的利益，为嘉峪关之外增设屏障，明朝对关西各部采取羁縻手段，先后设立了安定、阿端、曲先、罕东、沙州、赤斤蒙古、哈密七卫，后来将沙州卫内迁，在故地又设立有罕东左卫。只是这些卫所随着明朝实力的削弱和西域吐鲁番汗国的壮大逐渐被迫内迁和叛降，到嘉靖三年（1524年）时即全部丧失。

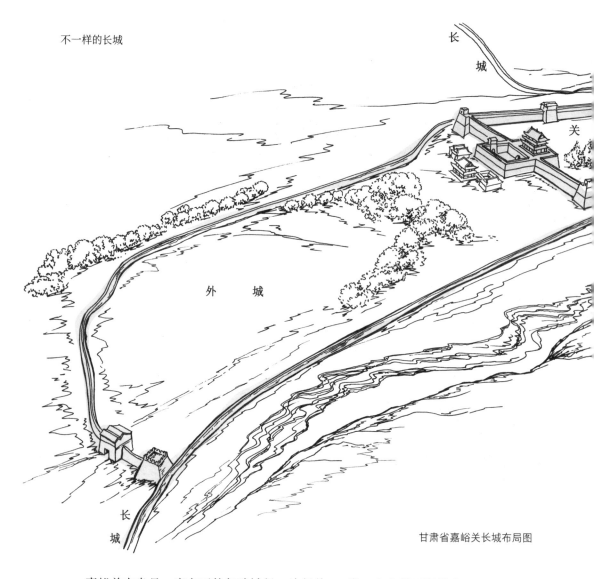

甘肃省嘉峪关长城布局图

　　嘉峪关本身是一座方正的包砖城堡，边长约160米，坐东朝西紧靠在长城内侧而建，四角有角楼，南北墙中部建马面。关城开东西两座门，东门称光华门，西门曰柔远门，两门皆有城楼和瓮城。嘉峪关的城楼都是三重檐歇山顶的木楼阁，挺拔俊秀，为关城增添了英武之气。西门外即是长城关门，形制与关城的门一致，门拱上方即镶嵌有"嘉峪关"匾额，其上也建有同样的城楼。三座楼东西呼应，耸立于整齐的雉堞之间，为嘉峪关勾勒出最浓郁的古典轮廓。长城关门两侧又分别向东延伸出夯土城墙，在关城以东括出一个有如抛物线般的巨大外城，并连接在长城主线上。

N

嘉峪关长城向西北延伸约17里，堵住了黑山的峡口，在此设有一座小关，名叫石关。从此处分别向南面和西北面各伸出一道支墙，都攀上黑山陡峭的山崖而止，形如张开双臂般从三面封锁了峡口。

从嘉峪关向西南的长城在空旷的戈壁滩上又直直走了约15里，抵在讨赖河北岸的第一墩止。从西南面祁连山中流下来的讨赖河水在大地上切割出了几十米深的峡谷，成了不可逾越的天然屏障，相当于将长城防线又拉伸了50多里，一直延伸到祁连山脚下。

嘉峪关之于中原，既是一道御敌的城垣，又是对经略西域有心无力的一种反应。明朝遮遮掩掩设置的关西七卫并不能真正像汉、唐时代的都护府一般成为实力的延伸，反倒与东北方的兀良哈三卫一样，成为乱象丛生的一个根源。而嘉峪关也就经常面临着北、南、西三面受敌的险恶境地。正德十一年（1516年）十一月，吐鲁番满速儿汗入寇肃州（今酒泉市），游击将军芮宁阵亡，全军陷没，嘉峪关失守。至嘉靖年间七卫不存，嘉峪关和东面的肃州更是屡屡遭到攻击，遂无宁日。真有种食之无味，弃之有肉的鸡肋之感，此后大部分时间，都在苦苦支撑和煎熬。《读史方舆纪要》就此称："数十年中，无能以一骑逾关而西者，使土鲁番纵横坐大。"

清朝疆域拓展到今新疆全境，嘉峪关丧失了军事堡垒的作用，变成了检查站和税务所。不过乾隆五十六年（1791年）还是对关城进行了一次全面的整修，但到同治五年（1866年）左宗棠率军入新疆平定阿古柏叛乱时，关城已经再次破败不堪了。左宗棠当即下令对嘉峪关进行修缮，并为关楼亲题"天下第一雄关"匾额。近代军阀混战时期，嘉峪关损毁尤甚，城砖被拆，关楼木料也成了烧柴，今天所能见到的嘉峪关已经是上个世纪末和本世纪初两次大修之后的形象了。

在明长城的关隘中，除了这些著名的大关口，还有许多位
于山间小道上的小关门，仅能通一人一骑，也就是简易地在城墙
上开设一个门洞。此类关口数量更多，其形式甚至有些类似于前
面说到过的暗门，体量则要高大不少，至少是可以令人从容通行
的。虽然今天这类门洞已经毁坏殆尽，但仍然有一些幸存者，比
如辽东镇西端的起点无名口，抚宁县和卢龙县交界处附近的干涧
口、重峪口，迁安市的石门子口、白道子口，密云的倒班岭口、
白岭关，怀柔黄花城西边的撞道口等，都是仅有一座门洞的关
口。这也是明长城关隘的一种重要组成形式，说明长城上不仅有
壁垒重重的大关隘，小门洞也是不能忽视的。

河北省迁安市石门子口

齐长城　楚长城　魏长城　中山长城　赵长城　燕长城　秦长城

秦朝万里长城

金长城　宋长城　汉长城

北魏长城

唐长城　北齐长城

隋长城

挖掘取石
人为拆毁
盗窃碑刻
开矿炸山
野蛮修缮
植物生长

第8章
失去的记忆

散轶文物　石刻
　　　　　碑刻
　　　　　文字碑

记事碑
分界碑
匾额
施工碑
鼎建碑
阅视碑

辽　蓟　宣　大　山　延　宁　固　甘
东　州　府　同　西　绥　夏　原　肃
镇　镇　镇　镇　镇　镇　镇　镇　镇

镇城
路城
卫城
所城
堡城
关城

战　盔　火　冷
车　甲　器　兵
　　　　　器

建造构成

敌楼　城墙　烽火台

来　分　　　剖　　包　石　夯　与　预
历　类　　　析　　砖　砌　土　敌　警
　　　　　　　　　城　城　城　楼　方
　　　　　　　　　墙　墙　墙　的　式
　　　　　　　　　　　　　　　区
　　　　　　　　　　　　　　　别

构　石　砖　匾
件　雕　雕　额

嘉　镇　新　紫　居　古　黄　喜　青　冷　刘　界　九　山　　　　墁　排　水　墁　射　悬　暗
峪　北　广　荆　庸　北　崖　峰　山　口　家　岭　门　海　　　墁　地　水　墁　口　孔　墙　门
关　台　武　关　关　口　关　口　关　关　口　口　口　关　　　顶　方　槽　尖　石　砖　眼
长　长　长　长　长　长　长　长　长　长　长　长　长　长　　　砖　砖　嘴　砖　　　眼
城　城　城　城　城　城　城　城　城　城　城　城　城　城

在明代长城沿线曾经保存有大量的长城碑刻，其中以隆庆、万历时期各地部队建造长城的施工碑、鼎建碑和官员视察的阅视碑为多，还有许多城门和敌楼上曾经镶嵌的匾额以及城墙上遗留的文字砖，是除了史书之外另一种关于长城信息珍贵的历史记录。我在20余年前开始接触、了解长城，并沿着长城徒步寻访时起，就注意到了这些虽不精美但却珍稀的宝贵石刻与字砖，也见证了许多这类野外文物的损毁和丢失，有感于此种关于长城的记忆日渐凋零，一直试图对它们进行保护和记录。

后来我有幸结识了北京的积雪庐郭峰老师，并与这位大我近20岁的叔叔辈人物成为了忘年的莫逆之交，甚至可以说是共同经历过多次生死考验的患难之交。我们曾经结伴一同寻访过众多的古长城，在野外披荆斩棘、风餐露宿，甚至因迷失方向在深秋寒夜里的悬崖边一起坐到天明。郭峰老师对我这位小老弟也是照顾有加，曾经为我和妻子主持了一场终生难忘的长城婚礼。他常对人说，我是他最好的朋友。

郭峰老师是一位浸润着中国传统文化的艺术家，书法、绘画和篆刻无不精通。我曾向他学习传拓的技艺，即给碑刻制作拓片的方法。以墨包锤拓的方式把石碑上的字迹转印到宣纸上，这种方式能够最大限度地保存碑刻表面的真实面貌和具体尺寸，比之摄影有着无可替代的原真记录价值。我和郭峰老师后来常以此种方式记录在野外遇到的长城碑刻，如果我们不能一起行动时，每当再次见面，都会拿出彼此新发现和收集到的拓片进行交换珍藏，这种情况持续了好多年。因此我每次到山里走长城，除了背着帐篷、给养等数十斤重的装备，还要背着许多宣纸、喷壶、棕刷、拓包、矾水之类的传拓工具，给本已举步维艰的负重又雪上加霜不少。可惜许多时候辛苦地走了多日，却一块碑刻字砖也不曾遇见，白白地挨累。有时候没有带工具，却发现了碑刻，待下次专程来拓，碑却已经丢了。

这么多年来我在长城上收集的和与郭峰老师相互赠予的拓片及文字砖也有近百种之多。在原本浩如烟海的长城碑刻文物中，这点数量实在是微不足道，但其中有许多为野外散轶之碑，并不见于别处记载，几乎可称孤品。尤其多年之后故地重游，这些野外的碑刻已经有十之八九毁去，许多当初不经意间拓下的粗劣拓片竟然成了堪称绝版的最后记录。于是在此书中把这些拓片也一并展示给朋友们，算是一个把行将彻底消失的长城碑刻记忆流传下去的方法，也可不使数年来收集整理之功化为故纸一堆，以全我对万里长城的一份赤子之情。

8.1　文字砖

关于文字砖的形式和作用在前面已经讲过，但明长城沿线到底存在过多少种文字砖就谁也说不清了，我收集到的文字砖大多都在河北省东部的蓟州镇长城辖区，多是万历之后大规模砖砌长城时所遗留。

明万历十一年（1583年）春，山海路参将王守道在镇东门外建东罗城。万历十二年（1584年）二月，永平兵备道副使成逊和山海关兵部分司主事王邦俊，将东罗城外墙垒石包砖，五月竣工。此次包砖，要求各地参与施工的队伍都烧制了文字砖，据说有10种之多，其中"真定营"和"德州营"文字砖所占墙面最多。

图为真定营的两种文字砖。

真定即今河北省正定县，其下有奇兵营、民兵营、车营、标兵营等营伍。此真定营应为真定奇兵营，万历元年（1573年）设参将1人，中军游击1人，千总、把总38人，员额2233人，盔甲2450副，战马、驮骡2288匹。

德州即今山东省德州市，德州营全名"德州班军营"，兵员3000人，每年秋季在蓟州镇石门路驻防。石门路是蓟州镇东四路之一，设在今抚宁县石门寨，下辖从山海关九门口到甘泉堡一线的长城160里。

"萬曆拾貳年真定营造："高37厘米，宽9厘米

"萬曆十二年真定营造："高37厘米，宽9.5厘米

班军是指被周期性抽调到相对固定的地区从事军事戍守行动的卫所兵。在蓟州镇长城文字砖上出现的各班军营都是周边各卫所入卫蓟州镇的班军，最后基本上都从操练战法转变成了修筑长城的工程兵。

抚宁县即今河北省秦皇岛市抚宁区，现在已经升为区。

建昌是指今河北省迁安市北部的建昌营镇，为蓟州镇东四路协守副总兵的驻地，属燕河路辖区。建昌营隆庆三年（1570年）设副总兵1人，领中军1人，千总、把总12人，部队5432人，盔甲3199副。其下车营的偏箱车144辆，轻车128辆，元戎车3辆，鼓车2辆，大将军车6辆，火箭车5辆，战马2714匹，骡288头。

樂亭县即今河北省唐山市乐亭县，乐字发涝（lào）的音。

燕河路是蓟州镇东四路之一，管辖东起桃林口，西至白道口的130里长城，驻守在燕河营。燕河营，正统年设参将1人，领中军1人，千总、把总9人，兵员3128人，尖哨1人，夜不收300人，盔甲1888副，轻战车36辆，战马1600匹，驻地就在今卢龙县燕河营镇。

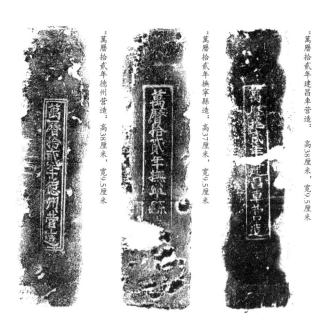

"萬曆拾貳年建昌車營造"，高38厘米，宽9.5厘米

"萬曆拾貳年撫寧縣造"，高37厘米，宽9.5厘米

"萬曆拾貳年德州營造"，高38厘米，宽9.5厘米

"萬曆拾貳年燕河路造"，高37厘米，宽9厘米

"萬曆拾貳年樂亭縣造"，高37厘米，宽9厘米

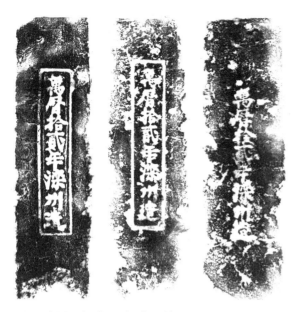

"萬暦拾貳年滦州造"高35厘米，宽9.5厘米

高36.6厘米，宽18.5厘米

高37.5厘米，宽10厘米

"萬暦伍年古北路造"

滦州即今河北省唐山市滦州区。此内容文字砖共收集到三种式样，双层边框、单层边框、无边框。

以上是山海关东罗城一带的文字砖，我一共收集了七种。

古北路文字砖两种，万历五年为公元1577年。

古北路是蓟州镇西四路之一，管辖密云境内东起卢家安寨，西到蚕房谷寨的95里长城。驻守于古北口，在今北京市密云区古北口镇。古北口营，嘉靖三十年（1551年）设参将1人，领中军1人，千总、把总11人，额定兵员为2774人，尖哨150人，夜不收400人，盔甲3100副，战马1000匹。

万历六年为公元1578年。延绥营全称"延绥边军营",是由延绥镇调防至蓟州镇的部队,春秋两防。嘉靖二十九年（1550年）设游击1人,领中军1人,千总、把总8人,军卒2200人。原驻防古北路,万历元年（1573年）改调至台头路。台头路东起抚宁区星星谷,西至卢龙县梧桐谷,管辖长城116里。

振武营文字砖两种,"右"通常是指营下所辖的"右部",万历六年为公元1578年。

振武营直属于蓟州镇总督标下,嘉靖四十二年（1563年）改设游击1人,领中军1人,千总、把总11人,兵卒3017人,盔甲2554副,战马157匹,驮骡228头。

镇虏奇兵营文字砖四种,万历五年为公元1577年,六年为1578年,七年为1579年。镇虏奇兵营直属于蓟州镇总督标下,设游击1人,领中军1人,千总、把总11人,兵卒2486人,盔甲1411副,战马150匹。奇兵就是精锐之师,机动部队,由副总兵官统管,随时准备接警赴援,属于常年战备值班部队。

沈阳营的文字砖共有左部造、中部造、右部造、沈阳营造几种,我曾经都见过,但最终只拓到了中部造一种。万历十年为公元1582年。

"萬曆六年延綏營造"。高34厘米,宽9.5厘米

"萬曆六年振武營右造"。高37.5厘米,宽9.5厘米

"鎮虜奇兵營造萬曆七年分碑"：高41厘米，宽10厘米

"鎮虜奇兵營萬曆七年造"：高38厘米，宽10厘米

"萬曆陸年鎮虜奇兵營造"：高38厘米，宽10厘米

"萬曆伍年鎮虜奇兵營造"：高35.5厘米，宽9厘米

沈阳营全称"沈阳游兵营"，原设都司，万历三年（1575年）改设游击1人，领中军1人，千总、把总9人，士卒2787人。这些沈阳营的官兵是从辽东镇调防到蓟州镇的客兵，顾名思义就是外来户，每年春秋两季到蓟州镇听命。夏季酷热，冬季寒冷，不适于蒙古骑兵南下劫掠，因此他们多在春秋两季入寇，明军也在这两季调动部队严加防守，称为春防、秋防。在辽东镇的沈阳中卫城（今辽宁省沈阳市）另有沈阳营，拥有7987人的庞大兵力，在蓟州镇修长城的"沈阳游兵营"应该就是从这里调出的。游兵主要是机动作战部队，不固定防区，何处有警便调援何处，各镇都设有游兵，均担负有入卫京城和轮流戍守蓟州镇的任务。

山东营文字砖三种，万历五年为公元1577年，万历十一年是公元1583年。

山东营全称"山东班军营"，隆庆元年（1567年）设都司1人，领中军1人，千总、把总10人，士兵2998人，春秋两季在古北路防守。蓟州镇总督、巡抚和总兵之下都设有左营和右营，因此山东左、右营有可能来自本省督抚直属队。

天津即指"天津班军营"，从天津卫（今天津市）调防的部队。原设都司。万历三年改游击1人，领中军1人，千总、把总9人，士卒3000人，春防、秋防驻扎松棚路防守。松棚路是蓟州镇中四路之一，管辖东起迁西潘家口，西南至遵化罗文峪的155里长城。天津秋班就是指天津班军营秋防时在这里修筑长城。既然有中部、左部，就应该还有右部。这一线长城原为石墙包砖，现在竟然被村民拆得一块完整青砖都不剩，这些文字砖是我进村后在农家院墙上找到的。

"山东营造"，高35厘米，宽9.5厘米

"萬曆伍年山东左营"，高35.5厘米，宽10厘米

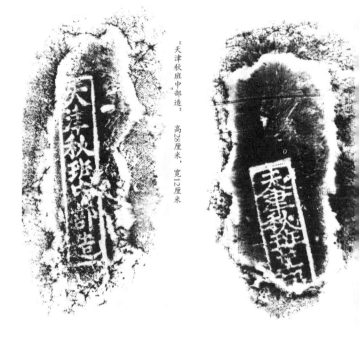

"天津秋班中部造"，高28厘米，宽12厘米

"萬曆伍年墙子路造"：高35厘米，宽8.5厘米

"萬曆七年德州营造"：高25厘米，宽9.5厘米

"萬曆陆年宣府营造"：高33.5厘米，宽9厘米

"萬曆十五年德州营右部造"：高35厘米，宽9厘米

德州营文字砖两种，即德州班军营于万历七年（1579年）、下辖的右部兵于万历十五年（1587年）在蓟州镇东部桃林口以西修筑的一段长城和敌楼。对比前面提到的山海关东罗城"万历十二年（1584年）德州营造"文字砖简介可知，德州营的防区曾经调整到燕河路地界。

墙子路是蓟州镇西四路之一，驻地在今北京市密云区墙子路村，设有墙子岭营，于万历五年（1577年）到邻近的古北口一线修筑长城。墙子路下辖东起平谷鱼子山，经墙子岭，西南到密云大黄岩口的231里长城。墙子岭营嘉靖三十年（1551年）设参将1人，领中军1人，千总、把总6人，兵1506人，尖哨100人，夜不收300人，盔甲1885副。

宣府即今河北省张家口市宣化区，明代宣府镇城所在地。此处的宣府营全称为"宣府边军营"，是从宣府镇调防到蓟州镇的边军，于万历六年（1578年）在蓟州镇界岭口一线修筑了长城。宣府边军营设游击1人，领中军1人，千总、把总8人，兵卒2500人，春秋两防驻扎在蓟州镇台头路。

主兵造砖发现于河北省迁西县境内城子岭至榆木岭一线的长城上，属蓟州镇中四路之一的太平路管辖。太平路驻地就在今迁西县太平寨，下辖东起迁安白羊峪，西南到迁西榆木岭的73里长城。主兵即本地人马，应该就是太平路所在的太平寨营兵。正德十年（1515年）设参将1人，领中军1人，千总、把总6人，兵3871人，尖哨52人，夜不收184人，盔甲4399副，轻战车81辆，马、骡1347匹。

河间即"河间班军营"。原设都司，万历元年（1573年）改游击1人，领中军1人，千总、把总9人，兵3000人，每年秋防屯驻在曹家路。曹家路是蓟州镇西四路之一，管辖密云境内东起小台儿寨，西至将军台寨的135里长城。

我曾见过的河间文字砖有河间、河间营、河间营造等几种。

右三司文字砖发现于河北省迁安市白羊峪长城上，这一地段属于太平路管辖。明代的班军营常分设几部，如沈阳营就有左、中、右三部。部下又分设两到三个司，判断右三司应该是指修筑这段长城的某部队下辖的右部第三司。曾经驻防太平路的除了太平寨营主兵外，还有定州忠顺营、沈阳游兵营、中路南兵营等客兵，右三司应该就是他们其中的一支部队。

"萬曆七年春主兵造"：高36厘米，宽11厘米

"河间"：高37厘米，宽9.5厘米

"右三司"：高40厘米，宽9.5厘米

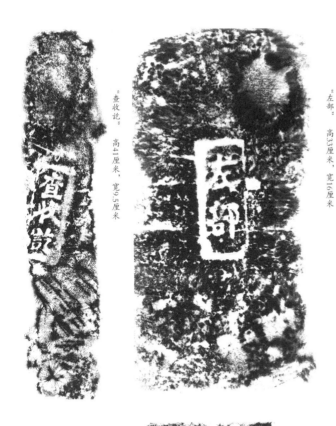

"左部"：高33厘米，宽16厘米

"查收讫"：高41厘米，宽9.5厘米

"東右"：高38厘米，宽18厘米

从字面上理解，查收讫就是已经验收查点清楚的意思，这种字模烧制在青砖上即说明早在制坯的时候便已经将字印了上去，因此这不应该是城墙工程质量验收合格的意思，而是对制作砖坯数量的验收。此种砖多见于今北京市怀柔区慕田峪到黄花城一带的长城上。

左部自然是修筑这段长城的某营左部。这种砖出现在北京市怀柔区的奤拉边长城一带，此段长城属于昌平镇下辖四路之一的黄花路。曾经驻守此地的有黄花路营的主兵，京军营、山东班军营的客兵，应该是这其中的一支部队。

東右砖发现于北京市密云区墙子路村青龙山上坍塌的长城废墟中，是以粗糙的凸字烧制在砖面上。查蓟州镇主、客兵，有"东"字的只有山东营和东路南兵营，但从已知的山东营文字砖看，此砖并非他们的风格，因此推测有可能来自于"东路南兵营"的右部。南兵营即随戚继光调到北方的原戚家军义乌兵。

这种右字砖以及常相伴出现的左、中等文字砖都是在砖面上烧制的凸字，应属于筑城部队的左、中、右三部，我曾在蓟东的徐流口、河流口、龙井关一带都看到过。这些地区分属蓟州镇燕河路和松棚路管辖，曾在此地区驻守的除了燕河营、松棚峪营这样的主兵外，还有保定班军营、河南班军营、中路南兵营等客兵。

这也是一种烧制在砖面上的凸字砖，发现于山西省右玉县头墩村的长城附近。这一带的长城早已经仅剩下夯土的残墙和墩台，但从尚存的青砖来看，至少曾经建有砖敌楼，"官"字应意在表明这是官府工程和官家修筑。这种"官"字砖在北京市延庆区的八达岭长城附近也曾见过。

此砖在北京市密云区墙子路附近的长城废墟中发现，应该是工匠在刚刚打好的泥坯上用锥子之类的锐物随手刻划的记数砖，大体是这一堆砖坯有一百块的意思，颇有信手挥洒的随意和熟练。

"右"，高21厘米，宽38厘米

"官"，高23.5厘米，宽20厘米

"壹百"，高38厘米，宽20厘米

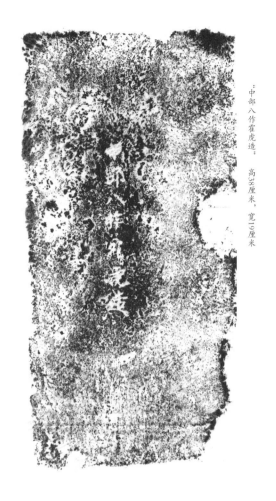

"中部八作霍虎造"　高38厘米，宽19厘米

这种砖属于工匠留名砖，发现于河北省秦皇岛市抚宁区界岭口一带坍塌的长城废墟上。在砖面直接留下工匠的名字，这在明长城现存的文字砖中并不多见。据记载有人曾在这一线长城上发现过"万历二十一年（1593年）德州营右部作头李学忠造"的文字砖，因此可以推断这块"中部八作霍虎造"砖也是同一时期产物，应为德州营中部的烧砖匠人霍虎所制。

这是两种有浮雕花纹的射孔砖，此类砖我在山海关、界岭口和冷口一带的长城上都曾经见过，经分析在上述地区驻防过的部队，很可能也是出自德州营之手。这种砖就是一个完整的射孔模块，直接砌进城墙上即可。因表面凸起的花纹很细，经数百年风化和人为破坏，大多残缺不全，已经极难遇到完整的了。

射孔砖　高29厘米，宽30厘米

8.2 碑刻

长城上除了文字砖之外，还有碑刻、匾额以及在山石上直接磨刻文字等几种记事形式。碑刻有阅视碑、鼎建碑、施工碑等内容，或是立于城墙上、敌楼内的竖式碑，或是镶嵌在墙壁里的横式碑，但实际上许多都已经是被弃之荒野的残碑了。

8.2.1 阅视、鼎建碑

这一类碑刻主要是当时的各级官员到修筑长城的第一线进行视察所留下的记名碑，除了时间之外，大多罗列官员们的职衔、籍贯和姓名。

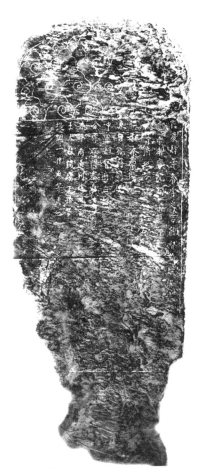

庙山口隆庆四年残碑

碑身材料：灰色石灰石。

碑身尺寸：高137厘米，宽54厘米。

碑身装饰：碑首为弧形，碑身为竖式长方形，已残缺，装饰线刻云纹，碑身四周有单线框。

碑文内容：

隆慶肆年（1570年）春季之吉，總督薊遼保定……

□管督察院□□郎……

□等府地方……

御史余希周，巡……

東按察司副使……

中軍都督府右……

分守石門寨……

永平府通判趙……

王太□鐵□□指□……

提調一片石等處地……

状况介绍：

这块碑原半埋在河北省秦皇岛市庙山口长城上一座坍塌的敌楼内，侧卧于碑砖堆中。石料是这一带长城上常用的灰色石灰石，质地疏松，受潮或水浸后会风化极其严重。当时我搬开碎砖，发现埋在下面的碑身底部两侧已经残缺，碑面绝大部分侵蚀漫漶，什么字都看不见了，仅露在碑砖堆外面的碑首部分尚存少量文字。后来我又到过此处，碑已不知所踪了。

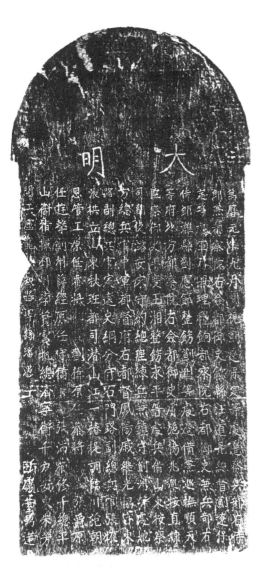

万历元年断虏台鼎建碑

碑身材料：灰色石灰石。

碑身尺寸：高107厘米，宽50厘米。

碑身装饰：碑身为竖式长方形，碑首为半圆形，素面无装饰。

碑文内容：

大明

萬曆元年（1573年）九月，閱視薊、遼、保定等處邊務兵部右侍

郎兼都察院右僉都御史歙縣汪道昆，總督薊、遼、保

定等處軍務兼理糧餉都察院右都御史兼兵部右侍郎濰縣劉應節，整飭薊州等處邊備兼巡撫順天等府地方都察院右僉都御史膚施楊兆，巡按直隸監察御史平度王湘，整飭永平等處兵備山東按察司副使潞安宋守約，總理練兵兼鎮守薊州等處地方總兵官中軍都督府右都督鳳陽戚繼光，恊守東路副總兵官定遠史綱，分守石門路副總兵官張掖張拱立，山東秋班都司潛山江一椿，提調臨川範朝恩，管工原任叅將劉樺，原任叅將張爵，原任遊擊薊州薛經，原任守備張沛，管修千總平山衛指揮邳州李賁實，把總濟寧衛千戶安東朱芳，

閱工盧龍縣知縣嶧縣潘愚　斷虜臺鼎建

状况介绍：

这块碑原保存在河北省秦皇岛市城子峪长城附近的一户老乡家，碑身和字迹都很完整。是新建了一座叫断虏台的敌楼，朝廷的阅视大员汪道昆、蓟辽总督刘应节以及管理本地区防务的金都御史杨兆、监察御史王湘、山东按察司副使宋守约、蓟州镇总兵戚继光、副总兵史纲等人来此视察时留下的碑记。

老乡说，碑尾上所说的断虏台就在董家口长城西段上，是一座现在已经坍塌了一半的五眼楼。

碑身材料: 灰色花岗石。

碑身尺寸: 高96厘米，宽95厘米。

碑身装饰: 碑身为方形，周边无装饰。

碑文内容:

萬曆六年（1578年）歲次戊寅重建劉家口關

欽差總督薊、遼、保定等處軍務兼理糧餉都察

院右都御史兼兵部左侍郎真定梁夢龍，巡撫順天等府地方都察院右僉都御史同安陳道基，巡按直隸監察御史歷城于鯨，整飭永平等處兵備帶管驛傳山東提刑按察司副使南海陳萬言，總理練兵事務兼鎮守薊州、永平、山海等處地方總兵

官中軍都督府左都督定遠戚繼光，協守薊鎮東路分理練兵事務副總兵官都指揮僉事定遠孫朝梁，分守薊州燕河營等處地方參將都指揮同知秀水陳文治，保定營遊擊將軍都指揮同知福山王維藩，

督工原任參將張蕙，桃林口提調張維豆，

中軍指揮徐國禎，把總蘇繼文、王廷祿立。

万历六年刘家口关楼碑

状况介绍:

这块碑原镶嵌在河北省卢龙县刘家口关的关楼回廊内，是石料坚硬、字迹清晰、书法端庄、保存完好的长城名碑。因关楼两翼所连接的城墙早就被拆除，所以关楼两侧的门距离地面就特别高了。我2004年第一次沿着长城走到这里，当时天已经擦黑，我就背着背包徒手爬进关楼里，打着头灯开始拓碑。灯光引来了牧归村民的警惕，很快警察就赶来了，把我当成一个偷碑的窃贼严加盘查。我当时反倒有一种释然之感，如果长城沿线的乡亲们都有这样的保护意识，长城和碑刻就真的安全多了。可是当2019年我带着大女儿故地重游时，这块碑已经不在了，墙壁上只留下了空荡荡的凹槽。

壬字四十四号台鼎建碑

"壬字四十四號"

碑身材料：灰白色花岗石。

碑身尺寸：高94厘米，宽64厘米。

碑身装饰：碑身为竖幅长方形，碎成多块，右上角缺失，周边刻卷云纹装饰。

碑文内容：

隆慶五年（1571年）仲秋之吉，總督薊、遼、保定等處軍務兼理

糧餉兵部右侍郎兼督察院右僉都御史濰縣劉應節，整飭薊州等處邊備兼巡撫順天等府地方都察院右僉都御史膚施楊兆，巡按直隸監察御史晉江蘇士閩，巡按薊、遼等處監察御史仁和余希周，整飭薊州等處地方兵備山西提刑按察司副使仁和徐學古，總理練兵兼鎮守薊州、永平、山海等處地方總兵官中軍都督府右都督鳳陽戚繼光，軍門中軍原任參將署都指揮僉事灤川張爵，協守東路副總兵官句容胡守仁，分守太平寨管參將事遊擊將軍武定楊秉中，定州遊擊將軍楊州徐行，委官忠義中衛經歷黃大勳，管工把總　壬字四十四號　　鼎建

状况介绍：

我当时在河北省迁安市白羊峪村中看见了这块残碑，已经被砸碎了，但除了右上角之外，别的部分并未缺失。虽然右上角第一个字没有了，但很显然是隆庆的"隆"字。据老乡说，此碑原来立在神威楼以西更高处的楼子里，因搬下山时嫌太重，干脆砸碎了拿下来的，令人扼腕。碑中记载的内容很显然也是戚继光等人创建敌楼时期，某一座新楼落成后，各级领导视察并留名。

其中落款处的"壬字四十四號"令我眼前一亮，看起来戚继光时期创修的敌楼虽不设匾额，但都以"甲乙丙丁戊己庚辛壬癸"十天干来为敌楼分组编号，是否还有十二地支的分组则不得而知。每个字号下具体有多少座楼子也还有待研究，不过这个编号方法的发现很令人兴奋。

碑身材料: 灰白色花岗石。

碑身尺寸: 高94厘米,宽63厘米。

碑身装饰: 碑身为竖幅长方形,中间断裂,左上角和右上部缺失,周边刻卷云纹装饰。

碑文内容:

癸字六十二號(位于碑右侧的花边中)

……仲秋之吉,總督薊、遼、保定等處軍務兼理

……侍郎兼督察院右僉都御史濰縣劉應

……等處邊備兼巡撫順天等府地方都察

……御史膚施楊兆,巡按直隸監察御史晉江

……巡按薊、遼□處監察御史仁和余希周,整飭

……等處地方兵備□西提刑按察司副使仁和徐

□古,總理練兵兼□□薊州、永平、山海等處地方總

兵官中軍都督府右都督鳳陽戚繼光,軍門中軍原

任叅將署都指揮僉事□川張爵,恊守東路副總兵

官句容胡守仁,分守太平寨管叅將事遊擊將軍武

□楊秉中,定州遊擊將軍楊州徐行,委官忠義中衛

□□黃大勳,管工把總孫□,把總倪汝楫　　鼎建

癸字六十二号台残碑

状况介绍:

此碑被发现时弃置在河北省迁安市红峪口长城旁的瓦砾堆中,已经断折并缺失了一部分。经对照,碑文几乎和"壬字四十四号台"一模一样,即明朝隆庆五年(1571年)年的同一批鼎建碑,缺失的部分也就可以补全。碑面风化很严重,已经呈现砂砾状。

但当我和郭峰老师把碑拓完,惊讶地发现在碑的右侧花边中隐约可辨"癸字六十二号"的字样。这正好证明前面的判断,即明代隆庆年间戚继光修筑的第一批敌楼都以"甲乙丙丁戊己庚辛壬癸"十天干来为敌楼分组和编号,两块碑相印证,是蓟东敌楼编号法的最好实例。

"癸字六十二號"

碑身材料：青石。

碑身尺寸：高136厘米，宽65厘米。

碑身装饰：碑身为竖幅长方形，碑首为圆弧形，周边刻卷草纹装饰。

碑文内容：

碑首有"名垂千古"四个篆书大字

萬曆十五年（1587年）丁亥春防

總督薊、遼、保定等處軍務兼理糧餉都察院右都御史兵部尚書曲周王一鶚，整飭薊州等處邊備兼巡撫順天等府地方都察院右僉都御史重慶蹇達，巡按直隸監察御史芮城任養心，巡閱直隸監察御史聊城傅光宅，整飭薊州等處兵備帶管驛傳山西提刑按察司副使岷州朱衣，鎮守薊州、永平、山海等處地方總兵官左軍都督府都督同知張臣，協守薊鎮中路等處地方分理練兵事務副總兵官都指揮北平蒿紹忠，總督薊、遼、保定軍門中軍副總兵右軍都督府都督僉事唐山張階，撫院標下中軍遊擊都指揮毀陽劉世桂，總鎮中軍都司都指揮都門許大成，分守薊鎮太平寨等處地方叅將都指揮古檀郭銘，提調榆木嶺等處地方以都指揮體統行事指揮僉事茂山李節，中軍指揮僉事閣中高如松，管工千總指揮使閣中吳秉懿，一司把總官閣中卜夢麟，架梁千總毀陽劉尚義，把總薊門欒繼武，開平王廷爵鼎建。

状况介绍：

此碑原存放在迁西县城子岭到榆木岭之间长城上的一座敌楼中，应该是曾经镶嵌在墙壁里，后来被人抠出放倒在地上。听村中老乡说，曾有人想偷走此碑，半路被村民截住，又责令他们抬回了楼内。

碑文中"聊城傅光宅"的名字在紫荆关北门的"河山带砺"匾额上也曾见过，时间同是万历十五年（1587年）丁亥，说明"巡关直隶监察御史傅光宅"在这一年曾经巡视了蓟州镇中路的太平路和真保镇的紫荆关等处长城边防，巡视的范围很大，走了很远，在那种交通不便，只能骑马的年代，这么大范围的巡视一定会相当的辛苦。

名垂千古碑

261

碑身材料：灰白色石灰石。

碑身尺寸：高100厘米，宽55厘米。

碑身装饰：碑首为半圆形，碑身为竖幅长方形，右侧和下部已缺失，碑首和边框刻卷云纹装饰。

碑文内容：

……蓟、遼、保定等處軍務……

兵部右侍郎兼督察院右僉都御史濰縣劉應

……州等處遵備兼巡撫順天等府地方都察院右……

……膚施楊兆，巡按直隸監察御史高安傅孟春，巡……

……處監察御史仁和余希周，整飭薊州等處地方……

提刑按察司副使仁和徐承祖，總理練兵事務……

平、山海等處地方總兵官中軍都督府右都……

光，軍門中軍原任衾將署都指揮僉事……

路副總兵官句容胡守仁，分守太平寨管衾將……

事易州王保，督工原任遊擊都指揮僉事……

遵化委官忠義中衛經歷黃大勳，管工千……

状况介绍：

2005年我们走长城到达榆木岭后，与当地老乡攀谈中得知在东面山沟中有一块残碑，是被从敌楼里推下山的，于是我们立即折返回去，下山沟寻找，终于找到了这块残碑。此碑内容与前面的"壬字四十四号""癸字六十二号"敌楼基本一致，因而可断定也是同一时期的产物，只可惜缺失部分太多，不知是否还有敌楼编号的信息。

榆木岭残碑

金山岭隆庆四年鼎建碑

碑身材料：青石。

碑身尺寸：高64.5厘米，宽83厘米。

碑身装饰：碑身为横式长方形，右上角断裂，无装饰。

碑文内容：

隆庆四年（1570年）夏孟之吉，總督薊、遼、保

定等處軍務兼理糧餉兵部左侍郎兼都察院右僉都御史宜黃譚綸，整飭薊州等處邊備兼巡撫順天等府地方兼都察院右僉都御史灘縣劉應節，巡按直隸監察御史高安傅孟春，整飭密雲等處兵備山東布政司右布政兼按察司副使太倉凌雲翼，總理練兵兼鎮守薊州等處地方總兵官中軍都督

府右都督定遠戚繼光，恊守西路副總兵官鄱陽李超，分守古北口等處地方副總兵官崞縣董一元，山東領春班都司定遠戚繼美，管工營州後屯衛經歷臨潼焦尚福，委官中軍指揮山陽錢沂，署把總張彥洪、張永安　　鼎建

状况介绍：

此碑原在河北省滦平县金山岭长城的一座敌楼内存放，右上角断裂，表面也受损严重，但字迹仍然清晰可辨，也是谭纶和戚继光修建敌台初期的留碑。碑文中还提到了戚继光的弟弟戚继美率山东春防班军赴蓟州镇修长城，那么很可能该碑所在的敌楼就是由山东班军营修建的。

碑身材料: 花岗石。

碑身尺寸: 高128厘米, 宽60厘米。

碑身装饰: 碑首为笏头碣形, 碑身为竖幅长方形, 碑首刻卷云纹, 碑身四周刻卷草纹装饰。

碑文内容:

钦差总督蓟、辽、保定等处军务兼理糧餉兵部尚書兼督察院右副都

御史真定梁夢龍, 整飭蓟州等處邊備兼巡撫順天等府地方都

察院右僉都御史萊陽張夢鯉, 巡按直隸監察御史泗州劉光國

整飭昌平等處兵備山東提刑按察司僉事延安岳汴, 鎮守居庸、昌平等處地方總兵官中軍都督府都督同知桐城楊四畏, 軍門

中軍副總兵都指揮僉事撫寧徐枝, 分守黃花鎮駐劄渤海所条

將署都指揮僉事綏德李信, 分守橫嶺城等處地方条將署都指

揮僉事漁陽李時, 監工官總委保定府通判仁和周遷, 軍門督工

委官原任遊擊真定崔桂, 管工鎮邊城守備天津王鉞, 橫嶺路中

軍原任守備李太初, 鎮邊城中軍崔尚武, 把總張安、郭斌, 督工旗

牌來思恭、軍匠賀禄、安仲銀、韓住、馬朝用、王舉、王甫、孫堂等鼎建

萬曆八年（1580年）孟冬吉旦立

狀況介紹:

此碑位于北京市怀柔区奔拉边长城上一座叫“玉石楼”的敌楼内, 也有人称之为“御史楼”, 是这一带标志性的敌楼, 与东北方的九眼楼遥相呼应。碑刻保存得很完好, 原被弃置于地, 后来听人说已经被保护性掩埋起来, 不复得见了。

怀柔玉石楼鼎建碑

万历二年春鼎建碑

碑身材料：青石。

碑身尺寸：高105厘米，宽67厘米。

碑身装饰：碑身为竖式长方形，周边三面刻缠枝花卉纹装饰，底边衬托莲瓣图案。

碑文内容：

萬曆貳年（1574年）春，閱視薊、遼、保定邊務兵部右侍郎兼都

察院右僉都御史歙縣汪道昆，總督薊、遼、保定等處

軍務兼理糧餉都察院右都御史兼兵部右侍郎濰縣劉應節，巡撫保定等府地方兼提督紫荆等關都察院右僉都御史富平孫丕揚，巡按直隸監察御史屯留暴孟奇，整飭井陘等處兵備山西提刑按察司副使安丘辛應乾，鎮守保定地方總兵官都督僉事延綏傅津，分守龍、固關地方叅將延綏趙應時，真定

府管倒馬、龍、固關通判韓成張元善，監工官獲鹿縣

丞上虞王敬，中軍定州衛百戶于朴，哨總平定守禦千戶所百戶羅宗道　　　　　　　鼎建

状况介绍：

此碑原在河北省阜平县西面太行山深处的一座敌楼内存放，保存十分完整，很显然是明朝的真保镇长城新建此敌楼时，各级大员前来视察所留之碑，这也说明了戚继光在蓟州镇创修敌楼时，真保镇基本在同期也开工建设了。碑中的汪道昆、刘应节等名字前边的碑中已出现过，他们从蓟东一路视察到了真保镇与山西交界的太行山深处，真是不容易。碑中的"倒马、龙、固关通判韩成张元善"指的是河北阜平的倒马关、龙泉关和山西平定的固关，韩成应是指陕西韩城。

265

8.2.2　施工碑

这类碑刻除了时间外，也会记载各级官员的职衔和姓名，但最主要的是记载所建长城的具体地点、长度和敌楼尺寸等信息，并有修建部队和负责官员的名字。

碑身材料：灰色花岗石。

碑身尺寸：高118厘米，宽56厘米。

碑身装饰：碑身为竖式长方形，碑首为半圆形，周边刻卷草纹装饰。

碑文内容：

大明萬曆二十三年（1595年）秋防，德州營修完石大木馬峪七十八號臺西空起至西山崖止

拆修二等邊墙四十丈，創修三等邊墙五丈，敵臺一座。

欽差總督薊、遼、保定等處軍務兼理糧餉經畧御倭都察院右都御史兼兵部右侍郎

餘姚孫鑛，整飭薊州等處邊備兼巡撫順天等府地方都察院右副都御史餘干

李順，巡按直隸監察御史安邑陳遇文，巡按直隸監察御史貴州馬文卿，整飭永

平等處兵備兼管屯田、馬政、驛傳、海防山東提刑按察司副使華亭方應選，鎮守

薊州、永平、山海等處地方兼管備倭總兵官後軍都督府都督同知榆林王保，恊

守薊鎮東路等處地方叅將署都指揮僉事安東管一方，統領薊鎮德州秋班中軍遊擊

將軍署都指揮僉事高山張棟，提調大毛山口關等處地方以都指揮體統行事

指揮僉事鎮朔周應乾，德州營中軍指揮使張三才，千總指揮僉事梁自售，把總

千、百户向孟元、高平胡、聶承業、□應兆、張潤、劉應魁　建。

万历二十三年秋防德州营修城碑

状况介绍：

这块碑位于大毛山长城最西南山崖下的敌楼前，应该是在原位没有变化，碑身已从中部断裂。石大木马峪指的是蓟州镇石门路大毛山口关之下的这条山沟名叫木马峪。碑中所说的修建"七十八号台西空起至西山崖止"的二等边墙四十丈大致正在楼子前到山崖之间这一段距离，是毛石城墙外侧包砖，顶上砌砖障墙的结构。因而也就知道了山崖前这座楼便是七十八号台，很可能是山海关老龙头的靖房一号台向北来的第七十八座楼子。

碑身材料： 石灰石。

碑身尺寸： 高51厘米，宽36厘米。

碑身装饰： 碑身仅残存右半部，且右下角断裂，边缘刻有卷草纹图案。

碑文内容：

真定標下車營秋防 兵馬蒙派修石大

斷虜墩八十九號

臺起至九十號臺

西空……

状况介绍：

此碑中的真定标下车营是真保镇的队伍，万历二年（1574年）设游击1人，领中军1人，千总、把总8人，有兵2532人，战车120辆，门车8辆，火箭车5辆，望杆车1辆，元戎车3辆，将军车6辆，鼓车2辆。"石大"还是指蓟州镇石门路大毛山口关，断虏墩就是前面《万历元年断虏台鼎建碑》中的断虏台，即今董家口长城以西的一座半塌的五眼敌楼，此楼被编为第八十九号。我从前面的《万历二十三年秋防德州营修城碑》中所提到的第七十八号敌楼一路数到断虏台，楼子的数量基本对得上。从断虏台向前一个楼就是第九十号楼，两楼之间除了断虏台南侧有一小段砖城墙外，其余都是毛石墙体。

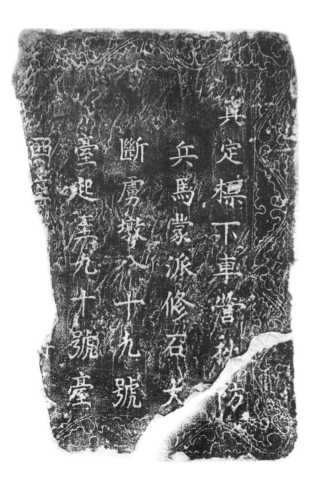

真定标下车营秋防修城残碑

碑身材料：石灰石。

碑身尺寸：高64厘米，宽64厘米。

碑身装饰：碑身仅存左半部，破损严重，边缘刻有缠枝花卉纹图案。

碑文内容：

………

欽差統領真定標下車營遊擊將軍署都指揮僉事……

欽依提調大毛山等處地方以都指揮體統行事署指揮僉事劉……

真定標下車營中軍神武右衛百戶劉應龍

左部千總官真定衛百戶王來□

右部千總官定州衛百戶張世□

左部頭司把總武舉官□□

左部貳司把總神武右衛百戶馬繼臣

右部頭司把總神武右衛百戶王松濤

右部貳司把總神武右衛副千戶陳奕芳

真定標下車營秋防兵拆修完石門路大毛山斷虜

墩八十九號臺起至九十號臺西空止二等碑邉

墙六十丈六尺，□連垜口二丈，底闊一

丈六尺，收頂

一丈三尺。

萬曆三十四年（1606年）□月 立石

状况介绍：

　　此碑与前一块残碑位于同一地点，说的也是同一件事，正好可以相互对照，因此也就确定了前一块碑的镌刻时间。这块碑里所记述的信息更加丰富，并将真定车营以下的编制说得清清楚楚了。营下设左、右两部，每部下又设两司。通过此碑的内容可知，第八十九号断虏台到第九十号敌楼之间原来全是包砖城墙，但我所见到的断虏台前仅有一小段砖城墙的事实则说明，此段砖城墙的包砖绝大部分已经被老乡们拆掉了。此碑中记载的几位把总，后面的碑刻中还会见到。

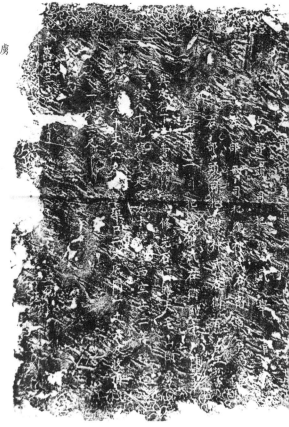

万历三十四年真定标下车营秋防修城残碑

真定标下车营马继臣修城碑

碑身材料： 石灰石。

碑身尺寸： 高49厘米，宽74.5厘米。

碑身装饰： 碑身为横式长方形，边缘刻有卷草纹图案。

碑文内容：

真定標下車營左部

二司把總官馬繼

臣管修敵臺一座，

週圍一十二丈，高

連垜口三丈五尺，

照式修完記。

萬曆三十六年（1608年）十月吉旦立

状况介绍：

此碑以及后面几块碑都是在河北省秦皇岛市苇子峪以西老岭上的敌楼里和城墙上发现的，与前两块碑的风格一致，也都是真定车营修建敌楼的碑刻。前后时间相差两年，地点相距并不远，说明真定车营一直在蓟东石门路一带修筑长城了。

这里的敌楼周长十二丈，就是个边长三丈的方形楼子。从地面到垜墙顶部通高三丈五尺，大约是边长10米，高11.6米的样子，这是座三眼敌楼，至今完好。

真定标下车营张烨修城碑

碑身材料： 石灰石。

碑身尺寸： 高48厘米，宽69厘米。

碑身装饰： 碑身为横式长方形，边缘刻有卷草纹图案。

碑文内容：

真定標下車營右部

頭司把總官張燁

管修敵臺一座，週

圍一十二丈，高連

垜口三丈五尺，照

式修完訖。

萬曆三十六年（1608年）十月吉旦立

状况介绍：

此碑情况与前面的碑一致，都放置在敌楼顶部，记载内容除了所属分司和主持修建的人不同，敌楼尺寸并无差别。真定车营在这一线修过好几座同样的楼子，质量都很坚固。

真定标下车营陈奕芳修城碑

碑身材料: 石灰石。

碑身尺寸: 高48厘米，宽74厘米。

碑身装饰: 碑身为横式长方形，边缘刻有卷草纹图案。

碑文内容:

真定標下車營右部

二司把總官陳奕

芳管修敵臺一座，

週圍一十二丈，高

連垛口三丈五尺，

照式修完訖。

萬曆三十六年（1608年）十月吉旦立

状况介绍:

此碑与前两块碑是同一种类型，都属于施工完毕后的勒碑记录，置于敌楼顶上，这几座敌楼相距不远。

修苇子峪敌台碑

碑身材料：石灰石。

碑身尺寸：高70厘米，宽98厘米。

碑身装饰：碑身为横式长方形，严重风化，边缘刻有卷草纹图案。

碑文内容：

萬曆……峪……修完石義

葦子峪……敵臺一座，週圍

一十二丈，高連垛口三丈□尺……

……薊、遼、保……軍務兼理糧餉□□

禦……都察院……兵部右侍郎□

慶……餉……等……兼巡撫順天

等府地方都察院右副都御史涇陽劉四

科，巡按直隸監察御史□陽劉應龍，巡按

直隸監察御史……來……薊州、永

平、山海等處地方兼備倭總兵官前軍都

督府都督同知……繼……

處兵備兼管屯田、馬政、驛傳、海防……

政使司左布政使兼按察司副使常□□

……薊鎮東路等處地方□理練兵

事務副總兵官帶管石門路事後軍都督

府都督僉事潞安胡承勳，守備義院口關

等處地方以都指揮體統行事指揮僉事

苟嵐宋陽，□管工步□千總武舉永清林

尚武，前□把總總旗永□□三省□□把

總千戶永平張世功。

萬曆三十二年（1604年）歲次甲辰仲夏吉旦立

状况介绍：

　　此碑镶嵌在河北省秦皇岛市苇子峪口西山崖下的敌楼门上方，16年前我和郭峰老师来到这里时，此碑即已经风化到这般惨烈的地步。因其高悬于门上，我半托半扛，顶着郭峰老师长达一个多小时，他才将此碑拓下。仔细辨认，还是能够认出很多字迹，如果对照前面的碑刻，大致能把碑文里的官职都补全了。

　　碑中的"石义"就是石门路义院口关。

德州营修青山顶敌台碑

碑身材料：石灰石。

碑身尺寸：高76厘米，宽91厘米。

碑身装饰：碑身为横式长方形，边缘刻有卷草纹图案。

碑文内容：

大明萬曆三十六年（1608年）秋防，德州營修完石義青山頂敵臺一座，週圍一十二丈，下根基石條五層，上接砌磚修，高連垜口三丈五尺，上盖望亭三間，下盖铺房三間。

欽差整飭薊州等處邊備兼巡撫順天等府地方都察院右都御史兼兵部右侍郎涇陽劉四科

巡按直隸監察御史桐城方大美

欽差巡按直隸監察御史内黄黄吉士

署永平道事直隸永平府知府襄陵高邦佐

欽差鎮守薊州、永平、山海等處地方兼備倭總兵官中軍都督府都督僉事蔚州馬棟

欽差協守薊鎮東路等處地方分理練兵事務副總兵官都指揮僉事宣府黄鉞

欽差分守石門路等處地方叅將署都指揮僉事太倉季裕徵

欽差統領薊鎮德州秋班官軍遊擊將軍署都指揮僉事真定葛鵬盛

欽依守備義院口關等處地方以都指揮體統行事指揮僉事東勝李文光

中部千總正千户馬應元管修砌

泥水匠王呆兒、李黑司

石匠焦黄頭、臧成光

萬曆三十六年九月吉旦

状况介绍：

此碑镶嵌在敌楼顶层的垛墙上，好像一个影壁。关于敌楼的尺寸、砌有几层条石都做了记录。楼顶望亭现在已经坍塌。根据碑文记载，此楼与前几座真定车营修建的敌楼都是同一年所建，是由德州营中部建造。

不一样的长城

德州营修大窟窿石敌台碑

碑身材料：石灰石。

碑身尺寸：高72厘米，宽107厘米。

碑身装饰：碑身为横式长方形，边缘刻有卷草纹图案。

碑文内容：

大明萬曆三十六年（1608年）秋防，德州營修完石義大窟窿石敵臺一座，週圍一十二丈，下根基石條五層，上接砌磚修，高連垜口叁丈五尺，上盖望亭三間，下盖鋪房三間。

欽差整飭薊州等處邊備兼巡撫順天等府地方都察院右都御史兼兵部右侍郎涇陽劉四科

巡按直隸監察御史桐城方大美

欽差巡按直隸監察御史内黃黃吉士

署永平道事直隸永平府知府襄陵高邦佐

欽差鎮守薊州、永平、山海等處地方兼備倭總兵官中軍都督府都督僉事蔚州馬棟

欽差恊守薊鎮東路等處地方分理練兵事務副總兵官都指揮僉事宣府黃鉞

欽差分守石門路等處地方叅將署都指揮僉事太倉季裕微

欽差統領薊鎮德州秋班官軍遊擊將軍署都指揮僉事真定葛鵬盛

欽依守備義院口關等處地方以都指揮體統行事指揮僉事東勝李文光

左部千總千户王吉管修砌

泥水匠……兒

石匠……秋……兒

萬曆三十六年九月吉旦

状况介绍：

此碑所在敌楼与上一块碑所在敌楼相邻，两座楼也是同一时间修筑的，除了后面施工人员换成了德州营左部的人之外，其余碑文全都一样，省去了因风化严重导致字迹缺失带来的烦恼。虽然两座敌楼相距不远，所在位置也仅略有起伏，但德州营还是认真地给楼子所在位置取了名字"青山顶""大窟窿石"。不过这个大窟窿倒是有来历，因为此地北面就是响山主峰，据称山中有大窟窿，即天然的山洞，风声刮过，漫山闷响，如同鸣咽，因此得名响山，明代时也称大窟窿山。

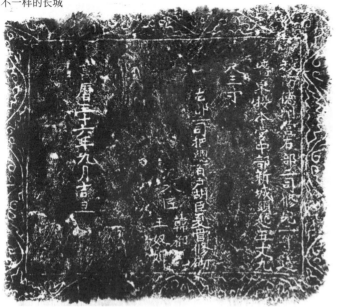

德州营右部修城碑

碑身材料：石灰石。

碑身尺寸：高32厘米，宽37厘米。

碑身装饰：碑身为横式长方形，边缘刻有卷草纹图案。

碑文内容：

秋防德州营右部二司修完二等邉

墙，東接本营中部新城頭起，五丈九

尺三寸。

右部二司把總百户胡臣夏管修砌

泥水匠韓都兒、王奴婢

萬曆三十六年（1608年）九月吉旦

状况介绍：

此碑很小，是镶嵌在城墙雉堞上的，这一段城墙为外砖内石，上砌砖垛口，距离很短，仅用以封堵一个山洼。

我第一次来到此地时是2003年冬季，在楼子和城墙上共发现15块大小碑刻，这种保存规模在别处从未见过。待到春天来做拓片时，发现城墙上的两块大碑已经被撬下来了，但尚未运走。当时天降大雨，我也无法制作拓片。过些日子我又约郭峰老师同来，已经有好几块碑刻丢失了。最终除了几块完全风化无字的碑以外，我们一共抢救性地拓下了七种碑刻。后来听别的朋友说，他们去这里寻访，一块碑都不见了。

真定民兵营春防碑

碑身材料：石灰石。

碑身尺寸：高62厘米，宽90厘米。

碑身装饰：碑身为横式长方形，边缘刻有卷草纹图案。

碑文内容：

真定民兵营春防派修石义新展平山顶、牡丹花东顶、牡丹花顶上、

无梁东顶贰等空心敌台肆座，每座底阔週围壹拾肆丈，收顶壹拾

叁丈，高连堞口叁丈伍尺，上盖坐贰破叁望廳叁间。

钦差总督蓟、遼、保定等处军务兼理糧餉經畧禦倭兵部左侍郎兼都察院右佥都御史汪可受

钦差整飭蓟州等处邊備兼巡撫順天等府地方都察院右佥都御史劉日梧

钦差巡按直隶監察御史潘汝楨

巡按直隶監察御史王象恒

279

钦差整饬永平等處兵備兼管屯田、馬政、驛傳、海防山東按察司副使劉澤深

钦差鎮守蓟州、永平、山海等處地方兼備倭總兵官中軍都督府都督僉事朱国良

钦差恊守蓟鎮東路等處地方分理練兵事務副總兵官都指揮僉事楊茂春

钦差分守蓟鎮石門路等處地方副總兵管叅將事都指揮僉事任自謙

钦差統理真定等處民兵營遊擊將軍署都指揮僉事宋鎮虜

署義院口關守備事石門路中軍千户陳學忠

中軍指揮同知劉國柱

管辦料千總官貳員

　　左哨千總百户胡棟

　　右哨千總百户陳祚

管修砌把總官肆員

左哨頭司把總百户朱暄

　　貳司把總百户劉宜春

右哨頭司把總武舉楊四維

　　貳司把總正千户李大器

石匠頭肆名

　　曹計甫、張尚業、趙名大、趙崇德

泥水匠頭肆名

　　王國太、許只春、侯名冬、孟國禎

萬曆肆拾陆年（1618年）閏肆月　　　　日吉旦立

狀況介紹：

这块碑比前面真定车营和德州营几块碑的所在位置更偏远，已经处在深山之中。那里有几座相距较近一些的敌楼，应该就是碑文中所说的那四座楼了，也都各自取了名字。碑上空白处所刻的"郭六"二字应该是当地乡民所为。

真定民兵营，嘉靖四十五年（1566年）设游击1人，领中军1人，千总、把总8人，士兵2244人，马骡1106匹。根据碑文可知民兵营下分设左、右哨，哨下又分为头司和二司。

天启五年春防河南营修城碑

碑身材料：灰白色花岗石。

碑身尺寸：高46厘米，宽88厘米。

碑身装饰：碑身为横式长方形，已残缺，周边刻卷草纹装饰。

碑文内容：

天啓伍年（1625年）春防河南営奉派建冷……

肆丈，收頂壹拾叁丈，高連垜口叁丈……

欽命督師經畧遼東、薊鎮、天津、登、萊等處軍……

欽差總督薊、遼、保定等處軍務兼理糧餉……

欽差整飭薊州等處邊備兼巡撫順天等……

巡按直隸監察……

欽差巡按直隸監察……

欽差鎮守薊州、永平、山海等處地方兼管備倭防海總兵官左軍都……

欽差平遼將軍鎮守山海關經理遼東軍務兼管山、石、燕、建四路等處地方總兵官後軍都督……

欽差總理永平等處糧儲兼管屯種戶部……

欽差整飭永平等處兵備兼管屯田、馬政、驛傳、海防山東等處提刑按察司僉事……

欽差協守薊鎮東路等處地方分理練兵事務副總兵官都指揮倪……

欽差分守薊鎮建昌路等處地方叅將都指揮僉事尤世威

欽依守備冷口閼等處地方以都指揮體統行事指揮僉事王定

钦差河南都司军政佥书统领蓟镇春班官军都指挥佥事萧伟

　　总理督工中军指挥佥事刘淳

　　管工右部千户旗官郑三畏

　　把总旗官丁朝相

　　瓦匠王利等

　　石匠徐仲等

状况介绍:

这块碑石料坚硬,字迹娟秀,雕琢精细,是一块很棒的碑。碑上记述的是新建了一座敌楼和此楼的高宽尺寸等数据,这在一些施工碑中也是较常见的内容。右下部的缺失实在令人惋惜,一排钦差的大员姓名无存。不过我一看天启五年(1625年)的年号顿时来了精神,为首第一位大员的官职是"钦命督师经略辽东、蓟镇……",此人正是鼎鼎大名的孙承宗。当时辽东的后金已成大患,此阶段正是孙承宗督师经略辽东的时期,他以步步为营的方式将失地一点点地往回夺占。

碑文中的"山、石、燕、建四路"指的是蓟州镇的山海路、石门路、燕河路、建昌路。

此碑原弃置于河北省迁安市冷口长城以东一座坍塌敌楼的瓦砾堆中,想必此楼正是碑中记载的所建敌楼。我当时和未婚妻王慧顶着深秋的寒风将其拓下,并就地掩埋。多年后我故地重游,此碑已被挖走了。

白羊峪长城施工碑

碑身材料：石灰石

碑身尺寸：高58厘米，宽77厘米。

碑身装饰：碑身为横幅长方形，右上角和左下角缺失，周边刻卷草纹装饰。

碑文内容：

□□二十三年歲次乙未春防

總督薊、遼、保定等處軍務兼理糧餉□

防海、禦倭兵部左侍郎兼督察院右僉

都御史孫鑛，整飭薊州等處邊備兼巡

撫順天等府地方都察院右副都御史

李順，鎮守薊州、永平、山海等處地方兼

管備倭總兵官後軍都督府都督同知

王保，整飭薊州等處地方兵備帶管驛

傳山東提刑按察司僉事楊□禎，恊守

薊鎮中路等處地方分理練兵事務副

總兵官都指揮僉事胡承勳，分守太平

寨等處地方叅將都指揮使郭□徵，守

備擦崖子等處地方以都指揮體統行

事署指揮僉事楊萬全，中軍指揮□□

管工千總副千戶梅寶，頭司把總千戶

王亮，二司把總千戶李文奎等拆修完

白羊峪黃土坡十六號臺西空接新城

頭起二等邊墻二十三丈四尺，底闊一

丈五尺，收頂一丈三尺，高連垛口……

状况介绍：

此碑发现于河北省迁安市白羊峪村中，已经严重风化磨损，根据同类碑刻内容，基本将碑文辨认完整。前部缺失两字，根据干支"乙未"确认是万历二十三年（1595年）。本碑中的"守备擦崖子等处地方以都指挥体统行事署指挥金事杨万全"在后面的《擦崖子关历任守备名录碑》中曾有记载，万历二十三年春，他正在擦崖子关任职。

定州忠顺营春防碑

碑身材料：石灰石。

碑身尺寸：高58厘米，宽63厘米。

碑身装饰：碑身为横式长方形，左部断裂，左下部缺失，边缘刻缠枝花卉纹图案。

碑文内容：

萬曆十五年（1587年）歲次丁亥春防，客兵定州忠順營官軍一十五員名□□□路脩喜

峯路董家口提調下地方沙嶺兒敵臺一座，三等邊墙二十丈。□遵原議規

式，下坐行□淨石，上用熟磚，純灰壘砌敵臺一座，週圍□□五丈，高連垜口

三丈五尺，上蓋坐二破三望亭三間，又脩建三等邊墙……

起至臺北七丈止，共長二十丈，底闊一丈陸尺，頂闊一丈一尺，高連垜口一丈五尺，

墙工程俱各依期通脩完備，勒名石右。

總督薊、遼、保定等處軍務兼理糧餉都察院右都御史兼兵部右侍郎曲周王一鶚

整飭薊州等處邊備兼巡撫順天等府地方都察院右僉都御史重慶蹇達，巡按

直隸監察御史聊城傅光宅，巡按直隸監察御史芮城任養心，整飭薊州等

處兵備帶管驛傳山西提刑按察司副使岷州朱衣，鎮守薊州、永平、山

海等處地方總兵官左軍都督府都督同知關中……協守薊鎮中路等處……

方分理練兵事務副總兵官都指揮僉事北平葛紹忠，分守喜峯路等……

地方叅將署都指揮僉事……州……

□體統行事指揮同知……管提調事……

統行事通州宋德……

……指揮使王……

状况介绍：

此碑存放于河北省迁西县青山关一户老乡家里，曾经被当作垫脚石，磨损破坏极为严重，不过内容与前边提到的《名垂千古》碑有诸多相同之处，时间都是在万历十五年春防，此碑中许多缺失的文字都可以从《名垂千古》碑中比对出来。王一鶚、傅光宅的名字也再次出现。这两块碑所在位置其实相距不远，应该属于同一时期的同一批工程，有趣的是本碑中王一鶚的官职是兵部右侍郎，在《名垂千古》碑中则是兵部尚书，不知道在这个春季的巡视中，王一鶚到底是升官了还是降职了，耐人寻味。于是我仔细查阅了王一鶚的生平，发现他早在万历十四年（1586年）就已经由兵部右侍郎升任兵部尚书了，所以本碑所记王一鶚的官

李家峪堡修城碑

职是错误的。

碑身材料： 灰白色石灰石。

碑身尺寸： 高60厘米，宽91厘米。

碑身装饰： 碑身为横幅长方形，周边刻卷草纹装饰。

碑文内容：

欽差總督薊、遼、保定等處軍務兼理糧餉、禦倭□□督察院右都御史……

整飭薊州等處邊備兼巡撫順天等府地方……劉……

巡按直隸監察……

巡按直隸監察御史金明時

……管薊州……張樸

鎮守薊州……

鎮守薊州、永平、山海等處地方兼備倭總兵官右軍都督府都督王國□

協守薊鎮中路等處……總兵官左軍都督府都督僉事張國柱

分守薊鎮喜峯路等處地方副總兵都指揮僉事□守廉

統領薊鎮瀋陽秋班官軍遊擊將軍……指揮僉事劉忠
守備李家谷關等處地方以都指揮體統行事指揮僉事梁□□
管工官　　　　　　　　千總指揮僉事董元震
　　　　　　　　　　頭司把總百戶劉春威
　　　　　　　　　　貳司把總百戶孟應科
春防瀋陽營修完喜峯口地方李家谷堡牆三十三丈九尺
萬曆三十八年（1610年）孟夏吉旦立
主旗牌顧謙
把總□信民
石匠祝公綵
泥水匠楊茂

状况介绍：

　　此碑记录了沈阳营春防修筑喜峰口东面李家峪城堡的情况。这个李家峪城堡还有部分遗址尚存，就是今天河北省迁西县铁门关和喜峰口之间的李家峪村。此碑当时置于路旁，任风雨侵蚀和行人踩踏，风化破损极其严重。

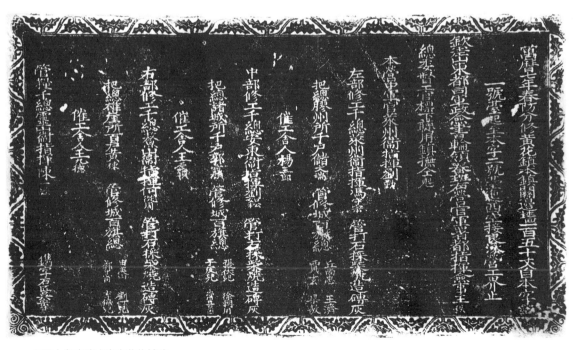

万历七年春防山东右营修城碑

碑身材料: 灰白色花岗石。

碑身尺寸: 高49厘米, 宽88厘米。

碑身装饰: 碑身为横式长方形, 边缘刻卷草纹图案。

碑文内容:

萬曆七年（1579年）春防, 分修黄花鎮本鎮關邊墙一百五十丈, 自本字一號臺起至本字二號臺迤西空接良涿營工界止。

欽差山東都司軍政僉書輪領春班右營官軍署都指揮僉事王秩

總委督工官標下聽用鎮撫仝魁

本營中軍官萊州衛指揮劉勤

左部修工千總萊州衛指揮馮守宗, 管打石採柴燒造磚灰

把總膠州所千户儲文瑞, 管修城百旗總岳尚忠、王濟、賈玄、梁教

催工舍人楊三郎

中部修工千總安東衛指揮劉如松、管打石採柴燒造磚灰

把總諸城所千户郭裹, 管修城百旗總張伏兒、徐朝用、于皮兒、常景□

催工舍人王霸

右部修工千總鰲山衛指揮何從周, 管打石採柴燒造磚灰

把總雄崖所百户黄棟, 管修城百旗總由英山、劉汀兒、郭黑司、李保兒

催工舍人王九德

管糧千總靈山衛指揮陳一經 鐫字石匠吳宗葉

状况介绍:

此碑镶嵌在北京市怀柔区黄花城长城的城墙上, 保存堪称出奇地完好。在碑文中可知山东右营下面分为左、中、右三部, 分工特别详细, 连开采石料和准备柴火烧砖及石灰也明确到人了。黄花城长城以高大坚固而著称, 至今大部分保存完整, 工程质量是一流的。山东右营班军的认真细致程度从这块石碑的质量上即可见一斑了。而且碑中第一次出现了"催工舍人"的职务, 明显就是监工, 这在别的地方还没有遇到过。驻守黄花路的山东班军营有都司1人, 领中军1人, 千总、把总9人, 士兵2987人。良涿营指的是北京的良乡和涿州班军营。

8.2.3 匾额

这里的匾额包含长城敌楼的门匾，关口的门匾和城堡的门匾等。

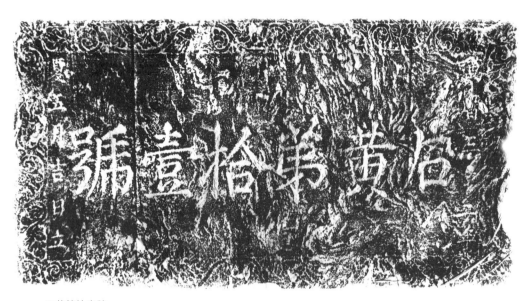

石黄第拾壹號

匾身材料: 灰色石灰石。

匾身尺寸: 高38厘米，宽72厘米。

匾身装饰: 匾身为长方形，周边刻卷草纹图案。

文字内容:

萬曆三十二年（1604年）

石黄第拾壹號

夏五月吉旦立

状况介绍:

此匾位于辽宁省绥中县九门口以北、河北省抚宁县庙山口以南的长城上，是敌楼的匾额，是指从九门口南山一路北来的第十一座敌楼，石黄是石门路黄土岭关。从这里直到苇子峪一带的长城上，碑刻和匾额多用这种灰色的石灰石刻制，质地极其酥脆，大多风化严重，保存现状堪忧。

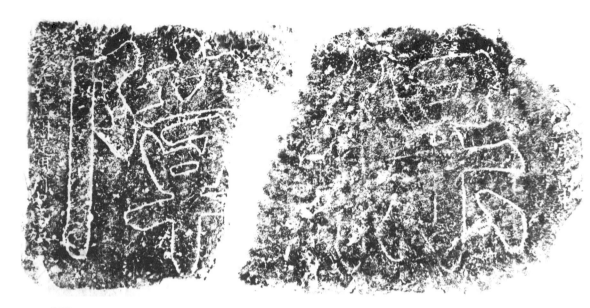

保障

匾身材料：花岗石。

匾身尺寸：高47厘米，宽98厘米。

匾身装饰：匾身断裂，部分缺失，无装饰。

文字内容：

保障

□大毛山關提調□中□如□

状况介绍：

此匾发现于河北省秦皇岛市大毛山长城附近，已经严重毁坏，但匾额上"保障"两字仍然清晰可辨，看尺寸应该是镶嵌在城门上的匾额。

神威楼

匾身材料：灰白色花岗石。

匾身尺寸：高54厘米，宽107厘米。

匾身装饰：匾身长方形，无装饰。

文字内容：

遊擊將軍张世忠題

神威楼

萬曆丙申（1596年）仲夏吉立

状况介绍：

此匾原镶嵌在河北省迁安市白羊峪村西北的神威楼门上方，是蓟东长城名匾，我2004年来时，尚且保存完整。近几年听去过此处的朋友说，此匾已经掉在地上，摔成多个碎块，一说是窃贼盗拆时失手摔坏。现在村中将其重又粘合在一起，但满身的伤痕还是让人触目惊心。

安邊門

匾身材料: 灰白色花岗石。

匾身尺寸: 高67厘米，宽126厘米。

匾身装饰: 匾身长方形，无装饰。

文字内容:

皇明萬曆三年（1575年）歲次乙亥仲春吉旦立

安邊門

欽差總督薊、遼、保定等處軍務兵部左侍郎關中楊兆書

状况介绍:

《昌平山水记·京东考古录》载："墙子路城周一里三百一步四尺，有三门，守营提调守之。有水关，水西流入于潮河。"《村史》载："墙子路有城，千斤巨石构筑，高二丈余，宽一丈三，城楼为砖石结构，坚固壮丽，城有三门：东曰永熙门，西曰安边门，南曰墙子路。"此匾即墙子路城的西门匾，因城已拆除，现收藏在村中。墙子路为蓟州镇西四路之一，即今北京市密云区墙子路村。

永熙門

匾身材料：灰白色花岗石。

匾身尺寸：高60厘米，宽124厘米。

匾身装饰：匾身长方形，无装饰。

文字内容：

皇明萬曆三年（1575年）歲次乙亥仲春吉旦立

永熙門

欽差總督薊、遼、保定等處軍務兵部左侍郎關中楊兆書

状况介绍：

此为墙子路城的东门匾。墙子路城被拆除多年，两块匾一直流落村中。当地有一位曾经做过本村小学校长的蔡世文老先生出钱把被人用作台阶的门匾买回，收藏在村委会里，后又转到村中庙前，镶嵌在墙上。老人家一直致力于拯救和记录本村文化，他与郭峰老师是忘年交，因此我走墙子路长城时，郭峰老师曾带我去拜访蔡老先生，当时老人家已是年近九旬，但提起家乡的山山水水和文化遗迹仍然是精神百倍、滔滔不绝。蔡世文老先生于2013年故去，每当看到安边门和永熙门的拓片，就不禁由衷地怀念他。

平刑嶺

匾身材料: 花岗石。

匾身尺寸: 高62厘米，宽91厘米。

匾身装饰: 匾身长方形，周围刻卷草纹装饰。

文字内容:

平刑嶺

状况介绍:

山西省东北部的平型关因抗日战争中的平型关大捷名扬天下。明代的平型关是山西镇内长城上的重要关隘，与居庸关和八达岭、雁门关和新广武、宁武关和阳方口的防御设置一样，都是关城在内，长城在外。平型关城堡就在长城线以南2华里的地方。平型关的长城许多年中都以一个摇摇欲坠的砖拱门洞形象被人们牢牢记住，其曾经镶嵌的匾额就是"平刑嶺"，在关门内连建一座小堡，即为平刑岭堡。此匾收藏在当地一户老乡家中。

洞門

匾身材料：红砂石。

匾身尺寸：高46厘米，宽104厘米。

匾身装饰：匾身长方形，无装饰。

文字内容：

洞門

状况介绍：

此拓片为好友尚珩所赠，是山西省朔州市平鲁区一座敌楼的门匾，上面仅有这两个字。楼门极其狭窄，形似一个隧洞，也许因此而得名吧。

河山鞏固

匾身材料：花岗石。

匾身尺寸：高65厘米，宽140厘米。

匾身装饰：匾身长方形，周围刻缠枝花卉纹装饰。

文字内容：

欽差整飭苛嵐、偏、老等處兵備山西按察使李時芳

欽差分守河曲等處地方副總兵管叅將事張承業

河山鞏固

萬曆十七年（1589年）歲次己丑仲秋吉旦立　　委官……

状况介绍：

此为山西省河曲县好友吕志勇老师所转赠拓片，由他的朋友秦文理老师拓制，是当地明代沿黄河边墙五花城的一块匾额。可惜他们的宣纸尺寸有限，未能把上下款全部拓全。偏即偏头关，老是指老营堡。

罗圈堡

匾身材料：花岗石。

匾身尺寸：高55厘米，宽163厘米。

匾身装饰：匾身长方形，左下角和下部缺失，其余部分基本完好，周围刻缠枝莲纹装饰。

文字内容：

罗圈堡

状况介绍：

此为山西省河曲县好友吕志勇老师所转赠拓片，由他的朋友秦文理老师拓制，是当地明代沿黄河边墙罗圈堡的门匾。罗圈堡位于清代河曲县城东北12里，明弘治年间建，是黄河岸边一座近乎方形的城堡。今城墙四面开豁，仅存土垣。以此匾直书"罗圈堡"之名判断，此堡昔日应仅设一门。在本书即将完稿时，多年从事河曲县史迹寻访研究的秦文理老师在乡间忽然发现了遗失已久的罗圈堡匾额，立即拓印下来，转寄于我。将此蒙尘之匾以印入书中的方式流传下来是我们共同的心愿，在此也要感谢吕志勇和秦文理两位老师对传统文化的整理和散轶文物的挽救。

8.2.4 分界碑

分界碑指的是长城上两个不同区域的交界处设立的标志碑，有防区的分界碑，也有施工段落的分界碑，但实物已经所剩无几。

碑身材料：灰白色石灰石。

碑身尺寸：高93厘米，宽34厘米。

碑身装饰：碑身为竖式长方形，周围刻卷草纹装饰。

文字内容：

中恊太平路東界

東恊燕河路西界

状况介绍：

这是河北省迁安市冷口关附近长城上的一对分界碑，表明镶嵌这两块碑的城墙接缝处是中路协守太平路的最东起点，也是东路协守燕河路的最西边界。

蓟州镇长城沿线共划分为12段防区，即12路，又将这些路分成东、中、西三组，每组由一名协守副总兵统辖，即称为东路协守、中路协守和西路协守。这对界碑处就是中路和东路的交界，也是中路下辖的太平路的最东边同东路下辖的燕河路最西边的汇合处。

中恊太平路東界、東恊燕河路西界

蓟州镇的12路分别为：东路协守——山海路、石门路、台头路、燕河路。

中路协守——太平路、喜峰路、松棚路、马兰路。

西路协守——墙子路、曹家路、古北路、石塘路。

这类长城分界碑现在仍然保存于原处的已经特别罕见了，至为珍贵。

8.2.5　记事碑

记事碑就是记载与长城相关的人物和事件的碑刻，这里收录的有田粮碑、人名碑、修庙碑和修城碑。

太平路各关营田粮碑

碑身材料：灰白色石灰石。

碑身尺寸：高84厘米，宽57厘米。

碑身装饰：碑身为竖式长方形，上下均残缺，边缘刻卷草纹装饰。

文字内容：

钦依提调擦崖子等处地方以都指挥體統行事武舉署指揮僉事劉為欽奉

聖説事，嘉靖四十年（1561年）六月二十日蒙

钦差整飭薊州等處地方兵備山西提刑按察司副使紀　案驗蒙

钦差巡按直隸監察御史潘　案驗并蒙戶部兵道備奉

勅諭內事理等因依蒙備行所屬閱營，照依內開查過屯地頃畝數目，以嘉靖四十年為始，應該起徵者作速追徵完，解……

額內原有堪種缺人抛荒者，作速召佃儘力耕種。寬其初年、次年賦稅，三年照舊起徵，一體遵守外，今將應徵地畝并該除……

規滇至記者

計開本提調下所屬擦崖子等閱營

原額地一百二十八頃，徵屯糧地一百二十四頃八十七畝五分，原糧一千四百六十八石六斗，徵戶部子粒地三頃七十一畝……

今次清查委官本營署印指揮劉，堪過地共一百二十八頃五十九畝，內除太平寨屯

地并子粒地二十頃八十畝，除糧二百……

於嘉靖二十一年（1542年）因有条將衙門將地割去託止，有實在荒、熟地一百七頃七十九畝，實徵糧八百……

實徵糧地六十二頃八十五畝，每畝徵糧一斗二升，該糧七百五十四石二斗。實在户部子粒地二頃二十畝，該黑豆一……

原堪種今拋荒召人佃種地三頃二十五畝，該徵糧三十九石（以嘉靖四十三年（1564年）照前上納），水衝沙壓地三十九頃四十九畝，該蠲免糧……

一、城子嶺關原額邊儲地一十六頃五十畝，該糧一百九十八石，今奉例除豁水衝沙壓已蠲免糧七十四石六斗一升三合七勺二抄，實徵糧……

一、擦崖子關原額邊儲地一十一頃，該糧二百五十二石，今奉例除豁水衝沙壓已蠲免糧九十四石九斗七升九合九勺八抄，實徵……

一、洪谷口關原額邊儲地一頃五十畝，該糧一十八石，今奉例除豁水衝沙壓已蠲免糧六石七斗八升三合五勺二抄，實徵糧……

一、新開嶺關原額邊儲地六頃，該糧七十二石，今奉例除豁水衝沙壓已蠲免糧二十七石一斗三升六合二勺八抄，實徵糧……

一、五重安關原額邊儲地八頃五十畝，該糧一百二石，今奉例除豁水衝沙壓已蠲免糧三十八石四斗四升二合七勺八抄，實徵糧……

一、白羊谷關原額邊儲地九頃，該糧一百零八石，今奉例除豁水衝沙壓已蠲免糧四十七石七斗四合一勺二抄，實徵糧……

一、白道子關原額邊儲地一十六頃，該糧一百九十二石，今奉例除豁水衝沙壓已蠲免糧七十二石三斗六升二合八勺八抄，實徵糧……

一、五重安營原額邊儲并子粒地二十九頃二十九畝，共糧四百六十石，今奉例除豁水衝沙壓已蠲免糧一百一十八石七斗七升六合七勺二抄，實徵……

嘉靖四十一年（1562年）十月　　　　　　　　日立

狀況介紹：

碑身已經不全，无头无尾，但从碑文内容可知，所列的众多关、营正是薊州镇太平路的全部辖区，所记内容是关于嘉靖年间各关、营屯田的亩数，实际能耕种的亩数以及所需纳粮的总数和实缴数量等的明细表。碑虽不完整，但主要部分基本都在，内容详实，字迹清晰，是很珍贵的明代边军屯垦戍边的第一手数据。此碑双面均有字，这是其中一面。

擦崖子关历任守备名录碑

碑身材料: 灰白色石灰石。

碑身尺寸: 高86厘米,宽56厘米。

碑身装饰: 碑身为竖式长方形,上下均残缺,边缘刻卷草纹装饰。

文字内容:

擦關撫賞遊擊初把總,次改提調,至於守備,以都指揮體統莫……(刻于碑右花边里)

我同氣體

國憂邊以惕勵為心期肘金為望

李如梓:號□齋,榆……月内到任……

劉經:武定州人,嘉靖四十年(1561年)四月内到任,四十四年三月内推陞海州備禦

韓仲臣:定州衛人,嘉靖四十四年(1565年)三月内到任

薛經:鎮朔衛人,隆……慶二年(1568年)正月……

劉龍:榆林衛人,隆慶六年(1572年)八月内到任,萬曆元年(1573年)六月内推懷柔守備

莫矜功:鎮朔衛人,萬曆五年(1577年)二月内到任,萬曆七年(1579年)九月内陞大寧都司

郭遇卿:福建鎮東……内到任本……

高徽:綏德衛人,萬曆九年(1581年)七月内到任,十一年(1583年)十二月内推陞遵化右□□都司

茹宗湯:號依山,東勝右衛人,萬曆十一年(1583年)十二月到任,萬曆十四年(1586年)正月内推陞建昌車營都司

高萬里:號□□,撫寧……萬曆十六年(1588年)……

楊萬金:號少峯,騰驤右衛人,萬曆二十年

（1592年）八月内到任，二十三年（1595年）四月内推陞真定营遊撃

潘廷試：號明斋，廣寧衛新安人，萬曆二十三年四月内到任，二十六年（1598年）七月内推陞大同八卫遊撃

黄賜恩：號東亭，榆……任，二十九年（1601年）……

梁承恩：號錫斋，徐州人，萬曆二十九年六月内到任，三十三（1605年）十二月内推陞標兵九營遊撃

顧尚文：宣府人，萬曆三十八年（1610年）三月内到任，萬曆三十九年（1611年）十月内调桃林口守備

李思元：昌平人，萬……任，萬曆……

靳廷柱：天津衛人，萬曆四十□年十月内到任，天啓二年（1622年）十二月内推陞真定遊撃

王弘勲：薊州人，萬曆四十六年（1618年）八月内到任，萬曆四十六年十二月内调三屯守備

汪育民：真定衛……到任，天啓……

柳荣：號開之，榆林衛人，天啓三年（1623年）八月内任事，天啓六年（1626年）三月内加陞都司僉事，六年九月内推陞宣武營遊撃

李志副：山海衛人，於天啓六年九月内到任，天啓七年（1627年）十月内回衛

李重鎮：榆林衛人……

楊應元：號俊初，浙江義烏人，崇禎三年（1630年）十一月内到任，以都司管擦関守備事，五年（1632年）七月内署三屯右營事

王嘉陳：號斌興，锦衣衛鎮撫□遼陽東寧衛指揮僉事，於崇禎五年十二月十五日任事，又於六年（1633年）五月内叙恢复登萊城功加推都司。八年（1635年）三月内因邉早竣□□奉加封遊撃將軍告崗回衛

孫献捷：號柳溪，係山東即墨縣人，遼東廣寧中衛于崇禎十二年（1639年）八月二十五日任事，于崇禎十三年（1640年）二月内推陞三屯鎮標内營都司

天啓丙寅（1626年）歲端陽之日

状况介绍：

以上碑文就刻在前一块碑的背面，把擦崖子口关从嘉靖到崇禎各个时期曾经任职的守備都记录在案，尤其落款时间是"天启丙寅"，说明是天启年间在前一块碑的背面开始刻录这些人名和简历。但从还有崇禎年号来看，此碑上的内容又是不断补续的，一直延续到了明末。这些本已经被历史遗忘的曾在偏远关塞驻守的将官姓名和只言片语的简历在残缺的石碑上得到了保存，算得上是一种幸运，也是研究明代边防制度和擦崖子口历史的重要史料。

盦峣杕庙碑记

碑身材料: 青石。

碑身尺寸: 高117厘米, 宽60厘米。

碑身装饰: 碑身为竖式长方形, 碑首为半圆形, 上有线刻二龙戏珠图案, 下有碑刻题名, 四周刻卷草纹装饰, 碑下部已断裂, 并有缺失。

文字内容：

重修九九庙碑记

皇朝立國依險必擇形勝之地以為控制夷狄之所，而又随地建廟立祠凡以壯雄圖而……陰扶默相之徵權也。榆木嶺関之設，東隣擦崖，西拱三屯，南接太平，北連喜董，長城之險……要地也，昔設以提戎，今加以守府，建議者豈非以其地之重寵以望之尊哉。関西一里……道旁有嵯峨一丘，實為天作，其峯巒疊翠，嶺勢磬環，蓄秀含靈，古創一廟，向南則玉帝焉，向東……焉，但制度偏小，規模狹隘，不足以展崇奉之意。前人官此急公者或敬而遠之，視以為末務而……私者或褻而瀆之藝以為無益而不行焉，抑豈知人心之敬有所應而神靈之感有所待而……辛未（1571年）漁陽王君麗山以武科之英膺督撫之命改今衙而莅兹土，至則瞻拜，心欲改作以……急沿邊創建敵臺數座，既已雄鎮邊方而外夷不敢萌窺伺之心矣。乃於修守之暇陰……□□厥舊而更新之抌面南者，舊止一間，今闢而為三間，又加以抱厦捲棚以廣克拓焉……東者□□一間今改而為一大間，復添一穿廊以便瞻拜焉。是以材不乏用而人不告勞，規摸宏……墻垣高厚，廟貌聿新，誠足以為一方之勝，繄往來之觀瞻而能使四境之敬畏奉承也。朱夫子曰……事神固學者……事然必學之已成，而後可仕以行其學。若初未嘗學而使之仕，其不至扵慢神而虐……幾希矣，麗山繼世胄之彥，痛先考之亡，竭慈侍之養，乃能刻苦卓立，巍擢武科，且勤勵修築邊……之鞏固而壯麗……冠諸路則治扵人者備矣，恊助工材廟宇使之恢弘而金碧，加諸者則事扵神以……矣，吾知治人備者……人必歸之事神，誠者神必福之，幽明感格祿位是保其必柱石之任同邊防……鞏固金紫之傳共……廟貌百世之下不遷矣。是之謂昔人創造垂後之深意，而麗山重整承先之……嗚呼偉哉謹記。

大明隆慶陸年（1572年）歲次壬申仲秋吉旦立

賜進士出身山東參議漁陽雙坡莫璿撰

欽差分守太平寨等處地方參將漁陽署都指揮僉事楊秉中

欽依守備榆木岭等處地方以都指揮體統行事漁陽武舉指揮僉事……本関石匠蘭甫、榮維□

状况介绍：

此碑在河北省迁西县榆木岭村南的一座小庙门前靠墙而立，庙已经是现代人盖的水泥房子了，当地称观音庙。然而碑中却有"向南則玉帝焉"的字句，说明古时候是座玉皇庙，至少是道教庙宇。碑中记述了榆木岭关的守备渔阳武举人王丽山曾修筑榆木岭的长城且"沿边创建敌台数座"，又在狭小的旧庙基础上进行翻新和扩建。在对于榆木岭关位置的描述中有"東邻擦崖，西拱三屯，南接太平，北连喜董"之说，就是东边邻擦崖口子，西面拱卫蓟州镇镇城三屯营，南面接太平路所在的太平寨，北连喜峰口和董家口，当然这都是古人大而化之的概述，实际离这几个地方都不算太近。关于庙的名字令我很费解，有人说碑首上前边两个字是"重修"，但第三个字"九九"却一直不知所云，可能以此代替九重天上的九五之尊玉皇大帝吧。老乡说碑的另一面只刻有这三个大字，好像是道家的符咒一样，因为是道教庙宇，也合乎情理。

龙井关真武庙碑

碑身材料：灰白色花岗石。

碑身尺寸：高233厘米，宽96厘米。

碑身装饰：碑首为笏头碣式，碑身为竖式长方形，碑首刻祥云纹，边框刻卷草纹图案。

碑文内容：

真武廟記（碑首篆书）

重修龍井關真武廟記

薊鎮松棚路邊墻綿亘□百里，中有龍井關臺逾十尋，上構鋪宇三楹，奉祀真武玄天上帝，繹前人祠聖之旨為此臺當極衝，非藉是英爽不足以鎮之耳。兹因己巳（1629年）冬邊失手，逆從此直犯都下，震驚大內，幸惟□□廟有靈，聖明神武，馳掃平復，于今年夏季，上蘭良內臣御馬監王應朝、高起潛等賫上方金錢督修此傾垣圮壘，與本鎮文武外臣仔肩厥務，比至龍井□登臺恭謁聖帝，見祠址卧高而隘，宇因巔而卑，擬充廓之無策，且臺當極衝，宜設銃砲火具改為敵臺，咸議遷祠，庶可廣臺宇之便也。朝等求聖意，于靈籤初以不許，報至再而三，俱報如初，本不當重違聖意矣，柰議改者十九，議不改者十一，終不能以冥冥之旨易昭昭之論。議遷聖像于別所臺，較舊相倍聖，宜安靈□期。聖帝棄舊從新，斷焉不允，乃起颶風，恍見聖像作揮手狀，臺宇俄崩，聲轟如雷，官軍震恐，遠集億萬眾，泥首請罪，無不願欽承聖意，復還舊臺矣。即處與工後宇成，不日官軍暨眾庶頂香鳴樂迎復聖像于舊，而後安焉。嗟夫國家興隆神明必助佑之，有所危急神明必保護之，此天人感應之理，唯有德者能召之也，豈可調杳冥而不足憑乎，稽之。明興記典。

成祖文皇帝起靖難師實賴聖帝從龍而望運，以奠萬世之洪基，今祀聖帝者，無論武當有金闕玉□之崇奉，即京省郡邑之隆祀者不知幾千萬所何。聖帝獨不肯棄荒塞舊壘而一以易耶，蓋不顯靈于安域而顯靈于窮疆，是知聖帝明示人以保護之永久無煩。聖主東顧之多憂，正唯我聖德之召也。朝等謹盟沐焚香述聖靈之赫赫，以勒諸禎珉。

欽差乾清宮管事忠勇營正提督督理邊工御馬監太監王應朝

欽差查督邊工監察御史張茂梧

钦差总督蓟、辽、保定等处军务兼理粮饷经署御倭太子少保兵部尚书都察院右副都御史张凤翼

钦差整饬蓟州等处遵备兼巡抚顺天等府地方都察院右佥都御史□□训

钦差巡按直隶监察御史张学周

钦差忠勇营正提督标下中军高起

钦差总理蓟镇等处粮储兼管屯种户部主事包凤起

钦差整饬蓟州等处兵备监军驿传饷务山东提刑按察司佥事左应选

钦差镇守蓟州、永平等处地方兼备倭总兵官太子太师后军都督府左都督杨肇基

钦差协守蓟镇中路等处地方分理练兵事务副总兵官都指挥佥事李秉春，协镇标下游击将军管旗鼓事署都指挥佥事林国祚

钦差分守蓟镇松棚路等处地方副总兵后军都督府都督佥事李盂阳

钦差山东都司军佥书统领蓟镇秋班右营官军署都指挥佥事张效祖

钦差协镇标下都司管中军事陈谔，山东右营管工千总赵永康、郑文燦，山东右营管工把总王希文、程国玺

协镇中路副总兵标下督工守备张守伦

钦差驻防龙井关山海关龙武后营副总兵官都督佥事蔡裕

钦差统领蓟镇西游兵营分守龙井关叅将署都指挥佥事赵业耕

都司佥书管潘家口关守备事署指挥佥事张纪

大明崇祯叁年（1630年）捌月　　日立

状况介绍：

此碑位于河北省迁西县龙井关遗址，保存完整，好像一通巨大的门板屹立于残垣断壁前，下面的碑座已经被墩台塌落下来的淤土掩埋。碑中所记事件的历史背景是明崇祯二年（1629年）十月，皇太极率后金主力绕过山海关，兵分三路，一路攻入大安口，一路攻入龙井关，一路攻打洪山口，长驱直入后兵围北京。袁崇焕从辽东率军来援，与皇太极大战于京城之外，并打退了后金的进攻。皇太极巧施反间计，使得多疑的崇祯帝猜忌袁崇焕与后金有密谋，将袁崇焕下狱。后于第二年八月，即此碑落成的时间，将其凌迟处死。

碑中所说的真武庙位于龙井关长城向北凸出的一座巨大墩台上，但毕竟面积有限，庙宇并不大，应该是在后金军攻破龙井关时遭到了毁坏，并在战后重建。依碑中所说，众人想把庙宇迁建到一处宽敞的地方，但神明不许，曾在求签时连续拒绝，但众人执意迁建，神明又刮下飓风以示警，众人骇服，仍然在原址重修了真武庙。

因此碑太过高大，我和郭峰老师见到后大感意外，只得用所带的窄纸横着拼接了四段才勉强把碑拓全了。

沿河口修城记碑

碑身材料：灰白色花岗石。

碑身尺寸：高213厘米，宽87厘米。

碑身装饰：碑身为竖式长方形，边缘刻卷草纹图案。

碑文内容：

沿河口修城記

國家以宣雲為門戶，以薊為屏，而沿河口當兩鎮之交，東望都邑，西走塞上而通大漠，渾河湯湯，襟帶其左，蓋腹心要害處也。

今皇帝六年，御史中丞張公來撫畿南，按行茲土，則詢其將吏曰"是固宜有城，今邑路郊保皆城而茲闕如也？"對曰"先撫臣請于朝矣，而未竟也。"公曰"夫業已浮請，柰何玩歲視蔭，而稽成命，守土之謂何？"則命吏具畚鍤積儲俟期，期而不具罪之；命將校督吏卒分工而作期，期而不就罪之。將校及吏士奉約束，惟謹凡數月告成事。

上聞而嘉之，晋公副都御使，留鎮撫如故，賜將吏各有差余。惟設險守國戒于易，而宋儒以為重門擊柝，為待衰世之意小康之事耳。夫豈惟小康，即天子有道守在四夷，亦豈能遽忘備哉。然則戍甬牢，去下陽，春秋無譏矣。先是虜闖入塞，民聞警潰散去，保匿山谷間。士之屬囊鞬出捕虜者志死綏，而猶以内顧分其銳，病在無城，且地當萬山中，潢池桴鼓時時而有，百姓未能貼席臥也，不能備盜，何論備虜。假令之役以堅城當其衝，虜即深入，則狼顧而恐議其後，此其厲害較然矣。今士民賴主上神武，大虜内附，無赤羽之警，藉公籌策以其間為此城也。平居不復憂盜，即一旦有緩急，急入收保，憑堅城而守，據河上流為天塹，而壯士挽強赴敵，人人自堅無二心。西扼虜，東護三輔諸郡國，燕臺易水之間可高枕而無憂虜。此其為國家計久遠，豈惟一城。天下無事，邊城不復修備，即修備亦不復見功頌者。虜闖于西陲而言者始扼腕談禦虜事，練甲繕塞凜凜不暇給，余從旦指周視閣城，未有如沿河口之壯者也。夫惟遠計顧畫之臣，見未形而備不然。語曰"衆心成城，价人維藩"。是城也，實于鞏轂稱藩籬，惟公之經略以及於此也，故知設險守國要惟在任人哉。

公名鹵，別號滸東，河南儀封人，余則公禮闈中所取士云。

萬曆十九年（1591年）辛卯夏四月吉日

赐进士第中宪大夫奉敕總理紫荆等關、保定等府地方兵備兼理馬政、驛傳山西提刑按察司副使北海馮子履譔并書。

状况介绍：

此碑保存在北京市门头沟区斋堂镇沿河城。此城为明万历六年（1578年）由御史中丞张卤建造，并于万历十九年（1591年）刻此碑记。说明了虽已是隆庆议和之后的明蒙和平时期，也应该常抓边备不懈。张卤具有责任心和坚定的意志，在众人懈怠的情况下坚持修筑了沿河城，并把修建城防对于民众和国家的重要性也阐述明晰。

8.3 石刻

这里的石刻指的是在山石或不规则的毛石上随意刻制的文字，虽然粗糙，但也记载了一些有价值的历史信息。

石刻材料：砂石。

石刻尺寸：高100厘米，宽65厘米。

石刻装饰：文字为竖排长方形，无图案装饰。

文字内容：

炕兒峪堡該班夜不收郭延中等六名

哨至境外地名爛泥凹，離堡三十里

嘉靖二十四年（1545年）五月一日，管夜不收官千户趙世濤

石匠謝淮

状况介绍：

此石刻位于河北省秦皇岛市黄土岭向北到无名口之间一段长城内侧的山崖旁，是6名夜不收军卒出边哨探之后题刻的记录，字迹随意粗糙，还有错字，如最开头的应为"坑"，即坑儿峪，但错写成了"炕"。明代的坑儿峪堡位置就在无名口南面。这段简短的文字记录了一次近500年前的夜晚侦查行动，留下了准确的出发地和到达地以及这组夜不收领队者的姓名和人数，这也是神秘的夜不收在历史上留下的为数不多的具体姓名和记录，是明代侦查员们宝贵的史料遗存。

夜不收石刻

遵化长城石刻

石刻材料：花岗石。

石刻尺寸：高44厘米，宽56厘米。

石刻装饰：文字粗犷，无装饰。

文字内容：

兴州前屯卫以东分修二十五丈，三十一年四月初二日完

状况介绍：

此石刻位于河北省遵化市冷咀头至大安口之间的长城上，在两段长城的接界处。因位于城墙底部，所以这块大石头已经被压断，但好在字迹清晰可辨。兴州前屯卫即今河北省唐山市丰润区。三十一年则不大能够确认，因为明代在位时间超过这个数的有嘉靖、万历两位皇帝，但具体是他们哪一朝，还有待进一步考证。

在本章节最后，还要加上一幅图，叫作《汤泉全图》。2006年5月，我与未婚妻王慧以及程长进和尚珩两位朋友走长城来到了遵化的鲇鱼池村，这里有一座温泉疗养院，院子里保存着一座汤泉池和一座曲水流觞亭。在主楼前有一座六面的石幢，高度近4米，三面镌刻着《葺汤泉记》的碑文，三面线刻有《汤泉全图》。粗略一看，碑文是万历五年（1577年）由戚继光所撰写，大致叙述了汤泉庙宇的历史和布局，提到了这里有辽代萧太后的梳妆楼旧址等胜迹，戚继光镇守蓟州镇时对汤泉和寺庙进行了重修。图中刻有北部的长城及鲇鱼石关，长城内侧就是占地颇广、山川环抱的汤泉和寺庙园林。其位置即今天疗养院所在，大片的古建筑群也就仅剩流觞亭、汤泉池以及石幢了。当时石幢就已经严重破损，显然曾被推倒摔碎过，后又拼接起来。各面风化都已经极为严重，甚至表面脱落，很多信息都模模糊糊地无法确认。当时我们拍了一些照片，回家后录入计算机，王慧尝试着用计算机把《汤泉全图》描绘出来，虽然不是绝对准确，但也绝大部分复原了这幅图的全貌，算是给逐渐消失的汤泉全图做了一个备份，也为已经消失的曾经广袤的汤泉寺庙留下一丝记忆。

齐长城　楚长城　魏长城　中山长城　赵长城　燕长城　秦长城

秦部万里长城

金长城　　宋长城　　　　北魏长城　　　汉长城

唐长城　　隋长城　　北齐长城

青长城

被毁因素

挖掘取石
人为拆毁
盗窃碑刻
开矿炸山
野蛮修缮
植物生长

军镇划分

辽　蓟　宣　大　山　延　宁　固　甘
东　州　府　同　西　绥　夏　原　肃
镇　镇　镇　镇　镇　镇　镇　镇　镇

石刻

文字碑

记事碑
分界碑
匾额
施工碑
鼎建碑
阅视碑

第9章
毁灭与伤痛

防御层表

镇城

路城

卫城

所城

堡城

关城

武器装备

战　盔　火　冷
车　甲　器　兵
　　　　　器

建造构成

敌楼　　　　城墙　　　烽火台

来　分　　剖　　　石　夯　　与　预
历　类　　析　　　砌　土　　敌　警
　　　　　　　　　城　城　　楼　方
　　　　　　　　　墙　墙　　的　式
　　　　　　　　　　　　　　区
构　石　砖　匾　　　　　　　别
件　雕　雕　额

镇　新　紫　居　古　黄　喜　青　冷　刘　界　九　山　　垛　垛　堞　排　垛　射　悬　障　暗
北　广　荆　庸　北　崖　峰　山　口　家　岭　门　海　　顶　　地　水　口　孔　眼　墙　门
台　武　关　关　口　关　口　关　关　口　关　口　关　　砖　　方　槽　石　砖　砖
长　长　长　长　长　长　长　长　长　长　长　长　长　　　　　砖　嘴　砖
城　城　城　城　城　城　城　城　城　城　城　城　城

历代长城经过漫长岁月的洗礼，至今已经有很大一部分湮灭消失了，仅我们所着重介绍的明朝长城，保存现状也不容乐观。自从上个世纪以来，各种拆除与毁坏几乎就一直没有停止过，针对长城墙体砖石材料的取用在长城沿线极其普遍。以山西为例，当地老乡几乎把绝大部分山西长城的包砖和包石全都拆光了，露出了里面的夯土，使得我们今天常以为山西原本就都是土长城。还有许多老乡直接在城墙上掏挖窑洞居住，搬走之后又即废弃，城墙变得千疮百孔，惨不忍睹。

山西省偏关县老营堡城墙上的窑洞

以山西省偏关县的老营堡为例，这里原来有以整齐的条石和青砖砌筑的特别坚厚的城墙，可惜至今城墙已经大部分被破坏，只有少数段落还残存着原来的模样。日照充足比较温暖的南城墙被挖掘出大量的窑洞，现在基本全都废弃了，只留下一排空洞的窟窿。

从老营堡东墙上没有拆尽的砖石可以看出城墙内部原是夯土，中间填碎石，最外层砌整齐的花岗石条石，条石部分大致占墙高的三分之二，再上部就是青砖包砌了。但即使被拆成此等残垣断壁，在山西现存的长城军堡中，也算是状况较好的了。

我在很长一段时间里一直以为山西长城都是土长城，也曾为那些美轮美奂的摄影作品中的黄土风

山西省偏关县老营堡东墙

情所打动，以为山西长城真的是不同于蓟州镇的黄土长城。但随着我走的长城越来越多了，这种认知逐渐开始被颠覆，惨烈的证据告诉我，山西的所谓黄土长城实际上仅是被破坏到拆无可拆的长城遗骸，现实就是这么触目惊心，甚至可以说是充满了辛辣的讽刺。

山西省偏关县草垛山堡北墙残存的一点包砖

山西省偏关县桦林堡东墙

　　这是两段没有被拆尽的砖城墙，我在山西走长城，如果能看到这种较大面积的砖石城墙，会令我有发现新大陆般的兴奋感，原因就是山西幸存下来的砖石长城实在太少了。山西曾经有大同镇和山西镇这内外两道长城，绵延上千里，军堡数百座，民堡不可胜数，如今却罕有完整的砖城墙，怎不叫人无比痛惜。

如今想在山西见到连贯完整的包砖城墙，几乎只能去山阴县的新广武长城了，虽然也很残破，但却是山西境内长城保存最好的地段。只是这点砖长城在山西那么多的长城资源中，所占比重实在是太少了。

山西省山阴县新广武长城

长城的修筑本着就地取材的原则，使用所在地区最易得的建筑材料，比如山西许多长城的主体都是以随处可得的黄土进行夯筑，外侧再进行包砖或包石。现在包砖绝大多数已经被人拆走，但即使是包石城墙，能幸免于破坏的也已经极其罕见了。

这段城墙就是就地开采了当地出产的火成岩，包砌在城墙两侧，但许多石头已经不知去向，或成为了老乡的田埂，或变为农家的围墙，最终城墙和墩台仅剩下内部的夯土。

山西省左云县八台子包石长城

偏关水泉一带的长城有些段落外墙上还残存着当地开采的灰白色石灰石，但这种包石长城已经所剩无几，留给我们的大多是干黄的、沟壑纵横的夯土老墙。

山西省偏关县水泉乡包石长城

山西省宁武县大水口长城

山西省宁武县大水口长城残砖

有一次我从宁武县的阳方口沿着长城向西走到大水口，在长城两侧的山坡上遗留着大量的碎砖头，都是明代的青砖，其数量之多、散布之广，足以证明这一线的长城原来是由青砖进行包砌的，可现状却是城墙表面一点青砖都没有了，完完全全就是黄土裸露的样子。

而我竟然在城墙顶上发现了仍然铺在地上的青砖地面和两块碎裂的垛顶砖，这令我为之深深地叹息。原来山西的长城最初并不是裸露的，曾经有砖有石有垛墙，其修筑形式与我们所熟悉的长城并没有太大差异，但其毁坏之重，无论如何也令人无法释怀。

山西省宁武县大水口长城垛顶砖

而被拆走的长城砖大多被砌成了附近村庄的围墙、猪圈和厕所，随着一些村庄的废弃和一些旧房的翻新，这些长城砖也大多被扫进了垃圾堆和山沟里，走向彻底的毁灭。上个世纪末，曾经有些人到长城沿线的村庄里收购蝎子做药材，当时村民生活条件拮据，许多年轻人就上山翻蝎子换钱。蝎子喜阴凉，多寄居在长城垛墙的缝隙中，于是许多长城原本完整的垛墙便被无情地掀翻拆毁，终成一片废墟。

更有针对长城文物进行的疯狂盗窃行为，比如长城碑刻、文字砖，敌楼的匾额以及精美的装饰性石雕等，都是近些年被窃的重点，上一章里我所拓印过的碑刻和文字砖中，有相当大一部分都已经失窃和破坏，令人痛心无比。

这是河北省抚宁县老岭长城上的一处垛墙，上面原本镶嵌着这段城墙的施工碑，但我再次来到这里时，惊讶地看到碑刻已经被偷走，垛墙也被毁坏了。这类的长城文物盗窃不胜枚举，在上一章里许多被砸坏的碑刻则多出自长城沿线村民的随意破坏，甚至只是图一时之乐，就把本来完整的碑刻推下山崖。在今天文物收藏热的驱使下，有更多的所谓收藏家和盗窃分子正在携手对濒危的长城文物进行着疯狂的掠夺和破坏，长城上的文物几乎将无立锥之地了。

长城砖砌成的院墙

河北省抚宁县老岭长城的垛墙

　　许多交通道路的建设也都是以铲除长城墙体或关口为代价而进行的，因此曾经那么多的雄关险隘大多被公路所踏平，百不存一。一些现代的电缆铁塔、风力发电机等碾压长城遗址的情况更是比比皆是，甚至直接在长城遗址上种树、耕田也成为许多地方的常态。有的地区为了建设水库，就把本来雄伟的长城淹没在了碧波之下，并美其名曰"水下长城"，以此作为特色进行宣传。

长城外的矿场

　　一些工厂和矿场就开在长城两旁，把长城附近的山体挖得千疮百孔，惨不忍睹。矿山放炮之后，大地为之震颤，早已衰老开裂的长城墙体和敌楼在这种环境下，不知道还能支撑几天，而弥漫的粉尘让长城和山体都披上了一层厚厚的灰白色。这样的矿场和水泥厂之类工厂在长城沿线有很多，开山采石，污染水源，也危及长城主体的安全。长城下的山体到处被挖得支离破碎，使得长城作为历史景观的观赏性也严重受损，山体挖缺后，无法恢复，就好像被咬缺了的水果一样，虽然遵照文物保护相关条例并未直接挖在长城墙体上，但长城与山体和自然环境的有机结合却被无情地破坏了。很难想象雄伟的八达岭长城两侧的山体被挖得全是大坑，但在许多地方的长城旁则正在上演着这一幕。

　　许多地方为了追求经济效益对本地区长城进行旅游开发，但却非要把长城修整一新以为佳，其修缮理念和手法实在不敢恭维。常见的是把古老的长城修成光秃秃平整整如同公路一般的样子，哪怕原本有些垛口和宇墙残存，也要给削平去掉，使得这些长城看起来更像山里的一条水坝，简直就成了笑话一般，可看到这种模样的长城，我又哪笑得出来呢。

这些长城在大山深处静静地矗立了几百年，坍塌倾颓在所难免，可这种所谓新修缮完的长城却很快就坍塌的现象，简直成了一种对今人无情的嘲弄，也加重了长城受伤害的程度。这简直就是另一种破坏，也是对文物古建筑历史面貌的一种践踏，而此类风气近些年也愈演愈烈了。以至于虽然给长城贴上瓷砖这种笑谈尚未出现，却有给长城安装铝合金门窗的事例发生，把两千多年前的战国长城遗址修筑成明长城的模样，配以明亮的门窗，亦自称保护。

河北省迁安市红峪口长城

除了形形色色的人为因素的影响和破坏外，长城几百年来还一直在经受着大自然风霜雨雪的侵蚀和风化，以及水土流失的考验。比如在山西、陕西等地的黄土高原上就有许多长城因所在的山体被流水侵蚀成巨大的沟壑而被截断或整体塌方，仅剩夯土的长城在雨水的冲刷下更易毁坏坍塌，加速消亡。

刚修完即坍塌的长城

长城上的植物对长城也造成了很严重的伤害，这是许多人所不曾意识到的。经常有人会觉得生长在长城和敌楼上的树木杂草使长城显得与大自然协调融合，令长城充满了沧桑气质与古朴魅力。但树木的生长同时也对长城的安全埋下了诸多隐患，植物的根系会深深地插入长城墙体里，不断生长和膨胀，导致城墙鼓胀及坍塌。生长在敌楼上的树木则能够胀裂楼顶，造成敌楼开裂垮塌，这种情况在野外经常能够见到。当我们为生长在长城上造型奇妙并点缀了长城神韵的树木赞叹时，这些树木则正在缓慢地吞噬着长城，将长城推向毁灭，这真是一种很矛盾的结果啊。

被松树胀裂的敌楼

总之，曾经威武雄壮的长城已经不再坚不可摧，更像是一个耄耋老人，他不再能保卫我们，已经到了需要我们来保护他的时候。如果我们漠视长城消亡毁灭，实在愧对祖先也愧对历史，必将成为中华民族永远的遗憾。作为华夏儿女，我们应该了解长城，珍爱长城，保护长城，把这份珍贵的历史遗产传承下去。

长城的存续，源于您的爱护！

被树木穿透的敌楼顶部

后记

　　自从着手写这本《不一样的长城》，我心里就一直忐忑不安，以自己浅薄的认知和了解，很担心难以把握和胜任这么庞大的题材。而一旦深入，则真觉得好似已入汪洋大海般，无边无际。这是一个对长城历史和知识查证与梳理的过程，也是我又一次自我学习和充实的契机，仿佛两千多年的历史画卷重新在面前展开，无数金戈铁马的厮杀和挥汗如雨的修建一幕幕轮番上演。而当我敲出那一个个熟悉的关隘的名字，展开一张张收藏多年的拓片，仿佛又看见了自己年轻时身负重装徒步跋涉在崇山峻岭之间的样子。那时我常带着极重的帐篷装备和给养在深山里一走就是数天，哪怕酷暑严冬，不管狂风暴雨，从未退缩和胆怯过，悬崖峭壁也徒手攀越，野猪和毒蛇亦没有令我退缩，甚至被野蛮的山民拦路抢劫，也都一一巧妙地化解。二十年走长城的经历把我和长城从灵魂深处紧密地联系在了一起，再也无法割舍，连我和妻子王慧的婚礼也是在长城上举办的。虽然我也画过大量的古建筑，走访了众多的山西古寺庙和民居，被朋友们戏称为在长城和古建筑间脚踩两只船，但我一直觉得长城本身就是古建筑，两者没有根本性的割裂。我走长城也好，寻访山西古庙也罢，都是源自于对我们祖国深厚文化发自肺腑的无限热爱。因此，能够有机会为长城写一本书，并把自己对长城的一些认知加以整理，对于我来说这是一件多么重要和有意义的事啊。

　　时值庚子年春节，暴发了新型冠状病毒肺炎疫情，人们被要求隔离于家中，不要外出，尽可能避免感染。当许多人哀叹于禁足的苦闷时，我则安静地在家编写文稿，绘制插图。觉得时间日复一日飞速地逝去，仿佛越发不敷使用，有一种不用扬鞭自奋蹄的紧迫感。完稿在即，回头审视，我度过了有生以来最漫长也最不同寻常的一个春节，当然也几乎可以被称为一个春季了。

连达

2020年3月16日夜

参考文献

[1] 司马迁. 史记[M]. 北京：中华书局，1959.

[2] 班固. 汉书[M]. 北京：中华书局，1962.

[3] 陈寿. 三国志[M]. 北京：中华书局，1959.

[4] 郦道元. 水经注[M]. 北京：国家图书馆出版社，2018.

[5] 魏收. 魏书[M]. 北京：中华书局，1974.

[6] 李百药. 北齐书[M]. 北京：中华书局，1972.

[7] 李延寿. 北史[M]. 北京：中华书局，1974.

[8] 令狐德棻. 周书[M]. 北京：中华书局，1971.

[9] 魏征. 隋书[M]. 北京：中华书局，1973.

[10] 欧阳修，宋祁. 新唐书[M]. 北京：中华书局，1975.

[11] 曾公亮，丁度. 武经总要前集[M]. 长沙：湖南科学技术出版社，2017.

[12] 司马光. 资治通鉴[M]. 长沙：岳麓书社，2018.

[13] 脱脱. 金史[M]. 北京：中华书局，1975.

[14] 张廷玉. 明史[M]. 北京：中华书局，1974.

[15] 徐准. 永平府志[M]. 北京：中国审计出版社，2001.

[16] 刘效祖. 四镇三关志[M]. 郑州：中州古籍出版社，2018.

[17] 栾尚约. 宣府镇志[Z]. 残缺复印本.

[18] 卢承业. 偏关志[M]. 北京：中华书局，2013.

[19] 顾祖禹. 读史方舆纪要[M]. 北京：中华书局，2005.

[20] 王轩，杨笃. 光绪山西通志[M]. 太原：三晋出版社，2015.

[21] [作者不详]. 续修岢岚州志[Z]. 忻州：岢岚县人民政府，1988.

[22] 赵尔巽. 清史稿[M]. 北京：中华书局，1977.

[23] 罗哲文. 长城百科全书[M]. 长春：吉林人民出版社，1994.

[24] 华夏子. 明长城考实[M]. 北京：档案出版社，1988.

[25] 刘谦. 明辽东镇长城及防御考[M]. 北京：文物出版社，1989.

[26] 刘永华. 中国古代军戎服饰[M]. 北京：清华大学出版社，2013.

[27] 范中义. 戚继光传[M]. 北京：中华书局，2003.

[28] 安泳锝. 内蒙古自治区长城资源调查报告[M]. 北京：文物出版社，2013.

[29] 魏坚，孟燕云. 北魏长城考辨[J]. 文物，2019，7.

[30] 尚珩. 北齐长城考[J]. 文物春秋，2012，1.